国家"十二五"重点出版规划项目

中国社会科学院创新工程学术出版资助项目

新版《列国志》编辑委员会

主　　任　王伟光
副 主 任　李　扬　李培林
委　　员（按姓氏音序排列）
　　　　　陈众议　胡德坤　黄　平　李安山　李剑鸣　李绍先
　　　　　李　薇　李向阳　李永全　刘北成　刘德斌　刘　鸣
　　　　　刘新成　刘　稚　钱乘旦　曲　星　王　镭　王立强
　　　　　王　巍　王新刚　王延中　王　正　邢广程　杨栋梁
　　　　　杨　光　张德广　张顺洪　张宇燕　张蕴岭　郑秉文
　　　　　周　弘　庄国土　卓新平

秘 书 长　晋保平　谢寿光
副秘书长　薛增朝　宋月华　张晓莉

列国志 新版

GUIDE TO THE WORLD NATIONS

王章辉 编著

NEW ZEALAND

新西兰

社会科学文献出版社
SOCIAL SCIENCES ACADEMIC PRESS (CHINA)

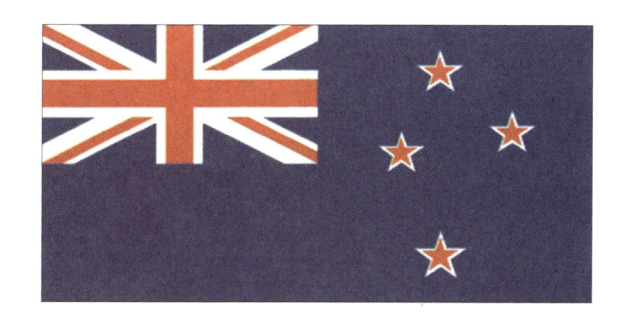

新西兰国旗

新西兰国徽

惠灵顿鸟瞰

国会大厦

奥克兰圣三一教堂

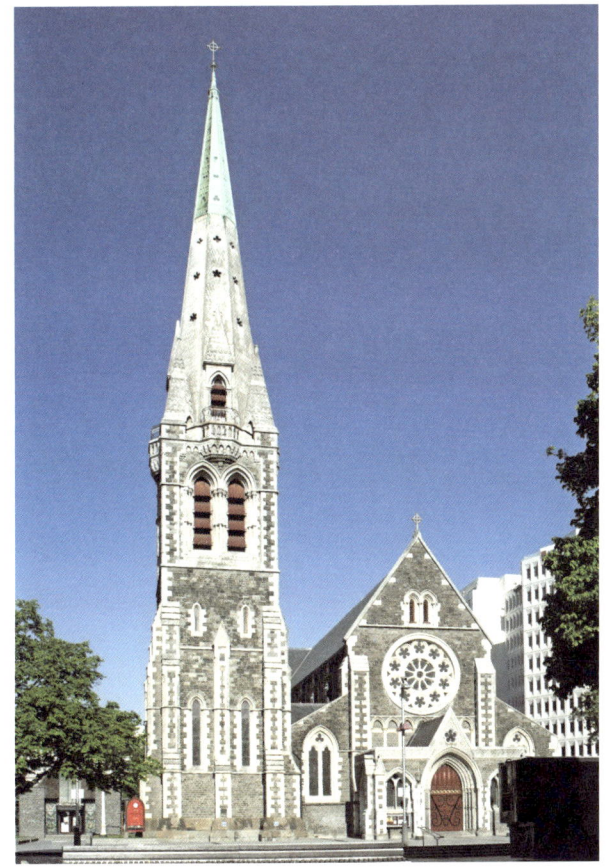

克赖斯特彻奇教堂

新西兰第一所大学——奥塔戈大学

奥克兰大学

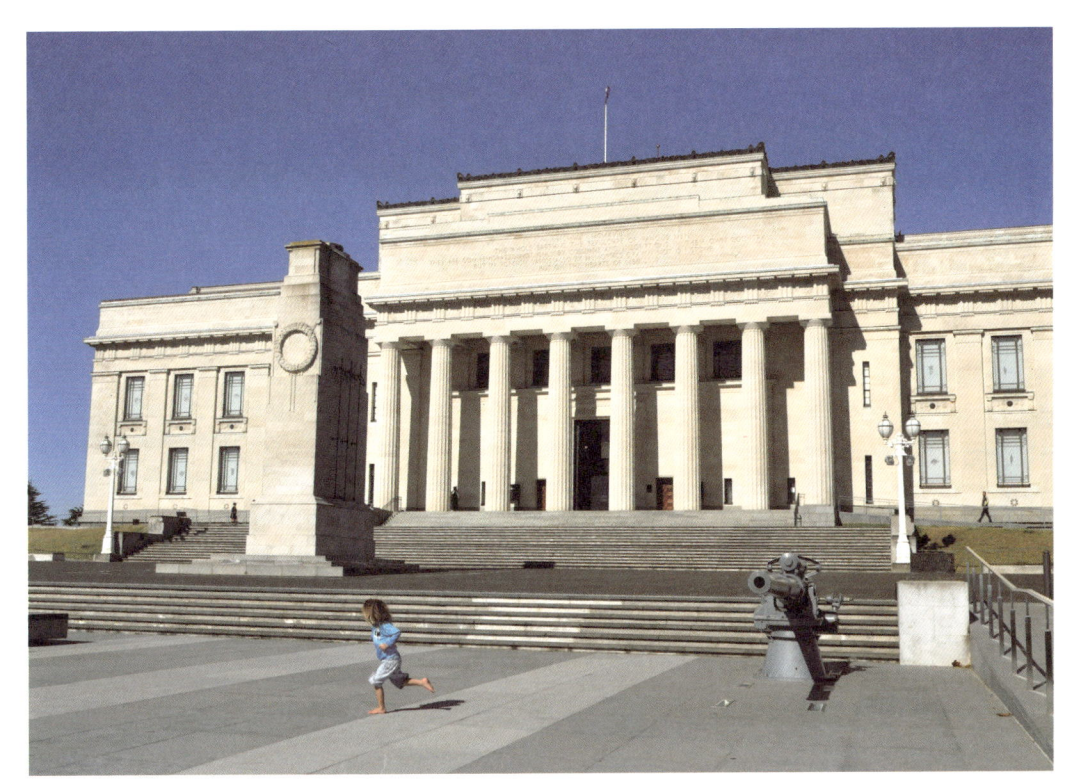

奥克兰博物馆

罗托鲁阿历史与艺术博物馆

《怀唐伊条约》签字屋

毛利人雕塑

毛利人传统面具

库克山

山脉与牧场

陶朗加

暮色中的皇后镇

出版说明

《列国志》编撰出版工作自1999年正式启动,截至目前,已出版144卷,涵盖世界五大洲163个国家和国际组织,成为中国出版史上第一套百科全书式的大型国际知识参考书。该套丛书自出版以来,受到社会各界的广泛好评,被誉为"21世纪的《海国图志》",中国人了解外部世界的全景式"窗口"。

这项凝聚着近千学人、出版人心血与期盼的工程,前后历时十多年,作为此项工作的组织实施者,我们为这煌煌144卷《列国志》的出版深感欣慰。与此同时,我们也深刻认识到当今国际形势风云变幻,国家发展日新月异,人们了解世界各国最新动态的需要也更为迫切。鉴于此,为使《列国志》丛书能够不断补充最新资料,更好地服务于社会各界,我们决定启动新版《列国志》编撰出版工作。

与已出版的144卷《列国志》相比,新版《列国志》无论是形式还是内容都有新的调整。国际组织卷次将单独作为一个系列编撰出版,原来合并出版的国家将独立成书,而之前尚未出版的国家都将增补齐全。新版《列国志》的封面设计、版面设计更加新颖,力求带给读者更好的阅读享受。内容上的调整主要体现在数据的更新、最新情况的增补以及章节设置的变化等方面,目的在于进一步加强该套丛书将基础研究和应用对策研究相结合,将基础研究成果应用于实践的特色。例如,增加

了各国有关资源开发、环境治理的内容；特设"社会"一章，介绍各国的国民生活情况、社会管理经验以及存在的社会问题，等等；增设"大事纪年"，方便读者在短时间内熟悉各国的发展线索；增设"索引"，便于读者根据人名、地名、关键词查找所需相关信息。

顺应时代发展的要求，新版《列国志》将以纸质书为基础，全面整合国别国际问题研究资源，构建列国志数据库。这是《列国志》在新时期发展的一个重大突破，由此形成的国别国际问题研究与知识服务平台，必将更好地服务于中央和地方政府部门应对日益繁杂的国际事务的决策需要，促进国别国际问题研究领域的学术交流，拓宽中国民众的国际视野。

新版《列国志》的编撰出版工作得到了各方的支持：国家主管部门高度重视，将其列入"国家'十二五'重点出版规划项目"；中国社会科学院将其列为创新工程学术出版资助项目，王伟光院长亲自担任编辑委员会主任，指导相关工作的开展；国内各高校和研究机构鼎力相助，国别国际问题研究领域的知名学者相继加入编辑委员会，提供优质的学术咨询与指导。相信在各方的通力合作之下，新版《列国志》必将更上一层楼，以崭新的面貌呈现给读者，在中国改革开放的新征程中更好地发挥其作为"知识向导""资政参考"和"文化桥梁"的作用！

新版《列国志》编辑委员会
2013 年 9 月

前　言

自1840年前后中国被迫开关、步入世界以来，对外国舆地政情的了解即应时而起。还在第一次鸦片战争期间，受林则徐之托，1842年魏源编辑刊刻了近代中国首部介绍当时世界主要国家舆地政情的大型志书《海国图志》。林、魏之目的是为长期生活在闭关锁国之中、对外部世界知之甚少的国人"睁眼看世界"，提供一部基本的参考资料，尤其是让当时中国的各级统治者知道"天朝上国"之外的天地，学习西方的科学技术，"师夷之长技以制夷"。这部著作，在当时乃至其后相当长一段时间内，产生过巨大影响，对国人了解外部世界起到了积极的作用。

自那时起中国认识世界、融入世界的步伐就再也没有停止过。中华人民共和国成立以后，尤其是1978年改革开放以来，中国更以主动的自信自强的积极姿态，加速融入世界的步伐。与之相适应，不同时期先后出版过相当数量的不同层次的有关国际问题、列国政情、异域风俗等方面的著作，数量之多，可谓汗牛充栋。它们对时人了解外部世界起到了积极的作用。

当今世界，资本与现代科技正以前所未有的速度与广度在国际间流动和传播，"全球化"浪潮席卷世界各地，极大地影响着世界历史进程，对中国的发展也产生极其深刻的影响。面临不同以往的"大变局"，中国已经并将继续以更开放的姿态、更快的步伐全面步入世界，迎接时代的挑战。不同的是，我们所

面临的已不是林则徐、魏源时代要不要"睁眼看世界"、要不要"开放"问题,而是在新的历史条件下,在新的世界发展大势下,如何更好地步入世界,如何在融入世界的进程中更好地维护民族国家的主权与独立,积极参与国际事务,为维护世界和平,促进世界与人类共同发展做出贡献。这就要求我们对外部世界有比以往更深切、全面的了解,我们只有更全面、更深入地了解世界,才能在更高的层次上融入世界,也才能在融入世界的进程中不迷失方向,保持自我。

与此时代要求相比,已有的种种有关介绍、论述各国史地政情的著述,无论就规模还是内容来看,已远远不能适应我们了解外部世界的要求。人们期盼有更新、更系统、更权威的著作问世。

中国社会科学院作为国家哲学社会科学的最高研究机构和国际问题综合研究中心,有11个专门研究国际问题和外国问题的研究所,学科门类齐全,研究力量雄厚,有能力也有责任担当这一重任。早在20世纪90年代初,中国社会科学院的领导和中国社会科学出版社就提出编撰"简明国际百科全书"的设想。1993年3月11日,时任中国社会科学院院长的胡绳先生在科研局的一份报告上批示:"我想,国际片各所可考虑出一套列国志,体例类似几年前出的《简明中国百科全书》,以一国(美、日、英、法等)或几个国家(北欧各国、印支各国)为一册,请考虑可行否。"

中国社会科学院科研局根据胡绳院长的批示,在调查研究的基础上,于1994年2月28日发出《关于编纂〈简明国际百科全书〉和〈列国志〉立项的通报》。《列国志》和《简明国际百科全书》一起被列为中国社会科学院重点项目。按照当时的

前言

计划，首先编写《简明国际百科全书》，待这一项目完成后，再着手编写《列国志》。

1998年，率先完成《简明国际百科全书》有关卷编写任务的研究所开始了《列国志》的编写工作。随后，其他研究所也陆续启动这一项目。为了保证《列国志》这套大型丛书的高质量，科研局和社会科学文献出版社于1999年1月27日召开国际学科片各研究所及世界历史研究所负责人会议，讨论了这套大型丛书的编写大纲及基本要求。根据会议精神，科研局随后印发了《关于〈列国志〉编写工作有关事项的通知》，陆续为启动项目拨付研究经费。

为了加强对《列国志》项目编撰出版工作的组织协调，根据时任中国社会科学院院长的李铁映同志的提议，2002年8月，成立了由分管国际学科片的陈佳贵副院长为主任的《列国志》编辑委员会。编委会成员包括国际片各研究所、科研局、研究生院及社会科学文献出版社等部门的主要领导及有关同志。科研局和社会科学文献出版社组成《列国志》项目工作组，社会科学文献出版社成立了《列国志》工作室。同年，《列国志》项目被批准为中国社会科学院重大课题，新闻出版总署将《列国志》项目列入国家重点图书出版计划。

在《列国志》编辑委员会的领导下，《列国志》各承担单位尤其是各位学者加快了编撰进度。作为一项大型研究项目和大型丛书，编委会对《列国志》提出的基本要求是：资料翔实、准确、最新，文笔流畅，学术性和可读性兼备。《列国志》之所以强调学术性，是因为这套丛书不是一般的"手册""概览"，而是在尽可能吸收前人成果的基础上，体现专家学者们的研究所得和个人见解。正因为如此，《列国志》在强调基本要求的同

时，本着文责自负的原则，没有对各卷的具体内容及学术观点强行统一。应当指出，参加这一浩繁工程的，除了中国社会科学院的专业科研人员以外，还有院外的一些在该领域颇有研究的专家学者。

现在凝聚着数百位专家学者心血，共计141卷，涵盖了当今世界151个国家和地区以及数十个主要国际组织的《列国志》丛书，将陆续出版与广大读者见面。我们希望这样一套大型丛书，能为各级干部了解、认识当代世界各国及主要国际组织的情况，了解世界发展趋势，把握时代发展脉络，提供有益的帮助；希望它能成为我国外交外事工作者、国际经贸企业及日渐增多的广大出国公民和旅游者走向世界的忠实"向导"，引领其步入更广阔的世界；希望它在帮助中国人民认识世界的同时，也能够架起世界各国人民认识中国的一座"桥梁"，一座中国走向世界、世界走向中国的"桥梁"。

《列国志》编辑委员会
2003年6月

CONTENTS

目 录

序　言 / 1

第一章　概　　况 / 1

　第一节　国土与人口 / 1
　　一　国土 / 1
　　二　地形与气候 / 3
　　三　行政区划 / 7
　　四　人口、民族、语言 / 7
　　五　国家象征 / 12

　第二节　宗教与民俗 / 14
　　一　宗教信仰 / 14
　　二　节日 / 18
　　三　民风民俗 / 19

　第三节　特色资源 / 22
　　一　风景名胜区与历史遗迹 / 22
　　二　著名城市 / 27

第二章　历　　史 / 33

　第一节　殖民前史 / 33
　　一　欧洲人探险 / 34
　　二　同外界接触的增多 / 36

CONTENTS

目 录

第二节 英国对新西兰的殖民 / 38
  一 早期的殖民活动 / 38
  二 毛利人战争 / 43
  三 没收土地 / 45
  四 19世纪下半叶的经济发展 / 48
  五 19世纪下半叶的政治和社会发展 / 53

第三节 独立后的新西兰 / 56
  一 从自治到独立 / 56
  二 两次世界大战之间的经济和政治 / 58
  三 第二次世界大战中的新西兰 / 63
  四 二战以后的经济和政治发展 / 67
  五 新西兰历任总督和历任总理 / 73

第三章 政　　治 / 75

第一节 国体与政体 / 75
第二节 中央和地方的立法、行政机构 / 76
  一 总督 / 76
  二 议会 / 77
  三 中央政府 / 81
  四 地方政府 / 84

第三节 司法制度 / 85
  一 司法体系和法院结构 / 87
  二 地方法院 / 88
  三 家庭法院 / 89

目 录 CONTENTS

　　四　青少年法院 / 90

　　五　纠纷裁判庭 / 90

　　六　高等法院 / 91

　　七　上诉法院 / 92

　　八　法律援助 / 93

　　九　警察 / 93

　　十　律师制度 / 94

第四节　政党和社会团体 / 95

　　一　新西兰国家党 / 98

　　二　新西兰工党 / 100

　　三　新西兰绿党 / 104

　　四　新西兰第一党 / 104

　　五　新西兰行动党 / 105

　　六　新西兰争取社会信用民主党 / 105

　　七　新西兰联合未来党 / 106

　　八　新西兰工人共产主义同盟 / 106

　　九　新西兰联盟党 / 106

　　十　新西兰共产党 / 107

　　十一　新西兰社会主义统一党 / 107

　　十二　社会团体 / 108

第四章　经　济 / 109

第一节　农牧业 / 113

　　一　畜牧业 / 113

目录

CONTENTS

　　二　种植业 / 117

　　三　林业 / 118

　　四　渔业 / 120

第二节　制造业和采矿业 / 121

　　一　制造业 / 121

　　二　采矿业 / 125

　　三　建筑业 / 126

　　四　能源 / 126

第三节　服务业 / 127

　　一　交通和通信 / 127

　　二　国内贸易 / 131

　　三　对外贸易 / 132

　　四　主要企业 / 136

　　五　银行业 / 137

　　六　旅游业 / 139

第四节　财政 / 140

第五章　军　　事 / 145

第一节　军队简史 / 145

　　一　殖民地和建国时期 / 145

　　二　两次世界大战期间 / 148

　　三　第二次世界大战以后 / 152

目录

第二节　国防体制 / 154

　　一　国防政策 / 154

　　二　国防预算 / 156

　　三　军队指挥系统 / 159

　　四　兵役与军训制度 / 160

第三节　军队构成 / 161

　　一　海军 / 162

　　二　陆军 / 165

　　三　空军 / 166

第四节　对外军事关系 / 168

　　一　军事条约 / 169

　　二　双边和多边军事关系 / 172

第六章　社　会 / 177

第一节　国民生活 / 177

　　一　就业、收入和物价 / 178

　　二　住房 / 181

第二节　社会福利和社会管理 / 182

　　一　社会福利 / 182

　　二　社会管理 / 189

第四节　医疗卫生 / 189

　　一　医疗卫生管理机构 / 190

CONTENTS

目 录

　　二　医疗服务及其从业人员的管理 / 192

　　三　公共卫生 / 194

第五节　公共安全与环境保护 / 196

　　一　公共安全 / 196

　　二　环境保护 / 199

第七章　文　化 / 201

第一节　教育 / 201

　　一　教育发展简史 / 202

　　二　初级教育 / 209

　　三　中学教育 / 212

　　四　大学教育 / 216

　　五　继续教育 / 225

　　六　教育行政管理和教育经费 / 227

第二节　科学技术 / 229

　　一　科研政策和科研管理 / 229

　　二　科研经费的来源 / 230

　　三　科学研究机构 / 232

　　四　技术服务 / 236

第三节　体育和休闲活动 / 237

第四节　文化艺术 / 241

　　一　文化管理 / 241

CONTENTS 目录

　　二　文学 / 242

　　三　电影 / 243

　　四　音乐、舞蹈 / 245

　　五　博物馆 / 246

　　六　图书馆 / 248

第五节　新闻和出版 / 249

　　一　广播与电视 / 249

　　二　报纸与杂志 / 252

　　三　互联网 / 254

　　四　图书出版业 / 254

第八章　外　交 / 257

第一节　外交政策 / 257

第二节　与欧盟及欧洲国家的关系 / 261

　　一　与欧盟的关系 / 261

　　二　与英国的关系 / 262

　　三　与法国的关系 / 263

　　四　与德国的关系 / 264

　　五　与俄罗斯的关系 / 264

第三节　与美国及美洲其他国家的关系 / 264

　　一　与美国的关系 / 264

　　二　与加拿大的关系 / 266

CONTENTS
目 录

　　　三　与拉丁美洲国家的关系 / 266

　第四节　与中国及亚洲其他国家的关系 / 270

　　　一　与中国的关系 / 270

　　　二　与日本的关系 / 277

　　　三　与韩国、朝鲜的关系 / 278

　　　四　与印度的关系 / 278

　　　五　与东南亚国家和东盟的关系 / 279

　　　六　与中东地区的关系 / 281

　第五节　与南太平洋国家的关系 / 281

　　　一　与澳大利亚的关系 / 281

　　　二　与南太平洋其他国家的关系 / 282

　第六节　与非洲国家的关系 / 285

大事纪年 / 287

参考文献 / 291

索　　引 / 295

序　言

新西兰是大洋洲的第二大国，其国土面积与英国、意大利接近，但人口大约只有英国、意大利的1/13，说得上是一个地广人稀的国家。根据国际货币基金组织官方网站2013年发布的数据，新西兰人均国内生产总值达到36648.2美元，在世界上排第23位，经济上属于发达国家。世界经济论坛公布的2013/2014年全球竞争力排行榜上，新西兰居世界第18位。在非政府组织透明国际2012年发布的全球腐败指数报告中，新西兰与丹麦和芬兰并列第一，属最清廉国家。新西兰人民生活幸福，根据2013年联合国可持续发展解决方案网络发布的全球幸福指数报告，新西兰幸福指数居世界第13位。新西兰有着巨大的经济发展潜力，在世界舞台上非常活跃，并发挥着日益重要的作用。

新西兰是由外来移民和土著居民组成的一个多民族国家，虽然居民的主体为欧洲移民，但土著居民毛利人的文化传统对社会经济和文化有着巨大的影响，加上还有许多来自其他国家的移民，因此整个社会呈现多元文化的绚丽色彩。

近年来，中国与新西兰在政治、经济和文化方面的交往迅速增加。可是，一般中国人对新西兰的历史和现状还知之甚少，随着中国居民到新西兰访问、从事商务活动、旅游、留学和移民的人数与日俱增，他们迫切需要更多地了解这个国家的历史、现状和风土人情。然而综合介绍新西兰情况的书籍很少，不仅中文书凤毛麟角，英文书也很有限。因此编写一本全面介绍新西兰概况的著作就显得非常必要。

本书旨在全面介绍新西兰各个方面的情况，涵盖它的国家概况、历史、政治、经济、军事、社会、文化和外交。本书面向受过中等以上教育

的、对新西兰感兴趣的广大读者。内容以现状为主，力求简明扼要，极力做到历史与现实相结合。本书给历史以一定的篇幅，是因为不了解这个国家居民的源流、政治和经济制度的历史沿革，就不可能很好地理解它的现在。

全书论述的重点是新西兰的现状。我们在对第一版做修订时，对书中的许多内容做了更新，很多数据都是最近几年的，有的内容甚至更新到了2013年。这样做，是希望尽可能地反映新西兰的最新面貌。

如上所说，我国对新西兰的研究基础较弱，能够找到的资料有限，在编写此书的过程中遇到了不少困难。好在在1999年冬天，笔者有机会作为英国国家学术院的客人，在英国做了3个月的学术考察。在此期间，笔者除了研究英国经济史以外，还在达勒姆大学和伦敦大英图书馆查阅了有关新西兰的资料，这对完成本书的写作有很大帮助。在编写此书的过程中，除利用有关新西兰的历史、政治、经济、文化等方面的专门著作外，笔者还从互联网上查阅了大量关于新西兰现状的资料，这可以说是现代信息技术给我们带来的好处。如果没有互联网，要想搜集到反映新西兰最新状况的资料几乎是不可能的。此外，笔者还要感谢新西兰驻中国大使馆文化处，该处官员向笔者提供的有关新西兰的最新材料，对完成本书的写作也起了很大作用。书稿完成以后，承蒙程西筠研究员和刘樊德先生审阅，他们提出了许多宝贵的修改意见，特此表示感谢。

笔者研究新西兰的时间很短，对这个国家的了解还不够深入，书中缺点在所难免。在此，笔者诚恳地希望读者予以指正。

王章辉

2013年12月于北京

第一章

概　况

第一节　国土与人口

一　国土

新西兰位于太平洋西南部，是庞大的波利尼西亚群岛中最大的一个岛国。它地处南纬33度到南纬53度、东经162度到西经173度之间，在澳大利亚的东南方，两国相距约1600公里，由塔斯曼海将两个国家分开。新西兰北边的近邻是新喀里多尼亚、斐济和汤加，它们和新西兰的距离与澳大利亚和新西兰的距离差不多。

新西兰国土面积约为27万平方公里，比日本略小，与英国、意大利的面积相近，南北最长距离1600多公里，东西最宽450公里，海岸线长达15134公里。

新西兰宣布享有200海里大陆架和200海里专属经济区，领海为12海里。专属经济区面积为120万平方公里。

新西兰的国名来源于荷兰航海家塔斯曼的命名。他在这里登陆时，认为这块新发现的土地与荷兰的西兰（Zeeland，现译"泽兰"）相似，故将其命名为"新西兰"（Nieun Zeeland，英文拼写为 New Zealand）。新西兰的毛利语名为 Aotearoa，音译"奥特亚罗瓦"，意为"长白云之乡"。

新西兰主要组成部分是北岛和南岛，此外还有150多个较小的岛屿零星散落在南太平洋上。斯图尔特岛（Stewart Island）在南岛以南32公里，

新西兰

其间有福沃海峡（Foveaux Strait）。查塔姆群岛（Chatham Islands）也是新西兰的一部分，位于南岛以东850公里。其他大部分小岛距离主要岛屿都有几百公里之遥，从主要岛屿到那些小岛乘船需要几个小时。新西兰大部分岛屿面积很小，有些小岛无人居住。

北岛面积约为11.5万平方公里，多火山和温泉。南岛面积约为15.3万平方公里，遍布冰河和湖泊。南岛和北岛面积之和约占全国总面积的99%。北岛和南岛蜿蜒曲折向南北两端延伸，由库克海峡将它们隔开，两岛之间的最短距离为32公里。

北岛 按地理特征，北岛可以分为3个主要的陆地区：北部半岛和怀卡托河流域，火山区和西部丘陵，东部丘陵。北部半岛和怀卡托河流域占了北岛北部的大部分地区。这一地区有茂密的森林、肥沃的低地、众多的柑橘园和尚未开发的丘陵乡野。它的西部海岸有很长的沙滩，东部海岸则点缀着海湾和小港。其境内的怀卡托河全长435公里，是新西兰最长的河流，它从新西兰最大的湖泊陶波湖流向西部的塔斯曼海。

北岛的东部和南部是丘陵区。从东角到库克海峡是起伏的山脉，山脉的东坡主要是崎岖不平的山丘。牧场主们利用这里丰盛的牧草放牧牛羊。东部沿海的低地是著名的蔬菜和水果产地。山系的西部是低地和平原，这里有大量的农场和牧场，是饲养奶牛和其他牲畜的理想场所，也是盛产粮食的地方。

南岛 按地理特征，南岛也可以分为3个地区：南阿尔卑斯山和高地地区，坎特伯雷平原，奥塔戈平原及盆地。

南岛中东部沿岸的坎特伯雷平原是新西兰最大的平原，土壤肥沃，气候适宜，是全国最大的粮仓。这里种植着大麦、小麦、燕麦和豆类作物。

奥塔戈平原位于南岛的东南角，这里既有起伏的山丘，又有肥沃的平原，畜牧业在这一地区占有重要地位。

其他岛屿 除北岛和南岛以外，斯图尔特岛是比较大的一个岛屿。岛上到处覆盖着矮小的灌木丛。那里曾经有很多森林，后来被大量砍伐，森林资源几乎消耗殆尽。斯图尔特岛的大部分岛民靠捕鱼和采集牡蛎为生。

查塔姆群岛大部分居民是毛利人，捕鱼和养羊是他们的主业。

第一章 概 况

新西兰的其他岛屿和岛群还有安蒂波迪斯群岛、奥克兰群岛、邦蒂群岛、坎贝尔岛、克马德克群岛、斯奈尔斯群岛、索兰德岛、三王群岛。在这些岛屿中，只有坎贝尔岛有常住居民。

二 地形与气候

地形 新西兰是一个多山和多丘陵的国家，平原狭小，山地和丘陵占全国土地面积的3/4以上。作为一个岛国，新西兰的内陆离海岸都不远，最远距离不超过130公里。新西兰地形非常独特，南北两岛各有特色，主要为山脉和沿海平原，超过3/4的土地都在海拔200米以上。

北岛多山和丘陵，在北部半岛和怀卡托河流域以南，火山区和丘陵占据了北岛的西半部。在火山喷发的作用下，北岛布满了火山熔岩，形成许多独特的自然景观。在大一些的高原，到处覆盖着由火山喷发形成的多孔而松软的灰色浮石。有一些火山还处于活动状态，如瑙鲁霍伊火山（Ngauruhoe Volcano）、汤加里罗火山（Tongariro Volcano）和鲁阿佩胡山（Mount Ruapehu）。汤加里罗国家公园占地795平方公里，1990年和1993年先后作为自然遗产和文化遗产被列入《世界遗产名录》。那里有15座近代活动过或正在活动的火山。鲁阿佩胡山是北岛中部最高的山，海拔2797米。它坐落在排列奇特的4座活火山的山顶，是新西兰最高的火山。那里有全岛优良的滑雪场，又有由蒸汽喷泉、温泉、泥浆泉和间歇泉等组成的著名温泉区。蒸汽喷泉喷出的蒸汽高达15～30米，是新西兰特富魅力的旅游度假胜地。温泉区向东北方向延伸到海边普伦蒂湾的怀特岛。这一地区的地热资源非常丰富。北岛有一个长约240公里、宽约48公里的地热资源集中地区，它是世界三大地热区之一，那里的水温高达120℃。地热被用于发电，这里建有世界上第二大地热发电站。塔拉纳基火山口对称分布在西海岸，与东北—西南走向的山脉恰好平行，形成奇妙无穷的自然景象。

南岛著名的山脉是南阿尔卑斯山，它纵贯南岛的西部，占南岛面积的1/2。新西兰最高的山峰库克山就坐落在这里，海拔3764米，山顶终年积雪。毛利人把库克山叫作"奥伦吉山"（Aorangi），意为"穿入云层的

山"。库克山区是新西兰最美丽壮观的地区。在山坡的下部是茂密的森林,上部是冰川。在南阿尔卑斯山和高地地区的河谷地带,湖泊星罗棋布,它们在阳光下波光粼粼,吸引着无数游客。南阿尔卑斯山和高地的西坡雨量丰富,森林茂密。东部山坡海拔较低,雨量较少。沿着西南部海岸,一些峡湾切入陆地,从而形成锯齿状的海岸线。南岛的克鲁萨河(Clutha River)长338公里,是新西兰的第二大河流。克鲁萨河是由源自哈威亚湖和瓦纳卡湖的两条支流汇合而成,从南阿尔卑斯山流向太平洋。南岛最大的湖泊蒂阿瑙湖位于南阿尔卑斯山的南部。

除库克山以外,南岛的南阿尔卑斯山有海拔3000米以上的山峰19座,其中有塔斯曼山、拉彼鲁兹山、塞夫顿山等。南岛北有马尔堡峡湾,南有峡湾国家公园。南岛还有360处冰川,其中有塔斯曼冰川(27公里)、莫申冰川(17公里)和穆勒冰川(13公里)等。

冰雪覆盖的山峰,绿草如茵的低地,细软的沙滩,众多的火山,山顶的温泉,湍急的河流,星罗棋布的湖泊,把新西兰装点得多姿多彩。山顶的雪帽和低地平原的绿草交相辉映,在温暖的阳光照射下,大地色彩斑斓。海边细软的沙滩为夏日休憩提供了理想的场所。湍急的河流是漂流的美妙去处。在鲜花盛开的季节,各种花卉争奇斗艳。在低地森林地区,约有60种不同的花卉装点着各地美丽的公园。在南阿尔卑斯山地区有约500种花卉植物。

因有辽阔的大海与其他大陆隔绝,新西兰有许多独特的生物,如土生的蜘蛛、蜗牛、蚯蚓和其他动物。这里有一些奇特的鸟类,有些已经灭绝的鸟类比人还要高,恐鸟就是其中之一,它是一种巨大的食草鸟。现在还存在一些不会飞的鸟,如作为新西兰象征的几维鸟、新西兰鹦鹉等。新西兰野生鸟类的种群很多,不少于250种,其中土生土长的鸟类大约有23种。有些在一亿年前就在其他地方灭绝了的物种,如爬行类动物斑点楔齿蜥在新西兰幸存下来。在一千多年前,岛上的哺乳动物还很少,但欧洲白人移民19世纪初到达新西兰时,发现那里有狗和黑鼠,它们是毛利人大约在500年以前带来的。现代留存下来的野生动物是从鹿、兔、山羊、猪、黄鼠狼、雪貂等繁衍而来。一些从外部世界引进的动物,如猫、狗、

第一章 概 况

雪豹和负鼠，对当地的动物群及其栖息地造成了严重的破坏，使得有些动物灭绝，有些动物的数量明显减少了，还有一些动物在附近岛屿上生存下来。新西兰政府对濒危动植物采取了一些保护措施，并已取得成效。

南北两大岛上都有许多平原，多数面积不大，但因雨量充足，温度适宜，土地肥沃，牧草非常茂盛，是放牧牛羊的理想之地。河流短而水流湍急，水力资源丰富，适宜发电，但不利于航行。

自然灾害 新西兰常见的自然灾害是地震和火山喷发。

新西兰处在环太平洋连续的地震活动带上，地震比较频繁，每年大约发生400次地震，但通常强度不大，大约只有100次有震感，里氏6级或6级以上的地震大约平均每年1次，7级或7级以上的地震平均约10年1次，8级以上的地震比较罕见。新西兰地震活动带分布较广，在北岛的大部分地区，南岛的班克斯半岛和费尔韦尔角一线以西的地区，南岛的西岸、南岸和奥塔戈地区都常有地震活动。历史上破坏力特大的地震发生在1855年、1929年和1931年。造成损失最大的地震于1931年发生在霍克湾。在这次地震中，有255人遇难，哈斯廷斯（Hastingns）和内皮尔（Napier）两个城市遭到严重破坏。1987年发生在普伦蒂湾附近埃奇克姆的大地震，造成了很大的财产损失。1995年，新西兰的地震活动非常频繁，发生在怀唐伊节（2月6日）的地震达到里氏6.8级，从奥克兰到克赖斯特彻奇都有震感，因其震中位于距东角86公里处，所以造成的损失比较小。这一年6级以上的地震还有4次。近年的强地震发生在克赖斯特彻奇，2010年9月4日发生7.2级地震，2011年2月22日又发生6.3级地震，这两次地震对城市建筑都造成严重破坏，并造成重大人员伤亡。由于地震活动频繁，新西兰地震科学比较发达，重要的建筑物都安装有减震装置，政府规定高层建筑必须能抗7级地震。

在北岛的西部有一个火山多发区，那里还有一些活火山，如瑙鲁霍伊火山、汤加里罗火山和鲁阿佩胡山。

气候 受大洋的影响，新西兰属温带海洋性气候，年平均气温夏天20度、冬天12度，除南岛中央地带个别地区以外，新西兰没有极冷或极热的天气。全国大部分地区日照时间很长，特别是夏天，阳光非常强

烈。人们被告诫,从10月末到次年4月初的每天上午10时到下午4时,不要在阳光直接照射下活动,以免因紫外线的过度照射而导致皮肤疾病。

因新西兰地处南半球,季节变化与北半球相反,当北半球白雪皑皑的时候,那里却是夏天。新西兰的春天在9~11月;12月至次年2月为夏天,1月是最热的月份;秋天是3~5月;冬天是6~8月,7月是最冷的月份。新西兰各地气候差异比较大,北岛为亚热带气候,南岛为亚极地气候。全国季节变化不大,夏天不太热,气温在18℃~29℃,平均20℃左右;冬天比较暖和,气温在2℃~13℃,平均12℃左右。蒂马鲁1991年最高气温曾达34.1℃。新西兰历史上最低的气温在特卡波湖,曾降到零下11.5℃。全国最大的城市奥克兰最热的1月平均气温23℃,冬天14℃。惠灵顿夏天平均气温26℃,冬天12℃。南岛的纳尔逊夏天平均气温22℃,冬天12℃。全国多数地区的年降雨量为500~1500毫米。冬天的寒风也会给南阿尔卑斯山和北部中央的高地带来瑞雪。在雪线以上的高山终年积雪,形成雪帽。南岛海拔较低的地方偶尔才会降雪。新西兰各地降雨量不同,北岛比南岛温暖、干燥,平均降雨量为130毫米。高山决定了降雨量的分布,西风带来了大洋的暖湿空气,遇到山峰的阻隔,就产生降雨,所以西部山坡的年降雨量要比东部山坡的年降雨量多,西部山坡的年降雨量可以达到2500毫米,南阿尔卑斯山西坡广大地区的年降雨量甚至可以达到5000毫米;而背风的东部山坡的年降雨量则比较少,一般不足600毫米,有的地方甚至少于380毫米。全年各月份的降雨量比较均衡,但地区分布不平衡。

新西兰国家虽然不大,但各地的气候存在差异。尽管全国气候都比较温和、多雨,但各地的气温和降雨量不一样。在北岛,北部半岛的北端终年都比较潮湿暖和,但中部平原夏天气温较高,日照充足,而在冬天则偶尔下雪,出现霜冻。在南岛,多雨的西部和干燥的东部形成强烈的反差。新西兰北部的气温比南部高,山区的气温比平原的气温低,海拔每升高300米,气温就下降2℃。由于受海洋的影响,沿海地区冬天比内陆地区暖和,夏天比内陆地区凉爽,这在南北两岛都是一样的。

第一章 概　况

三　行政区划

新西兰全国分16个一级行政单位,有11个大区和5个单一辖区。北岛有7个大区及2个单一辖区,即北部区、怀卡托区、普伦蒂湾区、霍克湾区、塔拉纳基区、马纳瓦图－旺阿努伊区、惠灵顿区及奥克兰辖区和吉斯伯恩辖区。南岛有4个大区及3个单一辖区,即西岸区、坎特伯雷区、奥塔戈区、南部区及纳尔逊辖区、塔斯曼辖区和莫尔伯勒辖区。另外新西兰还对托克劳、纽埃享有领土管辖权。在以上大区和单一辖区下的二级行政单位有13个城市、53个区和查塔姆群岛。

四　人口、民族、语言

人口　新西兰从19世纪40年代开始进行不定期的人口统计,从1851年开始每5年进行一次人口普查,只有战争或严重自然灾害的年份例外。例如,本来应在2011年3月进行的人口普查就因克赖斯特彻奇当年2月发生大地震,推迟到2013年3月进行。根据1996年3月5日的人口普查,新西兰有人口361.8万人。2012年3月31日,新西兰人口已达443万人,其中男性218万人,女性225万人。2013年9月22日,新西兰人口为4483713人。预计到2050年,新西兰人口将达到530万人。1990～2003年,新西兰人口年均增长率为1.2%。2003～2006年,年均增长1.5%。2006～2012年,年均增长0.7%,增长率比上一个普查周期下降了一半还多。2012年新西兰人口的出生率为13.79‰,死亡率为6.79‰,妇女生育率为2.05,婴儿死亡率为4.18‰。2003年65岁以上的老年人口占11.7%,2013年上升到14%[①],新西兰已进入老龄化社会。2012年,城市人口达381.56万人,约87%的居民住在城市,是世界上城市化程度较高的国家之一。新西兰约75%的居民住在北岛。全国人口密度不大,平均每平方公里仅17人。2012年,全国有339681对夫妇和未成年的子女住在一起,另外还有110052个单亲家庭。新西兰人多长寿,

---

① Statistics New Zealand,http://www.stats.govt.nz.

2012年居民平均寿命约81岁，女性83岁，男性79.3岁，属世界上人均寿命比较高的国家。

民族 新西兰居民主要是欧洲移民的后裔。大约有80%的新西兰居民称自己是欧洲人的后裔（根据2010年年中统计，欧裔人口在总人口中的比例为67.6%），他们的祖先大多来自英国，也有的来自德国、意大利、荷兰和其他欧洲国家。土著毛利人称白人为"帕克哈"（Pakeha），即"白种人"。近年来，欧裔人口的比例有下降的趋势，原因是欧裔人的出生率比其他族裔人的出生率低，老年人的比例比较大，向外移民数量较多。

新西兰土著居民多为毛利人，他们属棕色人种。在1991年人口统计时，申明自己是毛利人的有434847人；2006年人口普查时毛利人增加到565329人，占总人口的14.6%；2013年毛利人增加到598605人，在过去22年中增长了37.66%。95%以上的毛利人住在北岛，其中半数以上居住在城市。毛利人的平均年龄比欧洲人后裔的平均年龄低，60岁以上的毛利人只占毛利人总数的4.4%（全国的比例为15.5%），15岁以下的占37.5%（全国的比例是23.2%），这主要是因为毛利人出生率比白人出生率高。毛利人妇女平均生育率为2.28（全国为2.05），开始生育的年龄平均为24.6岁；而非毛利人妇女则为28岁。由于毛利人在新西兰社会中的特殊性，政府专设了一个毛利人事务部，负责处理有关毛利人的事务，特别是有关毛利人的教育、就业、培训和经济发展等方面的事务。

新西兰人口中的第三大族群是来自太平洋岛国的移民及其后裔。他们主要来自萨摩亚、库克群岛、纽埃、托克劳、汤加和斐济，约占新西兰人口总数的9.2%（2010年）。目前住在新西兰的太平洋群岛人的后裔有16万人，纽埃人、托克劳人、库克群岛人比住在他们自己国家的人还多。太平洋群岛人的平均年龄比较低，其中15岁以下的人口占38.7%，只有3.8%的人年龄超过60岁。太平洋群岛人有他们的特殊利益和要求。新西兰政府重视这部分移民的利益，特别设立了太平洋事务部，帮助他们解决教育、就业、卫生、职业培训等问题，吸引他们参与公众决策，使他们逐渐融入新西兰主流社会。

第一章 概况

新西兰的人口构成非常复杂，除前面提到的以外，还有来自中国、印度和其他亚洲国家的移民。华人占全国人口的1.3%，印度人占0.9%。亚裔人口是新西兰人口中增长最快的族群，2010年亚裔人口占9.2%，预计到2026年将达到16%。中东、拉丁美洲和非洲裔人口占0.9%。可以说，在新西兰这个多民族国家中，几乎能找到来自世界各国的人。

新西兰对移民采取欢迎态度。近年来，移民人数不断增加，他们在新西兰社会经济发展中起着十分重要的作用。移民多为青壮年，文化程度比较高，来新西兰前大多已完成职业训练，他们一到新西兰就能在社会经济发展中发挥作用。大批移民的涌入为新西兰节省了大量的抚养和教育费用。同时，移民往往会带来必需的资金。来自世界各地的移民还带来了各国优秀的文化传统，使新西兰具有多元文化的优势，给社会注入了新的活力。

在欧洲移民到来之前，毛利人就在这里休养生息。毛利人是波利尼西亚人的一部分，他们究竟来自何方，至今尚无确切结论。根据一位研究新西兰史的毛利人后裔彼得·巴克爵士的说法，在远古时代，波利尼西亚人可能生活在印度尼西亚的某个地区，后来南迁到太平洋的岛屿。其根据是，波利尼西亚语和印度尼西亚语有些相似的地方。在太平洋岛屿上的生活使他们练就了一身航海本领。在来自亚洲大陆的蒙古人种的压力下，波利尼西亚人的祖先乘独木舟南下探险，来到了南太平洋的一些岛屿，为大批同族人的迁徙开辟了南下的海道。从今天波利尼西亚人广泛分布于夏威夷群岛以南的各个岛屿的情况来看，他们来到新西兰经历了一个漫长而艰难的过程，这一过程可能长达几个世纪之久。今天新西兰毛利人的祖先，可能来自库克群岛、马克萨斯群岛或社会群岛。新西兰岛屿的第一批居民是在公元100年前后到达这里的，他们是皮肤黝黑的莫里奥里族人（The Moriori），居住在北岛的东海岸。关于莫里奥里族的起源，至今还是一个谜。据信，他们来这里是为了捕捉恐鸟，这是一种高可达4米的无翅巨鸟，现在已经绝迹。

根据传说，毛利人的祖先是乘独木舟从哈瓦基（Hawaiki）穿越太平洋到达他们的部落所在地奥特亚罗瓦的。大约在9世纪初，毛利人水手从

新西兰

太平洋上的岛屿乘由7条独木舟组成的船队到达新西兰,开始在这里定居。这7条独木舟上的毛利人繁衍成了7个部落,每条独木舟的名字便成为各部落的名称。毛利人的居住地从海岸和河谷逐渐向内陆延伸。他们到达这块新的土地后,同原来居住的地方失去了联系。最后一批毛利人移居新西兰是在1350年前后。原来居住在这里的莫里奥里族人逐渐被毛利人同化,余下一部分人被赶出原来居住的地方,有些人被允许定居在查塔姆群岛,在那里,他们中的最后一个幸存者在20世纪中期死去。

毛利人中盛行关于天地起源的神话故事:天父兰基努伊(Ranginui)和地母帕普托努库(Papatuanuku)是诸神的父母,他们的儿子塔内(Tane)创造了灌木丛和其中的精灵,还用泥土创造出了第一个女人。今天的人类就由他们繁衍而来。还有一个传说是关于北岛的起源。根据该传说,北岛是由莫依(Maui)创造的。莫依法力无边,机智聪明,许多物质,例如火就是他发明的。一次,莫依和他的兄弟们一起去钓鱼,结果他抓住了一条大鱼,后来这条大鱼就成了新西兰的北岛。

毛利人有结实的体魄,棕色的皮肤,黑色或棕色的头发,前额倾斜,眉骨稍显突出,嘴唇较厚,胡须浓密,他们在头上插着装饰用的白色羽毛。毛利人外形类似非洲黑人,但肤色比非洲黑人要浅一些。

毛利人在接受西方生活方式的同时,仍保留着自己独特的文化习俗。毛利文化给新西兰社会增添了丰富多彩的色调,使其更具魅力。许多新西兰独具特色的文化大都与毛利人的文化传统有关。

在毛利部落聚居的地方,毛利文化的传统得到了较好的保存。毛利人在会见客人时,有一种特别的习俗,即行碰鼻礼。他们有一种独特的舞蹈,叫"哈卡舞"(Haka)。这是古时毛利人部落在战斗前为鼓舞士气、震慑敌人而跳的一种节奏很快的舞蹈。跳舞时,男性舞者脸上贴有类似古人文面的花纹,上身赤裸,下身穿黑黄色相间的草裙,手持长矛和盾牌,和着战鼓的声音,瞪眼吐舌,拍胸顿足,做鬼脸,一边呐喊一边跳舞,动作刚劲有力,充分表现了毛利人勇敢豪放的性格。这一传统一直保存下来,如今新西兰"全黑"橄榄球队(因该球队队员穿黑色球衣而得名)在每场国际比赛前都要跳哈卡舞。新西兰在接待重要外国客人时,也以跳

第一章 概况　New Zealand

哈卡舞来表示对客人的隆重欢迎。

新西兰全国有79个传统的毛利人聚居点。他们的生活是建立在相互协作、忠诚和彼此尊重的基础之上的。毛利人精心地保留着自己的文化传统和习俗，这在毛利人聚居的奥特亚罗瓦表现得非常突出。大量的毛利人迁移到城市以后，也在城市建立了许多毛利人聚会的场所——马拉埃（Marae），以保证毛利人的传统世代相传。在马拉埃，房屋用毛利人祖先典型风格的雕塑布置起来。在这里，毛利人必须严格遵守本民族的礼俗，在举行婚礼、葬礼和庆祝节日时尤其如此。为了增进各民族之间的了解与和谐相处，非毛利人在进行在职培训时，常组织去毛利人的村庄参观，以了解毛利人的风俗习惯。

在新西兰北岛的罗托鲁阿有一个毛利人村，那里有一个展示毛利人习俗和艺术品的博物馆，村里有典型的毛利人小屋和储藏食物的地方，很直观地反映了这个民族过去的生活状况。

毛利人经过多年流血的和不流血的斗争，已经争得政治上的平等权利。他们的政治领袖和职业人士在新西兰社会中起着重要作用。同有些国家相比较，新西兰在给予少数民族平等权利方面做得比较多，相对来说，民族关系比较和谐，一个多民族共同生活的平等社会已基本上建立起来。

但是，公民权利上的平等并不意味着事实上的完全平等。和白人相比较，现在毛利人的人均收入、就业状况、住房、受教育程度以及在国家政治生活中的地位，都还是比较差的。他们的失业率比白人高，所从事的职业没有白人的职业好。毛利人的政治领袖们为改善他们在这些方面的处境，进行不懈的斗争。

语言　新西兰的官方语言为英语和毛利语。英语是绝大多数新西兰人使用的语言。几乎所有的毛利人都能说英语，他们同时也使用毛利语，但只有约5万名毛利人（约占15%）能流利地说毛利语。从国外移居到新西兰的少数民族也使用他们本民族的语言。

在欧洲人来到新西兰以前，毛利人还没有自己的文字，毛利语仅仅是一种口头语言。在欧洲人统治期间，逐渐形成了以拼音字母为基础的毛利

语。现在毛利语也是新西兰人可以在法庭上使用的官方语言，一些白人也开始学习毛利语。新西兰的许多地名、植物和鸟类的名字出自毛利语。从20世纪70年代开始，新西兰建立了许多毛利语学校，使毛利语获得了新的生命力，学习毛利语的人迅速增加。为了鼓励人民学习毛利语，促进其发展，新西兰政府宣布1995年为毛利语年。政府还成立了毛利语委员会，电台和电视台播放的毛利语节目越来越多。这使这一曾经濒临消失的语言焕发了勃勃生机。现在约5万人的母语是毛利语，另有15万人将毛利语作为第二语言。除上述两种语言外，来自其他国家的移民也可在以自己母语开办的学校、夜校及周末学习班中学习母语。

五 国家象征

国旗 新西兰的国旗为蓝底，右边有4颗镶白边的红色五角星组成的南十字星座，它代表新西兰的国土、政府和人民，南十字星座突出了新西兰的地理位置。左上角1/4为红色米字的英国国旗图案，这是英联邦成员国的共同标志。新西兰国旗由1865年开始使用的蓝色海军旗演变而来，最初作为新西兰船只的国籍象征，悬挂在新西兰船舶上。从1867年起，在蓝色海军旗的下方标有红色白边的新西兰缩写字母"N. Z."，以与英国海军旗相区别。1869年，取消了旗帜上的"N. Z."字母，代之以由四个红色五角星组成的南十字星座。1901年通过的《新西兰国旗法》正式把带有南十字星座的蓝色海军旗定为新西兰国旗。1981年通过的《国旗国徽国名保护法》再次确认带有南十字星座的蓝色海军旗为新西兰国旗，并对国旗的图案和国旗的使用做了明文规定。

国徽 国徽中间是一个盾牌，顶上是王冠，右侧是毛利酋长、左侧是欧洲裔妇女的图像，代表了新西兰民族的基本构成。国徽下部饰有新西兰的标志性植物和国花银蕨叶。《国旗国徽国名保护法》规定，只有在正式场合才可以悬挂国徽。

国歌 新西兰国歌有两首，一首是《上帝保佑新西兰》（*God Defend New Zealand*）；一首是《上帝保佑吾王》（*God Save the King*），若女王当政，国歌即改为《上帝保佑女王》（*God Save the Queen*）。两首国歌具有同等的地位。《上帝保佑新西兰》首尾的大意是：

> 国民相亲相爱，
> 聚在上帝脚下，
> 恳听我们的呼声：
> 保护我们的自由国家。
> 捍卫太平洋的三星，
> 免遭战祸与厮杀。
> 让赞美之声远扬，
> 上帝保护新西兰。
> ……
> 愿海边的峻岭高山，
> 永为我们的自由护栏。
> 坚信我主忠贞不渝，
> 保护我们的自由国土。
> 引导国民的先驱，
> 向人类播施真理与仁爱，
> 实现那伟大的宏图，
> 上帝保护新西兰。①

国花 新西兰特有的银蕨是新西兰的国花，亦是新西兰国家的标志。根据毛利人的传说，银蕨是生活在森林里的毛利人的指路植物，从前的毛利猎人是靠银蕨叶背面闪闪的银光来认路回家的。

国树 新西兰国树为四翅槐（Fourwings Sophora）。四翅槐多生长于山谷、路旁、村落附近。该树生长较迅速，木材坚硬，有弹性，是制造船舶、车辆、器具和用于雕刻等的好木料，其花蕾称"四翅槐花"，果实可入药，有凉血、止血等功效，主治肠风、痔血。

---

① 陈文照：《新西兰》，世界知识出版社，2002，第8~9页。

国鸟 土生土长的不会飞的几维鸟（Kiwi Bird）常被作为新西兰国家的象征，称为新西兰的国鸟。几维鸟又称奇异鸟，学名为鹬鸵，这种鸟如母鸡大小，不会飞，不喜欢亮光，有一个细长的喙，羽毛细如毛发，力量惊人。Kiwi 也是新西兰人的别称。

国石 国石为绿石，又称绿玉，也称翡翠玉、翠玉、硬玉、缅甸玉，是玉的一种，颜色呈翠绿色（称之翠）或红色（称之翡）。

第二节 宗教与民俗

一 宗教信仰

在新西兰居民的宗教信仰中，基督教占主导地位，大约有2/3的居民信奉基督教。源自英国的各新教和天主教派别都有自己的信众，信仰圣公会的新西兰人约占25%，信仰长老会的约占18%，信仰天主教的约占15%，还有一些人信仰新教的其他派别。此外，来自世界各地的移民也带来了各自的宗教信仰，几乎全世界主要的宗教，如伊斯兰教、佛教、犹太教、摩门教、兄弟会、锡克教等，在新西兰都有人信仰。毛利人也有自己独特的宗教，他们把外来的基督教《圣经》的教诲和毛利人先知的预言结合起来，形成了毛利人自己的基督教教派——拉塔纳教会（Ratana Church）和伦伽图教会（Ringatu Church）。20世纪后期以来，新西兰信仰宗教的人数有下降的趋势，20世纪70年代，信教者约占全国总人数的69.1%，80年代降至63.6%，90年代降至57.6%。

因为新西兰人大多数来自英国和欧洲其他国家，他们的宗教信仰是从自己的母国带来的。英国白人移民多数信仰新教，因此新教在白人移民中占了绝对的统治地位。但移民分属于新教的不同教派，如圣公会、长老会、卫理公会、教友会、美以美会等。欧洲移民在新西兰殖民过程中，往往在自己所在的地区建立自己的教会组织，例如圣公会坎特伯雷协会的成员帮助建立了克赖斯特彻奇城，他们就在那里建立了英国的国教会即圣公会教会。苏格兰的自由教会成员帮助建立了达尼丁（Dunedin）城，他们

第一章 概 况

就在那里建立了长老会教会。今天,新西兰各地区的宗教仍然反映了早期殖民者的定居模式和宗教信仰。

新西兰基督教教会的组织结构与英国非常相似,只是到近年来才有一些变化。教堂的建筑多仿照英国教堂的风格。

新西兰也有天主教。早在150多年前,在奥克兰就有天主教堂。天主教鼓励非西方传统的人结合自己的语言和宗教传统形成自己的信仰,并承认其他教会的精神、道义和文化价值,注意吸收毛利人的文化、习俗、观念、思维方式、价值观、语言等来改造天主教会,用毛利语出版《圣经》和《祈祷书》,使天主教在新西兰的土壤上生根。最近二三十年,天主教在新西兰发展较快。

在欧洲人到来以前,毛利人和其他许多处于原始社会阶段的族群一样,因在大自然的威力面前无能为力,心中充满了对自然神和各种神灵的崇拜。他们相信自然界有个上帝,他创造了人,控制着人类的活动。人间的神父只是上帝与人联系的纽带。毛利人的宗教仪式宣扬叫作"塔甫"的法律,它实际上是毛利人的一种精神信条。每个毛利人都必须遵守,谁违反了塔甫,谁就会遭到严厉的惩罚。塔甫神圣而又令人恐惧,谁要是遭遇了不幸或是命运不济,都以为是违反了塔甫,得救的办法是请求上帝的宽恕。在现实生活中,毛利酋长就是塔甫的化身,他们是上帝在人间的代表,请求上帝宽恕就是请求酋长的宽恕,对塔甫的崇拜实际上就是对酋长的崇拜。

毛利人还崇拜一种超自然力的"玛纳"。人们相信"玛纳"最大,具有超人的神力。毛利人还信仰多种神灵,如坦加罗阿是掌管海洋和鱼类的神,被尊为渔民的保护神;塔涅是掌管丰收和植物的神;此外还有农神农戈、战神图等。

同殖民者一起到来的基督教传教士,极力用基督教文明"教化"土著居民。但毛利人皈依基督教,经历了一个相当长的过程。最早组织到新西兰传教的是一个名叫塞缪尔·马斯登的牧师。他是澳大利亚悉尼罪犯移民区的主要牧师,他的任务是管理罪犯和对他们进行感化。他在悉尼同来自新西兰的毛利人有接触,遂产生了去新西兰毛利人中传教的愿望。1807

年，他回英国物色到新西兰工作的传教士，最初响应的有威廉·霍尔和约翰·金，前者是一个造船者，后者是麻制品工匠，以后陆续有其他人加入去新西兰传教的牧师行列。1813年，马斯登买下一艘名为"敏捷号"的双桅船。1814年3月，"敏捷号"试航新西兰，于同年8月返回悉尼时，带来了9个毛利酋长。马斯登在他的农场里热情地款待了他们，希望能通过这些酋长在新西兰开展传教工作。

1814年12月，马斯登带着其他传教士乘"敏捷号"到达新西兰，开始传教。此外，他们还在毛利人中进行调解工作，以化解毛利人部落之间的矛盾，避免流血冲突。最初，毛利人怀着种种疑虑听他们传教，没有马上皈依基督教。后来传教士的人数逐渐增多，到1838年已建立13个传教士移民区。为了更好地开展传教工作，传教士为毛利语创造了拼音，制定了有规则的语法。19世纪30年代，一个名叫威廉·科伦索的印刷商兼传教士印刷了毛利文的《圣经》。毛利人逐渐皈依基督教。

传教士还为新西兰运来了牛、马、羊、鹅、鸡和火鸡等畜禽，并带来了欧洲的生产方法和知识，教给毛利人耕作和建筑技术。

毛利人反对西方人入侵和殖民的斗争，最初是以宗教性质的运动出现的。他们极力把自己的传统和新引进的基督教结合起来，并尽量在组织上保持独立。毛利人独立的宗教活动是和先知运动分不开的。有两位杰出的毛利宗教领袖在新西兰宗教生活中留下了永久的足迹，他们是19世纪的先知特·库蒂（Te Kooti，1814~1893）和20世纪的先知塔胡坡提基·维勒姆·拉塔纳（Tahupotiki Wiremu Ratana）。特·库蒂是毛利人战士，曾被放逐查塔姆群岛，在那里学习了《圣经》，然后创立了伦伽图教会。此教会到1938年才得到正式承认，现有信徒约6000人。拉塔纳建立了拉塔纳教会。拉塔纳教会创立于1925年，它带有民主主义色彩，强调放弃旧的信仰和部落社会组织，呼吁纠正毛利人受到的不公正待遇，现有信徒约35000人。

新教会的出现可以看作毛利人自行皈依基督教的一种形式。新教会的信仰源泉是《圣经》。《圣经》是最高的权威，节选的《圣经》多为与毛利人的思维方式和经历相似的部分。他们按照自己的理解对其进行解释，使基督教适应毛利人的需要。拉塔纳教会包含10条简短的信条，其内容简单务实。该教会相信三位一体说和赎罪论，认为一切人都是兄弟，称颂人间的爱和正义。伦伽图教会和拉塔纳教会是毛利人基督教的主要体现者，是基督教本地化的结果。毛利人的基督教是毛利人信仰和外来的基督教信仰的交融，它起着维系毛利人文化传统、语言、民族认同的作用。

毛利人先知特·怀蒂（Te Whiti）在布道时说，让毛利人受难是上帝的计划，这不是悲剧，毛利人通过受苦受难可以获得上帝的恩宠。上帝会自己拯救人类，上帝的愤怒是针对陌生人的，但会支持毛利人。[①]

除接受殖民者传来的基督教外，毛利人社会还有自己的宗教传统。这些宗教没有像基督教那样明确表述的教义，它们有很多象征物。象征物是神的体现，用以帮助崇拜者理解神灵的存在，如神柱象征大地和上天的联系。

每个教会都有自己的组织系统，伦伽图教会的主要领导团体是教士大会（General Assembly）。它每年召开一次大会，大会选举一位领袖，他在一位秘书长和由12位委员组成的执行委员会协助下管理教务。拉塔纳教会的组织有所不同，它由一位主席领导，主席是创教人的后裔，其领导团体是中央委员会。该教会分政治和宗教两翼，宗教翼由宗教会议领导。教会不同级别的牧师佩戴不同的披带。

伦伽图教会遵奉星期日为安息日。其教徒不常做周日祈祷，而是每月12日祈祷。他们庆祝新年和每年7月的收获节。拉塔纳教会有两大纪念日：1月25日是教堂开放日，11月8日是拉塔纳教会第一次获得神启的日子。拉塔纳教会还庆祝复活节和大部分基督教节日。每逢节日，教徒们都要聚会，一连庆祝几天。

除书记官以外，拉塔纳教会没有专职或兼职的付薪牧师。根据教会的规定，传教布道的人不应当收取钱财。教会的经费来自教徒的捐款。

---

① 布理安·科利斯、彼得·蒂诺万主编《新西兰社会的宗教》（Brian Colless and Peter Denovan, eds., *Religion in New Zealand Society*），北帕默斯顿，1985，第31页。

与其他很多国家不同,新西兰各宗教组织不仅没有像其他国家的不同宗教组织那样势不两立,反而有一种联合起来的趋势。早在19世纪末,新西兰的基督教教徒就开始争取联合,但真正的联合是在第二次世界大战开始以后。1941年7月23日,在主教韦斯特-沃森(West-Watson)主持下,成立了由新教各教派组成的"各教会全国委员会"(National Council of Churches)。参加联合谈判的有圣公会、长老会、卫理公会、公理会等教派。该组织是推进各教派合作的最重要机构。20世纪60年代,各教派在讨论联合的问题上取得了进展,1967年成立"关于教会联合联合委员会"(Joint Commission on Church Union),并于1969年公布了联合计划。同年,罗马天主教会也参加到联合进程中来。1975年,各教会全国委员会和罗马天主教会共同建立了联合秘书处,后因圣公会没有批准联合计划,该计划未能实现,但是联合运动并未就此终结。1982年9月26日,在许多地方举行了联合祈祷仪式。一个名叫戴维斯的副主教说:"我相信,在很短的时间内,将出现'新西兰教会'……它将拥有新西兰人口的60%到70%。"

二 节 日

2月6日为新西兰的国庆节。这一天是"怀唐伊节",即庆祝英国和新西兰土著居民毛利人签订《怀唐伊条约》(Treaty of Weitangi)的日子。① 每年的这一天,政府都要在总督官邸的草坪上搭起白色帐篷,举行盛大酒会,进行热烈庆祝。

新西兰的其他节日还有很多,全国性的节日有新年、耶稣受难日(复活节前一个星期五)、复活节(每年春分月圆后的第一个星期日)、澳新军团日(4月25日)、英国女王生日(6月的第一个星期一)、劳动节(10月的第四个星期一)、圣诞节(12月25日)和节礼日(12月26日)。除全国性节日外,还有许多地方性节日和各民族的节日。

---

① 《怀唐伊条约》又译为《威坦哲条约》。现根据《外国地名译名手册》、中国地图出版社出版的《世界地图集》和《中国大百科全书》译为《怀唐伊条约》。

三 民风民俗

新西兰人民生性乐观、豁达,他们在工作之余,善于欢度闲暇时光,除在国内外旅游度假外,还经常举办各种全国性或地方性的赛事及文娱表演活动。由于新西兰畜牧业非常发达,许多比赛活动都是围绕着动物进行的,如剪羊毛比赛、牧羊犬技能比赛、障碍赛马、赛狗等。他们还举行水果和其他农产品的展览,进行农事和牧业活动表演。

新西兰人的休闲生活非常丰富。饲养宠物是新西兰家庭中非常普遍的现象,他们最常饲养的动物是猫和狗。

新西兰人特别喜欢体育运动,也喜爱观看体育比赛。他们喜爱登山,北岛的埃格蒙特峰和鲁阿佩胡山,南岛的库克山、塔斯曼山、拉彼鲁兹山、塞夫顿山等都是登山爱好者的理想攀登之地。新西兰人也喜爱漂流活动,他们制造了专门的漂流工具,如独木舟和木筏;在海上驾驶快艇和垂钓也是新西兰民众喜爱的户外活动。温和的气候和变幻莫测的自然景观促使人们进行各种各样的户外活动。

新西兰人冬天最喜爱的运动项目是橄榄球、英式足球、妇女玩的女子落网球（Netball,篮球的变种）、滑雪、滑冰和爬山等。夏天最普及的运动项目是板球、网球、游泳、帆船、徒步旅行等。高尔夫球和赛马是贯穿全年的运动项目。新西兰运动员参加多种国际体育比赛,如橄榄球、英式足球、板球、网球和帆船等的国际比赛。尽管大部分新西兰人住在城市,但他们也非常喜爱乡村静谧的环境。多姿多彩的乡村美景吸引着厌烦了城市喧嚣生活的市民,他们爱到没有受到污染的乡下去尽情地呼吸清新的空气。新西兰的乡村美景在国际上享有很高的声誉,也吸引着无数的外国游客。新西兰人崇尚户外娱乐活动,众多的登山爱好者、徒步旅行家、滑雪者、狩猎爱好者、帆船爱好者在节假日驾车出游,在高山、河流、湖泊、森林和海边都能见到他们的身影。新西兰人为他们健康的生活方式而感到骄傲。但过多地在阳光下暴晒和过分偏爱高脂肪食物和酒精饮料,使新西兰皮肤癌和其他一些癌症的发病率比别的国家高。最近一些年来,新西兰人已经意识到改变传统休闲方式和饮食习惯的必要性。

新西兰盛行碰鼻礼，这是在毛利人中流行的礼仪。当有重要客人来访时，毛利人都会选择在毛利会堂或开阔的场地举行欢迎仪式。仪式开始时，首先由三名男性勇士手持木棍表演强劲剽悍的舞蹈。他们身穿毛利短裙，赤膊光足，画上脸谱，头插羽毛。一名勇士扮演挑战者，手持轻巧的小梭镖，挥舞木棒，一边叫喊，一边跳跃，吐舌瞪眼，警惕地走向来访者。他们故意做出一些挑战性的动作，以试探来访者。挑战者把小梭镖放在客人足前，若客人俯身拾起，即被视为和平使者。这时欢迎人群发出尖叫声表示欢迎。接着是进行战斗舞表演。舞者激情洋溢，勇士们不时发出尖叫声，并伸出长舌，瞪圆双目，做出可怕的表情。在欢迎队伍中，有时还有毛利妇女演唱毛利歌曲，妇女们身穿草裙，手持花束或帕伊球（一种绒球），边唱边舞。在欢迎仪式的高潮，由毛利人部落中德高望重的长者与客人行碰鼻礼，碰鼻的时间越长，表明对宾客的礼遇越高。碰鼻时，双方可以感受到对方的呼吸，表示宾主双方同呼吸、共命运。

碰鼻时，同时碰前额，闭双眼。在不同的部落，碰鼻礼略有差异，有的碰一次，有的碰两次或多次。为了便于行碰鼻礼，父母希望自己孩子的鼻子长得高一些。有些母亲在孩子幼小时，常夹拉孩子的鼻子，以便使它长高。

新西兰的婚俗在不同民族中不尽相同。欧洲裔人大多遵循西方习俗。男女双方恋爱到条件成熟时，要举行订婚仪式，邀请一些亲朋好友参加，一般由女方父母宣布两家孩子订婚，并决定结婚的时间和地点，这时男方要送给女方一枚订婚戒指。婚礼一般在教堂举行，时间可以在白天，也可以在晚上。举行婚礼时，新娘身着白色婚纱，新郎身穿黑色礼服，他们乘坐小卧车或旧式马车来到教堂。这时客人们早已在此等候。婚礼由神父主持。婚礼结束后，举行婚宴，席间新人向客人敬酒，大家举杯祝福新郎、新娘生活幸福。在婚宴上，主人发表简短祝酒词，向客人表示感谢，然后切新婚蛋糕。此后，宾主随着欢快的音乐，翩翩起舞，新郎、新娘要首先入场，表示新婚后的第一步。

毛利人结婚有一种习俗，叫作试婚。毛利人从出生到青春期常常是赤身裸体地生活。到了结婚年龄时，相爱的男女要先试婚。试婚期间，男女

第一章 概 况

可以同居，如果彼此情投意合，经父母同意后，只要女方到男方家里过一夜，两人就算结婚了。男方到女方家过夜则不算。毛利人男性20岁后结婚，如果妻子不育，可以再娶一个。毛利酋长可以娶几个妻子。

毛利人信奉原始的多神教，相信灵魂不灭，尊奉祖先神灵。每逢重大活动，他们照例要到河里做祈祷，他们互相泼水，以此表示宗教活动的纯洁。

新西兰欧洲裔人的葬礼亦类似西方。亲人去世后，亲属或公开刊登讣告，告知亲朋好友；或登门告知死讯，通知葬礼时间和地点。遗体安葬方式有土葬和火葬，葬礼由专职的殡仪官主持。出殡时，由殡仪官派车接家属，派灵车运送棺木。葬礼如在教堂举行，要由牧师做祷告，简短仪式后，亲属和挚友紧随灵柩缓缓离开教堂，其他人则紧跟在后面。有些人则选择在公墓或火葬场举行告别仪式，仪式结束后在公墓或私人墓地埋葬死者。毛利人的葬礼有所不同，人死后被移出住所，安置到临时搭建的小房子里，以避免死者给住所带来邪气。毛利人一般实行土葬，也有把尸体搁置在树上或放入临时墓穴的，等尸体腐烂后把尸骨捡回洗净，分成几包，分别藏在几处秘密的地方，以防敌人知道后侮辱死者。

毛利人的财产继承制度，与世界上大多数民族都不同。死者的财产不是由子女继承，而是由兄弟继承，只是在死者没有兄弟的情况下，才由子女继承。

毛利人还有文身的习俗。文身既是一种装饰和艺术，也是地位的标志。文身大体分全身文身、局部文身和脸部文身几种。酋长在前额文刺一种叫作蒂蒂的花纹，以区别于普通的毛利人。

新西兰受英国文化的影响较深，普遍盛行英国社会的习俗，讲究礼仪和文明，在公共场合不得大声喧哗。在社会活动中讲究女士优先，如进门时，男士开门后，应让女士先进；就座时，男士给女士放椅子。在新西兰，给别人拍照，特别是给毛利人拍照时，一定要先征得对方同意。

新西兰人见面和告别时，一般都要握手，握手时，眼睛要直视对方。男女之间握手要等女方先伸出手来，若不是很熟悉的人，握手不要太使劲。鞠躬也是新西兰人通用的礼节。初次见面时，一般称对方先生或小

姐,若是学者,则称他们的职称或学衔,如某某教授或某某博士,但熟悉以后,可以直呼其名。

新西兰人时间观念较强,约会需事先商定,准时赴约,迟到被认为是不礼貌的。交谈时若没有重要话题,可以天气、体育、旅游等作为话题,但要避免谈宗教、种族、收入等涉及隐私的话题。谈话要诚恳,不要装腔作势。若应邀到新西兰人家里做客,一般要带一点小礼物,如给男主人带一瓶葡萄酒,给女主人送一束鲜花,礼物不必过多过于昂贵。当众嚼口香糖和用牙签剔牙被认为是不文明的行为。用餐时,左手拿叉,右手拿刀,动作要轻,吃饭时,不要弄出声响。

第三节 特色资源

一 风景名胜区与历史遗迹

新西兰的地形地貌复杂,有众多的风景名胜。下面仅介绍其中主要的旅游名胜地区。

汤加里罗国家公园(Tongariro National Park) 位于北岛中央的罗托鲁阿-陶波湖地热区南端,是由火山组成的熔岩区。1993年被联合国教科文组织世界遗产委员会列入《世界遗产名录》,是新西兰第一处世界文化遗产,也是新西兰建设最早的国家公园。该公园中心的高山地带对毛利族具有重要的文化和宗教意义,它体现了毛利社会与其环境的精神联系。汤加里罗国家公园有15座近代活动过或仍在活动的火山,其中以汤加里罗、鲁阿佩胡、瑙鲁霍伊3座火山最为著名。汤加里罗火山海拔6488英尺,被毛利人视为圣地。瑙鲁霍伊火山海拔7515英尺,火山口烟雾缭绕,常年不息。鲁阿佩胡山是北岛最高的山峰。公园内山峰巍峨壮丽,层峦叠嶂的群山、苍翠的天然森林和绿草如茵的草原交相辉映,地热的白色烟雾弥漫在空中。由火山口形成的湖泊碧波荡漾,沸泉、间歇泉、沸泥塘随处可见。汤加里罗国家公园展示了生态系统的多样性和特殊的地质地貌。

第一章 概况

蒂瓦希波乌纳穆地区 [Te Wahipounamu（South-west New Zealand）]
1990年被列入《世界遗产名录》，位于新西兰西南部，含早先被列入《世界遗产名录》的韦斯特兰国家公园和库克山国家公园以及峡湾地区国家公园。这一地区在冰川长期作用下，形成独特的地形地貌。深深的峡湾，美丽的海岸，高耸的峭壁，波光粼粼的湖泊和众多的瀑布，把这一地区装点得绚丽多姿。公园里长满了山毛榉和罗汉松，其中有的树龄已达800年之久，公园里栖息有新西兰特有的啄羊鹦鹉以及濒临灭绝的、不会飞的大鸟短翅水鸡。

亚南极群岛（Sub-Antarctic Islands） 1998年被列入《世界遗产名录》，它由新西兰东南的南太平洋上的5个岛群（斯奈尔斯群岛、邦蒂群岛、奥克兰群岛、安蒂波迪斯群岛和坎贝尔岛）组成。亚南极群岛位于南极大陆和亚热带之间，在生物多样性、野生动物密度以及鸟类、植物、无脊椎动物的独特性和数量方面都是无与伦比的。群岛地区有品种繁多的海鸟和企鹅在那里栖息，包括40种海鸟在内的鸟类共126种，其中有5种海鸟在世界其他地方是没有的。

毛利之乡罗托鲁阿（Rotorua） 驰名海内外的风景名胜地，曾是新西兰七大毛利部落之一的蒂阿拉娃部落的故乡。那里有丰富的毛利文化景观，有毛利博物馆、毛利工艺研究所、毛利会议厅以及具有毛利特色的村寨，在毛利居民中完好地保留着毛利人的文化习俗。罗托鲁阿有山有水，花木繁盛，泉水叮咚，景色宜人。罗托鲁阿有一个娃卡雷瓦地热保护区，那里有毛利人村寨、工艺学院、地热喷泉和几维鸟馆，集自然景观和毛利人人文景观于一处，是游客必到的景点。毛利人村寨有毛利会议厅、展示毛利人编织品的工艺房、原始的毛利厨房和毛利战船等。如有重要客人来访，毛利人还会在草地上举行欢迎仪式，跳哈卡舞欢迎来客。在游客集中的市区大旅馆里，每天晚上举办"毛利文化之夜"表演：吃毛利饭，唱毛利歌，跳毛利舞。

罗托鲁阿地处太平洋西侧的地震火山带南端，位于两种不同走向的山体结合处，属地壳最脆弱部分，地壳运动剧烈，经常发生地震和火山喷发，火山喷发时把炙热的岩石和岩浆埋藏在地下，形成丰富的地热资源。

地下水在高温高压作用下，喷出地面，形成温泉、沸泥塘、泥浆泉、间歇泉等奇异景观，这里有"太平洋温泉奇景"的美称。有的温泉水温很高，毛利人可利用地热直接烹煮食物。众多的地热温泉雾气缭绕。那里还有形态各异的泥浆泉，热气从地底下向上翻腾，冲破稀泥的表面张力，使得表面坑洼不平。泥浆泉中含有多种矿物质，对皮肤病有治疗效果。与泥浆泉齐名的还有间歇泉，时停时喷，喷涌时声若雷鸣，间歇泉中最壮观的有威尔士王子羽饰泉和浦湖土泉，喷出泉水的水柱高达二三十米，十分壮观。还有淙淙作响的滴水泉，滴水之声宛若琴声。地热区成天烟雾缭绕，随泉水喷涌出的硫黄等矿物质，黄绿相间，色彩斑斓，把整个景区装点得异常美丽。

在罗托鲁阿有爱哥顿剪羊毛表演中心，在这里可以观看牧民精彩的剪羊毛表演。在彩虹公园可以观看四处游动的虹鳟鱼，还可以看到野猪、鹿、鸟、袋鼠和有"活恐龙"之称的珍稀动物——杜阿塔拉。在波利尼西亚浴池可以享受温泉浴。

历史名城怀唐伊（Waitangi） 怀唐伊因1840年2月6日在这里签订《怀唐伊条约》而出名。怀唐伊位于北岛的岛屿湾畔，主要旅游景点就是《怀唐伊条约》的签字屋。它原是英国驻新西兰代表巴比斯的住宅，是乔治时代风格的木结构建筑。当年霍布森总督与毛利酋长们签字的小屋只有10平方米，现在已列为历史保护地。室内陈列有霍布森和毛利酋长的画像、《怀唐伊条约》的毛利文本、第一面独立部落旗以及毛利人用的斧头、长枪和毛利工艺品等。1940年，为纪念《怀唐伊条约》签订100周年，在签字屋左边10米处修建了一座毛利会议厅，厅里陈列有毛利各部落的精美木雕。除此之外，还建造了一艘长36.5米的毛利战船，露天陈放，供游人参观。北岛最北端是雷恩加角，它被称为新西兰的"天涯海角"，是毛利人的圣地。根据传说，毛利人祖先的灵魂从这里跳入海中，经过三王群岛到达了夏威夷。这里风景很美，海角的左边是塔斯曼海，右边是太平洋，天海相连，海面白浪滔滔，空中海鸟翱翔，令人心旷神怡。因为这里是圣地，毛利人不希望把此处辟为旅游地，为此经常和旅游当局发生冲突。雷恩加角附近是有名的九十里海滩，海沙细软，是进行日光浴的好去处。离雷恩加角不远的地方有考雷树森林区,它是一片原始森林。树木高大茂密,其中有一棵千年古树,树干粗得惊人,3个人拉起手都不能合抱,树梢直冲云端。附近有一个陈列古树的考雷树博物馆,陈列的古树是从地下挖掘出来的,已经有5万年历史,树洞足有一间房子大,里边陈列有古木家具和各种工艺摆设。

怀唐伊附近的岛屿湾经常有海豚和鲸出没,在那里可以看到成群的海豚跳跃飞腾,追逐嬉戏。如果运气好,还可以看到鲸的沉浮,有时鲸喷出高高的水柱,蔚为壮观。岛屿湾有一个小岛,岛上怪石嶙峋,奇异的石柱屹立岛上,其中有一处被称为"姑娘石",像一个亭亭玉立的少女伫立海边。岛上有一个很大的岩石洞,洞内常有小海豹出没,是游客常去的地方。

怀托莫溶洞(Waitomo Caves) 位于新西兰北岛奥克兰地区哈密尔顿以南约50里的怀托莫,是新西兰著名风景区,该地区属喀斯特石灰岩地质结构,在雨水的长年侵蚀下,形成千姿百态的溶洞。著名的溶洞有三个:怀托莫萤火虫洞、鲁阿库尔洞和阿拉纽伊洞,怀托莫溶洞是其总称。萤火虫洞被英国文豪萧伯纳称为世界上第八大奇观。洞口有一巨大天然石柱,深入地下42英尺,在灯光照耀下光彩夺目。洞里除了有一般溶洞特有的石笋和石柱外,还有数不清的萤火虫,因此而得名。洞中有一个被称为教堂洞的地方,高47英尺,在彩灯映衬下,洞顶和洞壁五彩斑斓,宛如金碧辉煌的教堂。其右侧有一巨大石钟乳,形似一架大风琴,叩之可发出优美悦耳的声音。洞内有地下河与洞外相通。洞分上下两层,上层干,下层湿。石钟乳形态万千,有的像大象,有的像鳄鱼,有的像猴子……任凭游客想象。洞壁上爬满了重重叠叠的萤火虫,构成一个奇妙的世界。沿着洞内的溪流可以驾小艇漫游,还可以在暗河中漂流。鲁阿库尔洞是三个洞中最大的一个,洞内石钟乳如条条白练垂下,洞里到处都是石笋和石幔。洞中有一个大厅,富丽堂皇,宛如一座宫殿,遂称"皇宫洞"。阿拉纽伊洞蜿蜒曲折,石钟乳和石笋婀娜多姿,洞中的水晶宫玉树银花,如琉璃灯闪烁,多姿多彩的石笋和石钟乳似神似仙,令游客浮想联翩,流连忘返。

怀卡雷莫纳湖(Lake Waikaremoana) 位于北岛东部吉斯伯恩地

区群峦丛林之中。西邻乌雷未拉国家公园，东连怀卡雷泰湖。怀卡雷莫纳湖原为怀卡雷塔黑凯河的首段，几千年前因地层陷落，山体塌方挡住河道而形成湖泊。该湖海拔2015英尺，面积为21平方英里，湖水很深，有的地方深达800英尺。湖面烟波浩渺，湖周围悬崖峭壁，山峰耸立，景色如画。湖区鸟类繁多，花草争奇斗艳。附近的深山老林是早期毛利人的聚居区，这里流传着毛利人领袖英勇抗击英军的传说。湖附近有北岛最古老的原始森林，林中有莫考和阿尼瓦尼瓦瀑布，湖畔有新西兰特有的奇树拉塔树，每当圣诞节前后，树上开满绯红色的花朵，分外娇艳。

塔拉纳基 塔拉纳基位于新西兰北岛西南部，西临塔斯曼海，气候温和、雨量充足，畜牧业发达。20世纪60年代在这里发现石油，给这一地区的经济发展增加了新的活力。塔拉纳基的中心是新普利茅斯，是1841年首批英国普利茅斯的移民定居的地方，他们用自己家乡的名字给这个地方命名，只是在名字前加了一个"新"字。新普利茅斯是毛利人和移民交会的地方，移民在这里的开发侵占了毛利人的土地，因而引发了毛利人与移民的冲突，并于1860年爆发了土地战争（又称"新西兰战争"），战争持续了20年，塔拉纳基是新西兰重要历史事件的见证。新普利茅斯有一座圣玛丽教堂，曾经是殖民军的军营和弹药库，在战争中牺牲的一些战士就长眠于此。教堂后面有一个马斯兰山丘，战时这里曾发生过激烈的战斗，毛利人曾经在这里修建防御工事，因此是土地战争的重要历史遗迹。教堂本身也是一座历史建筑，它建于1842年，是新西兰最古老的石砌教堂，设计精巧，被誉为"诗一般的建筑"。塔拉纳基地区有埃格蒙特国家公园，著名的埃格蒙特峰海拔2518米。这是一座休眠火山，山顶呈圆锥形，有点像日本的富士山。200年前火山喷发时的熔岩流形成了奇特的地貌。山上气候变化万千，林木苍翠，被称为新西兰国花的银蕨生长茂盛。

怀拉基（Wairakei） 北岛的新兴市镇，是以地热资源闻名的旅游胜地。怀拉基位于陶波湖附近的怀卡托河畔，处于罗托鲁阿－陶波湖地热区中心。这里的地热资源极其丰富，井中喷出的热气温度可达300℃以上。这里有仅次于意大利格尔雷德洛的世界第二大地热发电站，总装机容量达19.26万千瓦。这里有100多口气井,其中有60口用于发电。向地热区远远望去,白色水蒸气喷涌而出,转眼即在空中化为烟云。地热区四周苍松叠翠,原野绿草如茵,蒸腾的水蒸气和绿色的大地交相辉映,蔚为壮观。有的气井压力很大,喷出的水蒸气夹杂着泥沙,发出刺耳的轰鸣声,扣人心弦。

昆斯顿(Qeenstown) 昆斯顿又译为"皇后镇",是新西兰著名的旅游景点之一。1999年在美国《旅游与休闲》杂志评选的世界最佳旅游城市中排第三位,1996年和1998年还被另一家美国旅游杂志评为世界最友好的城市。昆斯顿位于南岛南部,濒临新西兰第三大湖瓦卡蒂普湖,群山环绕,可谓依山傍水,环境清幽。瓦卡蒂普湖是一个冰川湖,湖水清澈,在微风吹拂下碧波荡漾。昆斯顿的旅游开发已经很成熟,游览项目丰富,如蹦极、漂流、开快艇、跳伞、乘热气球、滑翔等。昆斯顿是早期的淘金地,金矿枯竭后,淘金者人去屋空,这里留下了他们生活和劳作的遗迹,淘金者栖身的石屋、牛车和矿车是旅游者追寻淘金之路的重要文物。当年探矿的崎岖小道,盘旋于山丘之间,是游客探幽访胜的必然去处。淘金热期间,曾有几百名华人远渡重洋来此淘金,这里留下的中文招牌上写着"本行出售港币,收购金沙,经办存款,利息优厚"。城内政府公园内,伫立着纪念南极探险者斯科特及其战友的纪念碑。附近的戈劳奈峰海拔5431英尺,是新西兰著名的滑雪胜地。登上峰顶,可以饱览市镇内外的湖光山色。

二 著名城市

新西兰10万人口以上的城市有6个。2013年,按人口的多少依次是奥克兰(Auckland,141.5万人)、克赖斯特彻奇(Christchurch,34.1万人)、惠灵顿(Wellington,19.1万人)、哈密尔顿(Hamilton,14.2万人)、达尼丁(Dunedin,12万人)、陶朗加(Tauranga,11.5万人)。此外,10万人以下5万人以上的城市有下哈特(Lower Hutt)、北帕默斯顿(Palmerston North)、内皮尔(Napier)和波里鲁阿(Porirua)。奥克兰和惠灵顿是新西兰的经济、政治、文化中心和交通枢纽。

新西兰

惠灵顿 新西兰的首都，位于北岛的南端，是国家的政治、经济、文化和交通运输中心，现有人口19.1万人，是新西兰的第二大城市。它濒临库克海峡，与南岛隔海相望。惠灵顿空气清新，风景秀丽，城市环抱着尼科森港，周围是连绵的群山，从空中鸟瞰，宛若古罗马的斗兽场。航空港和海港将它与国内主要城市和国际大都市连接起来。这里有国内最大的图书馆、美术馆、博物馆和大学。新西兰国立美术馆陈列着国内最优秀的绘画、雕刻和其他艺术品。道明尼安博物馆集中收集、陈列毛利人和太平洋岛民的文物。特恩布尔图书馆藏书100万册以上，馆内收藏有关于太平洋岛国历史和地理的研究资料。图书馆为木质结构建筑，是惠灵顿最古老的建筑。这里还有著名的惠灵顿维多利亚大学、皇家学会及其他高水平的学术和教育机构。新西兰皇家芭蕾舞团和交响乐团等文艺团体的演出活动丰富了这里的文化生活。

惠灵顿街道宽阔，城市繁华，建筑独特，是现代化程度很高的城市。式样美观、风格质朴、造型典雅的木质建筑赋予惠灵顿独特的风貌。政府办公大楼和圣保罗大教堂都是风格别具的木质建筑，雄伟壮观，享誉全世界。位于市区北侧的国会大厦外形像一个大蜂窝，被称为"蜂房大厦"。

惠灵顿位于北岛的最南端，处在库克海峡的边缘，从塔斯曼海峡吹来的西风经过宽阔的海面进入狭窄的库克海峡，风力变得非常强劲，使惠灵顿终年多风，因此有"风城"之称。

惠灵顿在国家经济生活中也占有重要地位。繁荣的牛羊肉市场和品种齐全的奶制品凸显了这个畜牧业发达国家的固有特点。惠灵顿除了新兴的汽车装配业、橡胶制品业、印刷业、金属制品业和电子工业以外，还有传统的冻肉、炼乳、毛毯、皮革等畜产品加工业。但总体来说，惠灵顿是一座消费城市。作为首都，不宜发展可能造成环境污染的产业；作为一座山城，工业发展又受到地域和环境的限制。

惠灵顿与北京的时差为4个小时，北京早晨8点时，惠灵顿已经是中午12点。新西兰大部分地区都在同一个时区，均比北京早4个小时。

奥克兰 奥克兰是新西兰最大的城市，曾经是新西兰的第二任首都，也是新西兰唯一的国际化都市。城市面积为482.79平方公里，2013年人

第一章 概　况　New Zealand

口达到141.5万人，占全国人口的1/3。奥克兰也是新西兰的工业、商业、金融、交通和文化中心，这里有优良的商港、军港和机场。铁路把哈密尔顿、奥托罗杭格（Otorohanga）、怀托莫溶洞、国家公园、北帕默斯顿和首都惠灵顿连接起来。奥克兰素有"风帆之都"的美誉，在城市附近的港湾，到处都有造型各异、种类繁多的游艇，点点白帆随风荡漾，装点着这个海滨城市。奥克兰阳光充足，气候温和，全年气温在6℃～28℃，四季温差不明显，夏季平均气温18℃，冬季平均气温11℃。夏天早晚温差较大。晴天正午紫外线很强，在阳光下需对裸露的皮肤采取防护措施。

奥克兰居民以白人为主，此外还有大量毛利人、亚裔人和来自其他国家的民族的人。城里居住着6万余名毛利人，再加上其他太平洋岛民，是世界上波利尼西亚人最多的城市。多种族的人群共居在这里，使奥克兰呈现出多元文化的绚丽色彩。

奥克兰市内街道整洁，空气清新，是世界上少有的洁净城市。城里高楼大厦不多，多数建筑是木质平房；在环境特别优美的地方还有一些富丽堂皇的别墅；而老城区的街道则比较狭窄。在奥克兰街上，商店、饭店、酒吧、影剧院、旅馆鳞次栉比，洋溢着现代气息。市内的战争博物馆陈列了与两次世界大战有关的文物和纪念品，馆内还收藏了大量毛利人的雕刻艺术品、武器、手工艺品，是当今世界上收藏毛利人文物最多的博物馆。"帕涅尔村"有殖民地时代留下的各式住宅。

奥克兰的伊甸山、奥克兰海港大桥（Auckland Habour Bridge）、动物园、艺术中心、战争博物馆、交通博物馆和"帕涅尔村"是旅游观光胜地。在奥克兰周边有22个环境保护区。怀塔克雷山是奥克兰最大的地区性公园。在西海岸有很多冲浪海滩，其中有法蒂普、卡里卡里、皮哈、贝索斯和穆里怀海滩。

奥克兰工业发达，全国1/3的工厂集中在这里。工业以轻工业为主，有纺织、食品、烟草、家具、服装、鞋、电子、塑料、化肥等加工业，此外，机器制造、钢铁、造船、化工业等也有一定的发展。奥克兰还是全国最繁忙的商业和金融中心，股票交易所和几家大银行的总部坐落在这里。它是全国最大的商港和交通枢纽，奥克兰港是新西兰最大的集装箱码头，

全国约有46%的进口货物和25%的出口货物在这里装卸。

奥克兰在文化教育方面居于全国领先地位,市内有藏品丰富的艺术馆、博物馆、图书馆,坐落在市中心的奥克兰大学历史悠久,是新西兰最有名的高等学府,其综合排名居全国第一位,在2011年《泰晤士报》世界名校排行榜的500强中列第65位。

克赖斯特彻奇 克赖斯特彻奇是有名的"花园之城",位于南岛东海岸的坎特伯雷平原,面积为4.5万平方公里,现有人口34.1万人,其中75.4%为欧洲裔人,7.6%为毛利人,居民中20.8%出生在国外,可见外来移民在居民中所占比例之大。克赖斯特彻奇是南岛最大的城市,也是新西兰第三大城市,是小麦和谷物的集散中心。这里的地理和气候条件得天独厚,市区草木葱茏,鲜花四季常开。城内有植物园、玫瑰园、石楠花园、岩石公园、蒙娜谷花园等众多园囿,到处都可以听到小鸟鸣啼,"花园之城"的美称名副其实。艾汶河穿流其间,河两岸树木青翠,河畔的垂柳和橡树在微风吹拂下沙沙作响,是游人漫步的理想去处。城市街道宁静,林木葱郁,环境优美,文化气息浓郁,令人陶醉。

克赖斯特彻奇是由信仰新教的基督徒殖民者创建,克赖斯特彻奇即"基督城"(Christchurch)的音译。城市建筑有鲜明的英国风格,建筑物、公园和城市文化都使人联想起英国。市中心有宏伟壮丽的哥特式大教堂,教堂前是巨大的中心广场。市中心的坎特伯雷博物馆藏品丰富,植物园满布奇花异草,精华荟萃,古老的有轨电车经过风景名胜地区,把古典和现代巧妙地结合在一起。新西兰有2所大学坐落在这里,它们是坎特伯雷大学和林肯大学。新西兰是临近南极的国家,在克赖斯特彻奇有一个南极中心。它是南极的信息和研究中心,是新西兰、美国、意大利南极研究项目的大本营。它还是游客游览的好去处,在那里游人可以感受到南极特有的自然风光和地理特点。

克赖斯特彻奇气候宜人,夏季1月的气温为15℃~30℃,冬季7月的气温为5℃~10℃,全年平均气温为17.1℃。与新西兰其他地区相比较,克赖斯特彻奇降雨量偏低,全年平均降雨量为648毫米。受来自西北方信风的影响,风力较大,有时强风会对建筑物造成破坏。

第一章 概况 New Zealand

克赖斯特彻奇是南岛的畜牧产品加工中心，橡胶、纺织等工业发达，是农牧产品和工业品的重要集散地。东南部的利特尔顿是新西兰的主要港口之一。

中国的武汉市与克赖斯特彻奇在经贸、科教、文化和旅游等方面交流密切，2006年4月，两个城市结为友好城市，更加强了各方面的交流。

中国人民的好朋友路易·艾黎就出生在克赖斯特彻奇市的斯普林菲尔德镇。他1927年来到中国，开展工业合作运动，用生产的物资支援中国人民的解放斗争和抵抗日本帝国主义的战争，他把自己的一生都献给了中国人民的革命事业。

近年来，克赖斯特彻奇连续发生地震，城市受到严峻考验。2010年9月4日发生里氏7.2级地震，造成数十亿新元的损失，这是自1968年以来新西兰发生的最严重的自然灾害，但万幸的是，因房屋抗震性能好，死伤人数并不多。时隔不到一年，2011年2月22日，该城东南的利特尔顿发生里氏6.3级地震，造成重大人员伤亡，城市再次遭受严重破坏。震后的重建工作刺激了新西兰建筑业的繁荣。

哈密尔顿 北岛第三大城市，现有人口14.2万人。它位于北岛中西部怀卡托河中游两岸，距离奥克兰110公里。哈密尔顿是怀卡托河流域的农产品集散中心，并且是农牧产品的加工基地，是新西兰的农业服务中心，被称为"世界奶类产品之都"。怀卡托河穿流其间，把该城装扮得非常美丽。沿河两岸，树木葱郁，树枝随风飘动，游客漫步河岸，心旷神怡。怀卡托当代艺术和历史博物馆以及动物园可以使游客更多地了解当地的历史和新西兰特有的动物。有名的怀卡托大学和怀卡托技术学院增强了城市的文化氛围，学校的学生就占了该城市人口的近1/5。1986年7月15日，哈密尔顿与中国的无锡结为友好城市，加强了两城市间的经济和文化联系。

达尼丁 达尼丁是南岛的第二大城市，奥塔戈区的首府，位于南岛的东南海岸，现有人口12万人。以城市人口和面积计算，达尼丁在新西兰城市中排第五位。达尼丁依山傍水，气候宜人，夏季是一年中最好的季节。达尼丁市东北16公里处的奥塔戈湾口有查默斯港与外界相通，不远

处有著名的皇后镇、瓦纳卡湖和米尔福德峡湾。达尼丁是有名的大学城，新西兰的第一所大学——奥塔戈大学就诞生在这里。除奥塔戈大学以外，达尼丁还有一所工学院、一所师范学院，全市人口中有1/5是大学生。教育和服务业是达尼丁重要的产业。达尼丁还是羊毛交易中心，并拥有天然良港，是南岛南端的运输枢纽。19世纪中叶，奥塔戈中部地区发现金矿，淘金热随之兴起，淘金者从世界各地蜂拥而至，使该城迅速发展起来。但时隔不久，金矿枯竭，淘金热退潮，20世纪初达尼丁人口有所减少，经济重要性有所下降。

达尼丁坐落在休眠的火山上，火山喷发的熔岩经过长时期的风化侵蚀，形成了千姿百态的地形地貌。新西兰独一无二的城堡拉纳克城堡就在这里，它是重要的名胜古迹。拉纳克城堡建于1871年，总面积为3716平方米，坐落在占地35公顷的花园内。古堡的主人拉纳克是一个富有的银行家。离达尼丁不远的泰瓦鲁阿是著名的野生动物保护区——皇家信天翁中心。皇家信天翁是一种巨大的海鸟，两翼展开长达3米多，擅长远距离飞行，可以整天飞行不落林休息。除信天翁以外，人们还可以在保护区内看到其他珍稀动物，如稀有的黄眼企鹅、纤巧的蓝企鹅、软毛海豹和各种海鸟。达尼丁是新西兰重要的旅游胜地之一。

达尼丁居民的祖先多来自苏格兰，因此这座城市保持着浓郁的苏格兰情调。这里盛产威士忌酒和啤酒，威士忌酒的酿造技术来自威士忌酒的故乡苏格兰，该市所产的威士忌酒口感醇厚，质量上乘，久负盛名。达尼丁的支柱产业为农牧产品加工业，主要工业有羊毛制品制造、制衣和化肥工业。市中心的博物馆、艺术馆、教堂和学校增强了达尼丁的文化氛围。

第二章

历　史

第一节　殖民前史

在欧洲人发现新西兰以前，新西兰已有毛利人定居。毛利人在1000年以前就开始登陆新西兰及其周围的岛屿，从1350年起陆续在这里定居。最早的毛利人靠捕鱼和狩猎为生。他们主要捕捉一种称为"恐鸟"（Moa）的不会飞的巨鸟，所以他们被称作"恐鸟捕捉人"。到大批的毛利人到来之时，大部分恐鸟已经被捕杀。在17世纪欧洲殖民者到来时，毛利人还处在原始氏族社会阶段。毛利人发展了基于农业、渔业和狩猎基础上的文化，创造了精巧的木刻艺术，善于用石制工具进行生产活动。毛利人主要生产资料属公共财产，但个人和家庭占有一定的生活资料。集体劳动的成果在部落酋长的主持下进行分配。个人自制以及在战争中缴获的工具和武器属个人所有。

但是，毛利人社会已出现阶级分化，酋长和普通人已有区别，酋长拥有特殊地位。社会的最下层是奴隶，他们主要是在战争中被抓获的俘虏。奴隶从事一些卑贱的工作，如搬运、拾柴、运水等。酋长们没有完全脱离劳动，但主要做指导和组织工作。具有劳动能力者都必须从事必要的劳动。男女分工不同，男人主要从事狩猎、种植和采集食物等，妇女则负责做饭、织布和拾柴。

毛利人按家庭血缘关系组成部落，部落是毛利人最大的社会单位。部落之间经常发生战争，战争是社会生活的重要组成部分。

新西兰

毛利人习惯群居,以"哈普"(部落的一部分)为单位组成村落。他们在一起垦地、播种和收割,一起捕鱼、捕鸟和采集野果,共同作战。他们把多余的食物储藏在地窖和储藏室里。

毛利人为适应新的生活环境,克服了常人难以想象的困难。他们必须寻找适于食用的食物和有利的居住场所。由于毛利人还不会冶炼金属,他们的生产工具由石块、木材和骨头制成。他们学会了种植甘薯等作物,并采集浆果、可食用的植物以及捕鱼和拾贝来充饥。

一 欧洲人探险

最早发现新西兰的是荷兰人,他们于1642年到达这里。以经商闻名的荷兰人在从西班牙的统治下解放出来以后,利用自己的海上实力开始向海外扩张。荷兰人占领了印度尼西亚东北部的马鲁古群岛,并于1602年在那里建立了东印度公司。该公司以此为基地,向周围扩张,南下的目标是传说中的"南方陆地"。1642年8月14日,当时服务于东印度公司的荷兰探险家艾贝尔·塔斯曼受公司派遣,率领两艘船和100余名海员向南远征,经过4个月的艰难航行,于1642年12月到达新西兰的西海岸。塔斯曼的《航海日志》这样记载:"太阳落山4小时以后,我们看见了岸上的篝火和4条船,其中的两条向我们靠近……船上的人好像在用粗犷而又沙哑的嗓音向我们喊叫,可是我们一句话也听不懂,但我们还是用喊声向他们做了回答。之后,他们几次重复叫喊,但他们总是保持一定的距离,没有进一步靠近。他们还几次敲打乐器,其声音很像毛里塔尼亚的鼓声。这时我们命令一个水手几次击鼓作答……然后双方都重复了几次。因天色渐渐黑下来,船上的土著人终于停止击鼓并将船划走。"[①]

欧洲人和毛利人的第一次接触因语言不通,无法交流。荷兰人派去的海员被毛利人杀死了4人。塔斯曼向毛利人开枪,但毛利人迅速逃逸,未遭受任何损失。无可奈何之下,塔斯曼决定放弃在那里登岸的打算,继续北上。塔斯曼把这个地方叫作"凶手湾",这就是今天新西兰南岛西海岸

---

① K.B. 马拉霍夫斯基:《新西兰史》(俄文版),莫斯科,1981,第4~5页。

第二章 历　史

的黄金湾。塔斯曼的船队从凶手湾出发，沿北岛海岸驶向北角。最初荷兰人还以为他们新发现的这块陆地与南美洲北端附近的斯塔顿相连，所以把它叫作"斯塔顿陆地"。后来的探险家发现这块陆地是一个岛屿，荷兰人将他们发现的岛屿以荷兰西兰省的名字命名为 Nieuw Zealand（新西兰），这就是"新西兰"国名的由来。

当时，荷兰人对这块土地的了解还很少。直到18世纪詹姆斯·库克到新西兰探险以后，欧洲人对新西兰的了解才逐渐多了起来。库克是英国皇家海军的一个下级军官，因1766年对日蚀的观测而引起了英国皇家学会的注意。库克奉命率领远征船队前往塔希提岛观测1767年6月的金星运行情况，此后他进一步探索南太平洋，其中包括对人们知之甚少的新西兰的探险。

库克在完成对金星的观测任务后，朝着塔斯曼发现的陆地驶去，于1769年10月到达新西兰。库克从塔斯曼的《航海日志》中知道毛利人性格凶悍，所以在和他们交往时处处小心谨慎。他依靠一个名叫图比亚的毛利酋长的帮助，和毛利人进行了一些接触。库克在这次航行中，不仅对北岛进行了观察，而且还用49天的时间进行了绕南岛和斯图尔特岛的航行，观察那里的地形地貌，测定和记述了海岛的位置和地理特征。他发现新西兰是由两个分开的大岛组成。他以英国国王的名义宣布新西兰为英国所有。

库克本人和随行的科学家详细地记录了毛利人的生活情况和新西兰的地理特征。库克的航海报告为后来研究新西兰殖民前史提供了宝贵的资料。

除了塔斯曼和库克以外，法国航海家德苏尔维尔和马里翁·杜弗雷纳也先后到过新西兰。德苏尔维尔是在1769年12月到达新西兰的，他在岸上寻找防治坏血病的蔬菜的过程中，绑架了一名毛利酋长。他对毛利人的残暴态度在毛利人中种下了仇恨的种子。杜弗雷纳于1772年抵达新西兰后，在群岛湾登岸寻找淡水。可能是因为杜弗雷纳的属下绑架了一个偷斧头的酋长，激怒了毛利人，加上德苏尔维尔以前对毛利人的残暴态度，毛利人在7月12日杀死了杜弗雷纳和远征队的27名水手。这些法国人此前可能没有听说过库克已宣布新西兰为英国所有，所以杜弗雷纳的副手克罗泽将新西兰宣布为法国属地，称它为"奥斯特雷尔－法兰西"。

二 同外界接触的增多

库克的航海报告发表以后,欧洲人对新西兰的了解逐渐多了起来。18世纪末,来自法国、西班牙和其他国家的探险者都访问过这块新发现的土地。到新西兰探险的冒险家和寻找财富的商人也日益增多。1788年,英国在澳大利亚的悉尼建立了第一个罪犯移民区,商人们便从悉尼出发去开发新西兰,那些被放逐到澳大利亚的英国罪犯也加入了商人的队伍。

新西兰盛产麻和木材,近海有很多的海豹、鲸等海洋动物。欧洲和北美的商人对这些珍贵物产垂涎欲滴。专为经商而来到新西兰的第一艘商船名叫"幻想号"。1795年,"幻想号"满载做桅杆用的优质木材和亚麻回到悉尼。丰厚的商业利润使从事木材和亚麻贸易的商船接踵而至。另一些频繁访问新西兰的人是与捕鲸和捕猎海豹的活动联系在一起的。群岛湾是捕鲸者经常出没的地方,新西兰最南端的达斯基海峡、斯图尔特岛和福沃海峡则是捕猎海豹最活跃的地方。

海豹皮是当时中国富人很喜欢的毛皮,售价很高,向中国出口海豹皮非常有利可图。于是英国人和美国人到新西兰大肆捕猎,把获取的海豹皮输入中国。1810~1812年,捕海豹的人大批涌入麦夸里岛。捕鲸者是到新西兰的一类移民。18世纪末,新西兰周围海域鲸资源丰富,对他们极具诱惑力。19世纪初,新西兰的捕鲸业已兴旺起来。捕鲸者在班克斯半岛、奥塔戈半岛和福沃海峡的各海湾建立居留站,并在岸上建立了一些永久移民区。有些捕鲸者还和毛利人通婚,在村庄周围开垦土地,种植农作物。

这些最早来到新西兰的商人和捕猎者大多是英国人,他们成了新西兰的第一批殖民者。当时新西兰还没有政府,直到1840年,新西兰还是一个没有法制的遥远国度。

来到新西兰的还有英国的传教士。他们最早接触的新西兰毛利人是乘船到澳大利亚来的。英国传教士有组织的传教活动大概开始于1814年。他们为了在毛利人中传教,尽量对毛利人表示友好和亲善,调解毛利人之间的冲突,帮助他们种植小麦,制定拼音文字。

第二章 历史 New Zealand

欧洲殖民者是抱着掠夺的目的来到新西兰的,不管是捕鲸、捕猎海豹、砍伐木材还是掠取其他资源,都会和土著居民发生利益冲突。况且殖民者的成分非常复杂,其中不乏从罪犯移民区逃逸的犯罪分子。这些人到新西兰后,恣意妄行,常常干一些罪恶勾当。有些外来的船只采用诱骗或暴力手段,把一些年轻力壮的土著居民弄到船上去当水手,有些酋长也被骗了去。当他们受尽折磨回到自己的同胞中间时,常常愤怒地揭发白人对他们的种种虐待行为,引发了土著居民对殖民者的强烈仇恨和报复心理,因此土著居民和白人殖民者之间的冲突时有发生。

欧洲人的到来,给新西兰土著居民的生活秩序造成了极大的破坏。他们带来了欧洲常有的疾病,因土著居民对这些外来的疾病没有免疫力,造成土著居民大量死亡。

白人带来的火枪增加了土著部落之间经常发生的战争的破坏力。那些首先得到火枪的部落很快就在力量对比上占了优势,部落之间往日的平衡被打破,战争伤亡率上升,造成土著人口减少。譬如,有一个名叫洪义的酋长,因他的部落曾遭受一个拥有滑膛枪部落的袭击,伤亡惨重,他从此接受教训,希望弄到一些火器来加强自己的武装力量。他在访问英国时受到国王乔治四世的接待,后者送了许多礼物给他。他回到悉尼后,变卖了所有的礼物,将所得的金钱买了300支滑膛枪及一些火药和子弹。因此他的部落变得非常强大,洪义在新西兰北岛一再挑起战争,在毛利部落间制造了大量争端,破坏了本地的安宁。

频繁发生的战争和瘟疫夺走了大量毛利人的生命,到1840年,毛利人减少到10万余人。

同火枪一起进入新西兰的还有各种金属工具,如斧头、刀和其他铁制工具。金属工具取代原来的石器和骨制工具是生产力的一大进步。毛利人为了换取欧洲人的商品,必须集中力量生产欧洲人所需要的亚麻等。同欧洲人的贸易改变了毛利人的生产和生活方式。为了满足欧洲人对亚麻等商品的需求,毛利人放弃了一些传统的活计,如捕鱼、套鸟和其他捕猎活动,有些毛利人甚至从山区搬到了盛产亚麻的平原地带。

毛利人从欧洲人那里学会了种植玉米、小麦等农作物及蔬菜和水果,

并开始饲养猪和各种家禽。像玉米、小麦等作物的种子和猪、火鸡等畜禽就是欧洲人和来自美国的捕鲸者们带来的。毛利人用欧洲人传入的金属工具和从欧洲人那里学来的生产技术，改进了原始农业，提高了生产力。毛利人还从欧洲人那里购买欧洲式的船只，并学会了自己制造船只。这种船只比起独木舟，在运载量和航行速度方面都有很大的优越性。

第二节　英国对新西兰的殖民

一　早期的殖民活动

虽然库克早在1769年就宣布新西兰为英国所有，但到19世纪初，英国还没有把新西兰当作殖民地。19世纪上半叶，工业革命在英国如火如荼地进行，导致人口急剧增长和大量农村人口向城市流动，城市出现了很多相对过剩的劳动力。1825年，英国爆发了第一次周期性经济危机，失业人口增加。人口的剧增和周期性的失业，使贫困问题变得异常尖锐。一些穷人难以忍受国内的生存环境，想到海外去寻找新的生存空间。统治阶级害怕这些贫困人口在国内制造麻烦，引起社会动乱，也很愿意把他们送到国外去。同时，英国机器工业的发展产生了过剩的生产力，大量廉价的工业制成品也亟须寻求新的市场。所以工业资本主义的发展推动了向海外的殖民扩张。寻找新的原料产地和新的商品市场，成了向外进行殖民扩张的强大动力。此外，在工业革命中发展起来的汽船和火车等新型交通工具为人口和商品向海外的流动提供了方便快捷的运输手段。英国对新西兰的殖民开发与英国当时的国内形势是分不开的。

英国对新西兰的早期殖民活动受到英国在澳大利亚殖民当局的控制。1820年，澳大利亚新南威尔士的总督麦夸里授权一个叫肯德尔（Kendall）的传教士为治安法官（Justice of the Peace），前去新西兰与毛利酋长调解当地的贸易争端并防止在新西兰出现动乱。

1827年，法国军舰"阿斯特罗拉贝号"（Astrolabe）在杜尔维尔（Durville）的指挥下来到新西兰，对新西兰的部分海岸进行了测绘。恰在

第二章 历 史

这时，一个叫德蒂埃里（De Tierry）的混血种法国人声称已在新西兰购买了大面积的土地。英国人怀疑法国派军舰前往新西兰是蓄意支持德蒂埃里的土地要求。1835年，德蒂埃里发布了一个公告，称自己为"努库希瓦王和新西兰君主"。1838年，罗马天主教蓬帕利埃主教到达群岛湾。同年，一支法国捕鲸船队也乘鱼汛来到班克斯半岛，与此同时，法国克尔维特式轻型巡航舰"女英雄号"也一同到来，目的是保护法国在捕鲸区的利益和测绘新西兰的海岸线。法国人的这些举动在英国人中引起了一阵恐慌。英国担心法国对新西兰有领土野心，遂加快了对新西兰的殖民进程。

1832年，澳大利亚悉尼的詹姆斯·巴斯比（James Busby）被任命为英国在新西兰的驻扎官（Resident）。他带着"致新西兰各酋长"的信件来到新西兰。他的任务是"抚慰各酋长，以赢得他们的善意"①，但他当时手中并无有效的权力。

英国主张对新西兰进行殖民开发的急先锋是爱德华·吉本·韦克菲尔德（Edward Gibbon Wakefield）。他主张向新西兰大量移民，对其进行系统的殖民开发。他在《悉尼来信》（1829）中勾勒了他的观点。他认为，向新西兰移民可以减少英国的剩余劳动力，消除英国劳动者的不满情绪，减轻国内的社会压力。殖民地的土地不能无偿地分给新来的移民，只能按固定的价格购买。有土地所有者，就必须有劳动者，否则社会就会是一盘散沙。殖民地的工资应该比英国高，使劳动者有购买土地的潜力，这样才会对他们产生吸引力。出售土地得来的款项应用来资助移民及发展教育和宗教事业。他主张给殖民地一定的自治权，其政府形式应该是"代议制的、贵族政治的和君主政体的"。选民必须拥有一定的财产。上院议员应该是世袭的。可以看出，韦克菲尔德主张的殖民地社会实际上就是英国社会制度的翻版。

1830年，韦克菲尔德建立了"殖民地开拓协会"，极力推行他的殖民计划。1837年，他又建立了"新西兰协会"，参加这个协会的都是对他的

---

① J. B. 康德利夫、W. T. G. 艾雷：《新西兰简史》（*A Short History of New Zealand*），克赖斯特彻奇，1968，第55页。

新西兰

殖民计划感兴趣的富人和社会上层人士。为了增强实行殖民计划的财政实力，韦克菲尔德将新西兰协会改组为"新西兰公司"。这是一个联合股份公司，拥有资金10万英镑，另外还因出售土地给准备前往新西兰的移民而获得大约同等数目的资金。这个公司在新西兰建立了多块殖民地，在推进向新西兰移民和对新西兰进行殖民开发的过程中起了极其重要的作用。

英国政府也加快了兼并新西兰的步伐。1840年，海军上校威廉·霍布森（William Hobson）被英国委任为英国驻新西兰执政官，1月29日，霍布森到达新西兰。在此之前，新西兰公司组织的移民已来到惠灵顿港。英国政府以它惯有的伪善态度声称，如果毛利人自愿地把他们的主权移交给英国，那么他们的利益将会得到很好的照顾，毛利人的风俗习惯将得到保护，"只要这些风俗同人性和道德的普遍准则是一致的"①。英国人从毛利人那里以很低的价格买来土地，然后以高价卖给殖民者，所得资金用来修建公路和其他公共工程及购买更多的土地。

霍布森到达新西兰后即开始行使代理总督的职权。1840年2月5日，霍布森在怀唐伊召开有欧洲人和毛利人参加的大会，讨论毛利人接受英国女王的统治和保护的条约草案。其中规定，毛利酋长们把各自的领土主权让给英国女王维多利亚，后者则保护新西兰各部落酋长所拥有的土地、森林、渔场及其他财产不受侵犯。酋长们如想出售土地，只能出售给英国女王，即英国政府。毛利人在接受了英国的宗主权后，即可得到英国女王的保护，并可以享受"英国国民所享有的一切权利和特权"。在会上，一些毛利酋长强烈反对签署条约，他们疾呼："不要签署这项条约。如果你们签字的话，你们必沦为奴隶，必被迫在公路上敲碎石子。你们的土地必被夺，你们作为酋长的尊严必被破坏无疑。"他们高呼："我们不要总督……滚回去，回去，滚开。"②但是，也有一些毛利酋长主张签订条约。第二天，北奥克兰的45名部落酋长签署了条约；到1840年5月，已有400多名酋长签署了条约，这就是有名的《怀唐伊条约》。该条约有两个

---

① J. B. 康德利夫、W. T. G. 艾雷：《新西兰简史》，第62页。
② J. B. 康德利夫、W. T. G. 艾雷：《新西兰简史》，第61页。

文本，一份为英文，一份为毛利文。由于几处最重要文字的翻译有问题，双方对条约文本的解释出现了纷争，多年争论不休。例如，根据英文文本，毛利人将宗主权（sovereignty）或对新西兰的完全控制权交给了英国；而根据毛利文文本，毛利人交给英国的只是治理权（governorship），或是较小的控制权。

根据《怀唐伊条约》，霍布森宣告，英国已在新西兰的北岛和南岛确立了英国的宗主权，新西兰成为英国的殖民地，1841年霍布森担任新西兰的第一任总督，定奥克兰为首都，1843年把首都迁至惠灵顿。《怀唐伊条约》至今仍被当作具有宪法意义的重要文件，签订该条约的日子被当作国庆节来庆祝。

这时，新西兰已有2000名欧洲人定居，毛利人约有10万人。

签订《怀唐伊条约》后，新西兰先是隶属于澳大利亚新南威尔士殖民当局管辖，在1841年才成为单独的王室殖民地。在以后几十年里，殖民化进程加速，1848年和1850年先后在奥塔戈和坎特伯雷建立了两块较大的移民定居点。

欧洲移民在同毛利人的交往中，在土地和贸易等方面经常采用欺诈和哄骗手段。殖民政府规定毛利人的土地只能卖给政府，而不能直接卖给个人。政府从毛利人那里购买土地时，出价非常低，等土地到手后则以高出几倍的价格卖出，这引起了毛利人的极大不满。在霍布森任总督期间，毛利人大概有10万人，而当时的移民只有几千人，霍布森能够指挥的军队不超过100人。霍布森被迫对毛利人采取怀柔政策，而新西兰公司中的一些代表人物却主张对毛利人采取强硬措施。在这样一种背景下，土著居民和移民之间经常发生军事冲突。

1845~1853年乔治·格雷（George Grey）任总督的8年间，是新西兰发生重大变化的时期。移民区迅速扩大，人口增加，经济走向繁荣。他对毛利人软硬兼施，用极低的价格从毛利人那里大量购买土地，然后高价卖给源源而来的新移民。这既有利于解决殖民政府的财政困难，又可以向不断涌来的移民供应土地。他在新西兰开展小麦种植，建立磨坊，生产面粉，除满足本地需要外，还外销到澳大利亚。1851年在澳大利亚的本迪

戈和巴拉腊特出现的"淘金热",为新西兰的面粉出口创造了良好的机会。

在新西兰公司的大力推动下,奥塔戈、坎特伯雷等地建立了移民区。随着移民的增多,他们纷纷要求实行自治。1846年,英国议会通过在新西兰设立代议制机构的法令。新西兰分为新乌尔斯特和新芒斯特两个省,后者包括惠灵顿和南岛。每省设立一个众议院和一个立法委员会,并且在整个新西兰都设立了类似的机构。但毛利人没有选举权。

与此同时,英国政府认为,《怀唐伊条约》承认毛利人对新西兰全部土地的所有权是错误的。根据英国政府的最新决定,英国只承认毛利人拥有他们实际经营的土地和已得到明确承认的土地。其余土地皆为英国王室所有,殖民当局可以自由处置这些土地,而无须向毛利人购买。这一决定在毛利人中间引起了强烈的愤慨。

但是,当时担任新西兰总督的乔治·格雷爵士并没有执行关于建立代议制机构的决定,因为他认为,在毛利人占大多数并武装得很好的情况下,由白人选举产生的代议制机构实行统治是相当危险的。他的这一主张得到了英国政府的赞同,在5年内暂停建立代议制机构。

1852年,英国议会通过一项实行宪法的法令,建立代议制政府。根据这一宪法法令,只有少数毛利人享有选举权;新建立的政府只是一个在居民中占少数的欧洲人的政府;土著居民的事务由总督管理,其中包括土地问题。根据关于实行宪法的法令,新西兰分为6个省,包括奥克兰省、惠灵顿省、纳尔逊省、奥塔戈省、坎特伯雷省和韦斯特兰省。每一个省设一个选举产生的省议会(Provincial Council)和一个也由选举产生的省督(Superintendent)。全国议会(General Assembly)由通过选举产生的众议院(House of Representatives)和由总督任命的立法委员会(Legislative Council)组成。中央政府统辖全国事务,但与地方政府的职权划分还不很明确。

总督格雷于1853年1月17日宣布实行宪法。省议会在当年就开始工作,但全国议会直到1854年才得以召开。根据宪法,选民受财产资格限制,富人可以在一个以上的选区投票,毛利人和许多穷人均无选举权,妇女则完全被剥夺了选举权。1856年5月,组成了以亨利·休厄尔(Henry Sewell)为首的责任政府,但当时这个政府很不稳定,一个月内更换了两位政府首脑,1856年6月才建立了第一届以威廉·福克斯(William Fox)为首的稳定的政府。新建立的政府虽然声称要保护毛利人的利益,但实际上是代表欧洲移民利益的。这种喧宾夺主的做法必然会引起毛利人的不满,为日后的冲突种下了祸根。

二 毛利人战争

在欧洲人刚刚到来的时候,因他们人很少,不敢对毛利人采取过分无理的举动,移民和毛利人大体上能和平相处。但随着移民的逐渐增多,侵犯毛利人利益的事件也随之增多。移民或擅自占领毛利人的土地,或采取欺骗手段以极低价格购买毛利人的土地。在贸易活动中,移民也经常利用毛利人的淳朴和善良进行欺诈。大批欧洲人的到来,破坏了毛利人的正常生活,打乱了他们的社会秩序。欧洲移民经常利用毛利人充当劳动力,对他们进行残酷剥削。责任政府成立以后,毛利人在政府中没有自己的代表,也没有选举权,他们的利益得不到应有的保障。这些情况是导致毛利人战争的根本原因。

毛利人战争首先发生在毛利人集中的北岛。在那里,因丛林密布,土地开发进展比较缓慢,急于获得土地的殖民者采取各种不正当的手段掠夺毛利人的土地,使殖民者和毛利人的关系迅速紧张起来。殖民者在没有得到毛利酋长同意的情况下抢夺和非法购买土地的行为激怒了毛利人。1844年,毛利酋长霍内·黑克(Hone Heke)在北岛的科罗腊雷卡领导了一次毛利人起义。这次起义拉开了持续20多年的毛利人战争的序幕。这些战争又被称为"新西兰战争"或"土地战争"。

黑克率领毛利人多次砍掉竖立在科罗腊雷卡镇象征英国主权的英国国旗的旗杆,并攻打科罗腊雷卡镇,驱逐了那里的殖民者。毛利人筑起戒备森严的堡垒"帕",多次击败殖民者。但由于力量悬殊,毛利人各部落之间缺乏联合,总督乔治·格雷派军队镇压了黑克领导的起义。但此后,毛利人和殖民者之间的紧张关系并没有得到缓和。

新西兰

因在土地交易过程中经常发生侵犯毛利人利益的现象，到19世纪50年代后半期，塔拉纳基各部落组织了反对殖民者掠夺土地的联盟，拒绝向欧洲移民出售土地。1860年2月20日，当责任政府派人员到塔拉纳基测量土地时，被阿蒂阿瓦的毛利人部落中的一群人阻止。该部落的酋长威里穆·金吉建立的一个村寨被政府派军队占领，从而引发了当地毛利人反对殖民当局的塔拉纳基战争，直至1861年5月双方才达成停战协定。

然而，由于在土地交易过程中，殖民者侵犯毛利人利益的事件一再发生，毛利人反抗殖民者的斗争并没有停止。英国殖民当局不仅以各种手段强占毛利人的土地，违背了它在《怀唐伊条约》中所做出的关于保护毛利人利益的承诺；它还急于实现"毛利人的开化"，即把毛利人的宗教、社会生活等都纳入欧洲人的轨道，破坏毛利人的生活方式和生活习惯，破坏毛利酋长的权威。有些毛利族上层人物还受到欧洲移民的侮辱，从而激起了毛利酋长的愤怒。他们感到，既然殖民当局不关心毛利人的利益，就只能自己组织起来。1857年4月，怀卡托的一些毛利部落经过多次商讨以后，组成了"毛利王国"，选举波塔淘（Potatau，又名特·韦罗韦罗，Te Wherowhero）为国王，仿照殖民当局组织自己的政府，负责管理毛利人自己的事务。这一事件引起了殖民当局的不安和恐惧，从而爆发了另一场大规模的毛利人战争——"怀卡托战争"。

1861年，乔治·格雷接替其前任戈尔·布朗第二次担任新西兰总督之后，极力想把毛利王国搞垮。他让毛利人大量出让土地，却不给以应有的报酬。他还命令修筑从奥克兰到怀卡托的公路和桥梁，并向那里增派军队。这些行动引起了毛利人的怀疑。

总督格雷不顾毛利人的警告，命令卡梅伦将军率英军于1863年7月2日越过曼加塔威里河，于是一场旷日持久的战争开始了。战争双方的装备非常悬殊，英军投入了1万人的兵力，配备了新式火枪和大炮，装备精良。毛利人的火枪很少，许多毛利战士用长矛作为武器，他们利用丛林和村寨进行游击战。英军沿怀卡托河向毛利人的村庄发动了一系列进攻。1864年4月，一支约2000人的英军包围了奥腊考的一个毛利人村寨，对该村寨进行了多次猛烈的炮轰，防守的毛利人坚守阵地。卡梅伦将军号召他们投降,但得到的回答是:"我们要永远战斗下去!永远!永远!"在这次战斗中,有100多名毛利人阵亡,其余毛利人突围逃进了丛林。这次有名的战斗显示了毛利人不屈不挠的精神,在新西兰历史上留下了光辉的一页。

但是,战争并未到此结束,零零星星的战斗一直进行到1872年。战争不能平息的一个重要原因,是殖民者大肆没收起义的毛利人的土地,激起后者进行顽强的斗争。在这一斗争过程中,1863年在毛利人中出现了一个叫作"豪豪"(Hao Hao)的宗教组织。该宗教团体借神的名义,鼓舞毛利人同殖民者继续进行战斗。在斗争过程中,涌现出了两位天才的领袖,一位是塔拉纳基南部的蒂托可瓦努(Titokowaru),一位是贫穷湾的特·库蒂。他们领导的毛利人武装多次给殖民当局造成重创。毛利人英勇顽强的斗争,迫使英军一再增加兵力,使军事力量的对比不利于毛利人,虽然大大小小的战斗还进行过多次,但最后还是以毛利人的失败而告终。到战争基本结束时,许多未被征服的毛利人躲入丛林,不时袭击零散的英军,使殖民当局长期不得安宁。直到19世纪70年代初,殖民当局才控制了局势。

在战争过程中,政府大量攫取毛利人的土地。战争的失败和土地的大量丧失动摇了毛利人的士气,战争和疾病使毛利人急剧减少。

起义虽被镇压,但还是迫使殖民当局做出了一些让步。自1872年起,新西兰议会中有两个席位被分配给怀卡托和马尼亚波托两个毛利部落;英国官员和土地丈量员不得进入这两个部落的领地。

三 没收土地

早在1863年,乔治·格雷总督就建议没收敌对毛利人的土地,将其中的一部分分给因服兵役而获得土地所有权的士兵,供其屯垦,以保障奥克兰附近地区的安全,而将其余部分出售,用所得款项支付战争费用。这一建议得到新西兰政府部长们的支持。同年7月9日,总督要求居住在从怀卡托河到豪拉基湾防线以内的毛利人宣誓效忠于政府并交出武器,否则就必须撤离到曼加塔威里河对岸的地方。7月11日,总督发布公告,要

新西兰

取消那些"向女王陛下发动战争或仍然保留武装的人"按《怀唐伊条约》规定享有的土地所有权。但还没有等到公告下达给曼加塔威里河对岸的毛利人,英国军队就渡过该河。政府部长们计划夺取大面积的土地,并用武装移民来加以保护。所需的庞大经费(加上战争费用估计需要400万英镑)用贷款来支付,然后用出售毛利人土地获得的收入和因大量移民而增加的关税来偿还。

殖民者估计可以出售的土地达100万英亩以上,若以每英亩1~2英镑的价格出售,就可获得相当可观的收入。至于出售这些土地可能给毛利人带来什么后果,总理多梅特的话最有代表性,他认为实行这一计划,"才谈得上为毛利人设立教化机构","就有可能使新西兰的两个种族在和平与繁荣中共存"[①]。可见,移民的繁荣是建立在牺牲毛利人的固有权利的基础之上的。

为了实施上述计划,殖民当局从澳大利亚、南非的开普殖民地招募大量武装移民。1863年12月,新西兰议会通过《新西兰移民区法》,批准没收1863年1月以来"曾参与反叛女王陛下政府"的所有毛利部落的土地。

除了依靠武力占领毛利人的大片土地以外,总督还要求毛利人在1864年12月10日以前"自愿"让出土地,以换取对他们的特赦。然而毛利人并没有按政府的要求自愿让出土地,于是总督于12月17日发布公告,没收了怀卡托地区的大片土地,随后又没收了陶朗加、普伦蒂湾、塔拉纳基和奥克兰地峡等地的大量土地。

大批移民从英国、澳大利亚和南非的开普殖民地来到新西兰。殖民当局把他们安置在北岛的奥克兰和怀卡托河下游之间的地区定居,建立了哈密尔顿、坎布里奇和特·阿瓦穆图等武装移民区。殖民当局没有为这些新来的移民准备好必要的生活条件,移民们经历了一段相当困难的时期。由于政府起初没有给他们提供足够的土地,新来移民的住房和食物供应均出现困难,他们不得不宰杀其他移民的牲畜来充饥。

---

① J. B. 康德利夫、W. T. G. 艾雷:《新西兰简史》,第109页。

第二章 历 史

对毛利人来说，土地被没收使他们进入一个非常黑暗的时期。他们对欧洲人的一切幻想都破灭了，经济陷于衰落，传统的社会土崩瓦解。毛利人口从1850年的8万～10万人降至1896年的4.2万人。没收土地使毛利人的土地大量减少。出售土地也使他们失去更多的土地。1862年新西兰议会通过的《土著居民土地法》放宽了对出售土地的限制。在1862～1892年的30年间，毛利人失去了他们祖先遗留下来的大部分土地，首先是最肥沃的土地。从毛利人那里购买土地的人多半不是农民，而是靠买卖土地赚钱的土地投机商。他们巧取豪夺，用各种手段欺诈和诱骗毛利人出让土地。土地投机商将廉价买来的土地高价出售给需要土地的农民和农场主，从中渔利。生性淳朴的毛利人在同他们打交道的过程中，非常容易受骗，总是处于不利地位。孤立无援的毛利人切身感受到失去自主权的痛苦，他们觉得"自己好像是没有牧羊人、看守人或率领者的羊群一样"。他们感到绝望，想到"既然外来的耗子赶走了本地的耗子，有如移植进来的牧草挤掉了本地的羊齿植物一般，那么毛利人也必将在白种人面前灭亡"[①]。

当然，毛利人并没有就此灭亡。一个有顽强生命力的民族是不会消亡的。一批杰出的年轻毛利人接受了新式教育，如阿皮腊纳·恩加塔爵士、毛伊·波马雷爵士和彼得·巴克爵士就是毛利人中的杰出代表，他们为毛利人的复兴做了大量的工作。经过不屈不挠的努力，他们迫使殖民当局于1892年恢复了毛利人的土地专卖权。毛利人在保留的土地上从事农业经营。像恩加塔爵士那样受过教育的毛利人开始以家庭所有制为基础进行土地开发，以提高农业生产的效率，与此同时保留了毛利人引以为豪的公有制社会生活的某些传统。

随着时间的推移，毛利人经过不屈不挠的斗争，政治处境和经济生活有了一些改善。从1867年起，4个单独的毛利人选区开始各选出一名议员出席新西兰的议会，同时在教育和卫生事业方面也有一些改善。政府开始意识到，帮助毛利人发展经济是其不可推卸的责任。那些比较开明的白

---

① J. B. 康德利夫、W. T. G. 艾雷：《新西兰简史》，第112～113页。

人出于过去掠夺毛利人而产生了歉疚心理，也在协助毛利人发展经济方面做了一些工作。这些新的发展使毛利人社会逐渐复兴，人口开始缓慢增长，到 1948 年，毛利人已由 1896 年的 4.2 万人增加到 11.4 万人。但若与白种人比较起来，毛利人的社会经济状况还是比较差的，1947 年毛利人的婴儿死亡率高达 85.82‰，而欧洲裔人的婴儿死亡率只有 23.78‰。1949 年毛利人的死亡率为 14.17‰，而欧洲裔人的死亡率只有 9.09‰。毛利人人口的快速增长主要是靠高出生率来支撑的。

毛利人人口的增长受到土地的限制，许多年轻的毛利人被迫到城市谋生。在这一过程中，他们遇到了许多难以想象的困难，他们缺乏城市生活所必需的职业技能，又没有安身立命的住所，城市的生活对于他们来说是完全陌生的。毛利人为适应新的生活方式，经历了一个漫长的历程，他们在和欧洲裔人融合的过程中，顽强地保留了自己的文化传统、艺术和生活习惯。

四 19 世纪下半叶的经济发展

在 19 世纪，新西兰的经济以农牧业为基础，其中畜牧业所占比重很大。新西兰的气候温暖潮湿，在广大的平原和丘陵地带，牧草生长得特别旺盛，适合饲养牛、羊等牲畜。早在英国确立对新西兰的宗主权以前，那些到这里来的欧洲传教士、捕鲸者和其他冒险家就已经把绵羊引进来了。19 世纪 40 年代，新西兰从澳大利亚引进了毛质优良的美利奴绵羊，此后此种绵羊在新西兰大量繁殖起来。从 19 世纪 50 年代起，新西兰畜牧业进入了一个迅速发展的时期。在 1851 年以后的 10 年间，欧洲移民饲养的马从 2900 匹增加到 2.83 万匹，牛从 3.48 万头增加到 19.33 万头，羊从 23.3 万只增加到 280 万只。19 世纪最后的 30 年和 20 世纪初，新西兰的畜牧业获得了很大的发展，1861～1911 年，绵羊从 270 万只增加到 2400 万只，牛从 19.33 万头增加到 200 万头，马从 2.83 万匹增加到 40.43 万匹。随着畜牧业的发展，奶制品和肉类制品加工业也发展起来。羊毛、肉类、奶酪和黄油等在新西兰的出口中占有非常重要的地位。19 世纪中叶，冷藏技术发明后，澳大利亚最先把这一技术运用于肉类保存。澳大利亚人的成功试验为新西兰展示了将冷藏技术运用于肉类出口的广阔前景。在新西兰最早进行这一尝试的是"新西兰和澳大利亚土地公司"总经理 W. S. 戴维森。1882 年 5 月,满载冷冻肉的新西兰"达尼丁号"轮船成功地抵达伦敦。奥塔戈省、坎特伯雷省和惠灵顿省建立了冷冻工厂。船运公司建造了专用的冷冻船,铁路公司也制造了提供隔热设备的货运火车。冷藏技术的广泛应用对新西兰畜牧业的发展和畜牧制品的出口起了极大的推动作用。1882~1895 年,新西兰冷冻肉的出口值从 1.9 万英镑增加到 125 万英镑以上。黄油和奶酪的出口量也迅速增加。

新西兰的羊毛、奶制品、肉类和粮食主要出口到英国,1895 年,英国占新西兰出口总值的 83%。可以说,新西兰像澳大利亚一样,是英国最好的牧场。

新西兰种植业的发展相对慢一些。1858 年,新西兰耕地面积只有 12.57 万英亩,主要粮食作物为小麦。19 世纪最后 30 年,小麦种植面积大幅度增加,从 1874 年的 1.32 万英亩增加到 1895 年的 24 万英亩。20 世纪初,小麦的种植面积有所缩小,燕麦、大麦和土豆的种植面积相应扩大。新西兰土地主要为大地主占有,1896 年,30.4% 的土地掌握在占地 5 万英亩以上的大地主手中,而这些大地主仅占土地所有者总数的 0.19%。占有 1~10 英亩土地的小土地所有者占土地所有者总数的 23.36%,但拥有的土地仅占土地总面积的 0.21%。

1861 年,奥塔戈省的图阿皮卡地区发现金矿,立即掀起了一股淘金热。在短短几个月的时间里,数以千计的淘金者涌进奥塔戈省。在一年时间里,奥塔戈省的人口增加了一倍多,该省因进口商品和出口黄金使税收增加了两倍多。黄金的开采带动了该省经济的发展,修建了通向金矿区的新公路,为淘金者服务的饮食业和其他服务业也跟着发展起来。食品和其他商品供不应求,引起价格上涨,提供商品和服务的人都因此而增加了收入。与奥塔戈省相邻的坎特伯雷省因可以高价向奥塔戈省金矿区提供面粉、肉类和奶油而收益颇多。1865 年,在南岛西岸也发现了黄金,淘金者又从奥塔戈省来到克赖斯特彻奇,再转道到库马拉和霍基提卡。这次坎特伯雷省直接从新金矿区的开发中获得了利益,黄金出口给该省带来了可

观的收入。大批淘金者的涌入带来了新西兰经济发展所必需的资金,也使这个人口稀少的国度增加了经济开发必不可少的劳动力。

新西兰工业起步比较晚,发展也比较缓慢。19世纪40年代,新西兰工业主要生产生活必需品,当时的工业企业主要是面包房、面粉厂、糖果厂、啤酒酿造厂、缝纫作坊、床垫厂、制砖厂、印刷厂和锯木工厂等。从19世纪60年代开始,新西兰工业发展速度加快,除上面提到的行业以外,新建了造船厂、机械制造厂、金属加工厂,以及生产建筑材料、蜡烛、肥皂等产品的工厂。工业最发达的省份是奥克兰省,其次是坎特伯雷省、纳尔逊省和奥塔戈省。1910年,全国共有制造业企业3500家,雇佣工人4.6万人。在采矿业方面,采金业占重要地位。1857~1908年,新西兰共出口黄金1835.2783万盎司,价值7205.7047万英镑。1907年,有9138名矿工在金矿工作。奥克兰、奥塔戈和坎特伯雷是主要的产金区。1911年,新西兰从事工业的人数已超过农业,但农业总产值仍然比工业总产值高。1911年,新西兰农业总产值约3000万英镑,工业总产值只有760万英镑,其中采掘业为380万英镑,木材加工业和渔业为210万英镑。

1869年,朱利叶斯·沃格尔(Julius Vogel)在威廉·福克斯的内阁中担任财政部部长。沃格尔主张实行积极的财政政策。他认为,新西兰有大量的资源,缺乏的是资金和人力,只要具备了后两个条件,就可以促进经济的快速发展,增加就业,改善人们的生活。1870年,他主张向英国大量借款,建议在10年内贷款1000万英镑,用于兴建干线公路和铁路,资助外来移民,开办工厂,开发农业。他希望用提高的税收收入和出售王室土地之所得来偿还债务。沃格尔在1873~1876年担任总理,因此得以大力推行自己的计划。截至1880年,新西兰借款高达2000万英镑,国债增加了近3.7倍。政府用这些钱兴建了铁路、公路,铺设了海底电缆,成立了航运公司。19世纪70年代的投资热迎来了一个制造业和建筑业高速发展的时期。19世纪80年代,工厂工业的发展速度首次超过了手工业。1870~1910年,新西兰制造业附加值的年增长率达到了约5%。1870年,新西兰只有46英里的铁路线。到1880年,铁路线已长达1700英里,南

第二章 历 史　New Zealand

岛形成了主要的铁路干线网，北岛在 1908 年也修建了铁路干线。1875年，建立了总部设在利特尔顿的新西兰航运公司，两年以后，又在达尼丁成立了联合轮船公司。新西兰海上航运事业的发展促进了沿海贸易和与其他国家的经贸关系。1876 年，新西兰铺设了通往澳大利亚的深海电缆，从此建立了与欧洲和美国的快速通信联系。到 19 世纪末，新西兰已有海底电缆 6500 英里。在这一时期，新西兰还新建了一批煤气厂，1911 年共有煤气厂 48 家，生产煤气 20 亿立方英尺。19 世纪 80 年代，新西兰开始建立发电厂，1911 年全国已有 14 个发电厂。19 世纪下半叶，银行业也有很大发展，并在全国形成银行网络，一些大的银行有几十家甚至上百家分支机构。这些基础性公共事业的发展为国家铺平了通向现代化的道路。

黄金的开采带动了新西兰对外贸易的发展，进出口总额从 1853 年的 100 万英镑增加到 1861 年的 390 万英镑。但在近代经济发展的早期，新西兰可供出口的商品比较少，对外贸易存在较大的逆差，1861 年进口达 250 万英镑，出口只有 140 万英镑。直到 1895 年，对外贸易不平衡的状况才发生逆转，在这一年，新西兰已有 220 万英镑的贸易顺差。19 世纪晚期以后，新西兰对外贸易增长速度加快，从 1895 年到第一次世界大战，进出口总额从 1650 万英镑增加到 4530 万英镑，增加近两倍。主要的进口商品是饮料和工业品，其中有服装、布匹、金属、机器等，20 世纪初开始进口汽车和石油。大宗出口商品是黄金、羊毛、粮食和木材。原来大量出口的亚麻在 1853 年以前已基本停止出口。从 19 世纪 60 年代初起，黄金成了新西兰主要的出口商品，1861 年黄金的出口值达 80 万英镑，超过了羊毛的出口值（50 万英镑）。到了 19 世纪 70 年代，黄金出口量下降，羊毛再次成为主要出口商品。从 19 世纪 60 年代起，新西兰开始出口粮食，粮食的出口份额随后逐年增加。在 19 世纪下半叶，南岛的发展速度要比北岛快得多，这是因为南岛受毛利人战争的影响比北岛小，自然条件相对好一些，经济基础也比较好，欧洲移民多，从贷款中所得份额较大，淘金热又给南岛注入了新的活力。新建的航运公司的总部都在南岛，这里成了进出口货物的主要集散地。

新西兰地广人稀，发展经济的潜力巨大，对外界也有很强的吸引力。

新西兰

19世纪中期的初步开发，吸引了大批欧洲移民。南岛金矿的发现更是对移民产生了新的拉动作用。1854～1861年，每年来到新西兰的外国移民达6000～20000人。移民主要来自英国，英国人约占外来移民总数的67.6%；其余移民来自澳大利亚、德国、美国、法国，另有6.1%的移民来自其他国家。此后一段时间里，移民人数继续增长，1861～1876年，新西兰的欧洲裔人口从9.9万人增加到33.91万人。1875～1879年，平均每年进入新西兰的移民近1.5万人。从19世纪70年代初起，为促进经济发展和刺激人口增长，政府大力资助外来移民。这一政策一直实行到90年代初。实行鼓励移民的政策，使新西兰的欧洲裔人数在1871～1891年从25.49万人增加到62.45万人。1891～1911年，欧洲裔人口进一步增加到100.5万人。19世纪80年代，由于经济萧条，外来移民减少，甚至一度出现向国外移民的人数多于向国内移民的情况。

新西兰的亚洲移民很少，其中主要是中国移民。他们从19世纪50年代初开始来到新西兰，60年代奥塔戈的采金热又吸引来一批中国移民。中国移民的人数从1867年的1219人增加到1874年的4816人。这些中国移民用自己勤劳的双手为新西兰的发展做出了自己的贡献，但早期的中国移民在新西兰的遭遇是相当悲惨的。那时的中国移民几乎是清一色的男性，他们抛家舍业来到陌生的异国他乡，仅指望用辛勤劳动换取报酬。可是白人殖民者害怕这些吃苦耐劳的中国人影响他们的就业和工资水平，非常敌视中国移民，有的地方甚至成立了反中国移民委员会，在新西兰一次又一次地掀起反华排华浪潮。1881年新西兰议会通过限制中国移民的法律；1889年又通过限制所有亚洲移民的法律。这样的限制在20世纪初期进一步加强。

1873年以后的很长时期，欧洲出现了严重的农业危机，并波及北美和其他地区。农产品价格大幅度下降，使严重依赖农牧产品出口的新西兰农牧业受到沉重的打击，因羊毛、肉类和奶制品价格暴跌，出口收入减少。这次价格下跌一直持续到1894年。危机袭来以后，牧民和农牧场主的收入普遍下降，失业人数猛增，在业者的工资也下降，许多人生活非常困难，靠借债经营的人普遍不能还本付息，银行也随之陷入困境。经济的恶化使政府财政收入减少。这时，沉重的外债成为新西兰不堪承受的负担。

在19世纪，特别是19世纪后半期的经济发展，移民的大量涌入，促使新西兰社会发生严重的阶级分化，土地和其他生产资料掌握在少数人手里，劳动人民避免不了受压迫剥削的命运。为了争取改善自己的地位，工人阶级组织了自己的工会。早在1841年，赫特公路的劳工就为争取8小时工作制举行罢工。那些在淘金热时期从英国来到新西兰的英国工人带来了英国宪章运动和工会运动的传统，在新西兰工会运动中起了很大的作用。奥克兰、惠灵顿和达尼丁等城市的工人成立了产业工人工会和店员工会。1871年，在克赖斯特彻奇举行了有600人参加的集会，会上决定成立"工人保护协会"。1878年，议会通过《工会法》，使工会取得了合法地位。1884年，奥塔戈省和惠灵顿省的工会成立了工会委员会，提出反映工人阶级要求的政治口号。奥塔戈省的工会委员会提出实行土地国有化、累进制所得税、停止移民和8小时工作制等要求。1885年1月，在达尼丁召开全国第一次工会代表大会，其目的是实现全国工人阶级的联合，增加在立法机关中工会代表的名额，以便能在立法机关中利用一切合法手段捍卫工人阶级的利益。当时比较有影响的工会有1888年成立的"劳工骑士团"和海员工会。1890年，势力强大的海员工会实现了与码头工人工会和矿工工会的联合。在1891年议会大选中，由于工会的积极活动，21名工会代表当选为议会议员。在1904年的全国工会代表大会上，通过了成立工人阶级独立政党的决定，当年9月成立了工人阶级独立政治联盟。1910年，该联盟被工党取代。工党在两年以后更名为联合工党，其创始人主要是工会的领袖。

五　19世纪下半叶的政治和社会发展

1853年建立的省议会和省政府在促进地方经济发展和解决地方事务方面发挥了一定的作用。但是，省政府常常只顾及地方利益，在处理土地和资金分配等涉及社会经济发展的重大问题上经常和中央政府发生矛盾。省督和省议会的领导人一般都会被选进议会，这些人在议会也总是维护本

省利益。各省发展不平衡，特别是北岛受毛利人战争的破坏比较大，经济发展滞后，南岛自然不愿分担战争的负担。在沃格尔执政时期，他深感地方主义的发展妨碍了全国性政策的实行。他原先曾是地方分权的积极主张者，但这时他坚决主张撤销省的建制，于是在1876年废除了省政府。

在新西兰，以政党为中心开展政治活动的政党政治形成较晚，在1891年自由—工党（后来称作自由党）上台执政以前，政府还不是由在议会选举中占多数席位的政党组成的。当时的新西兰社会还不存在明显的党派之分，有的只是为了某种利益而结成的利益集团，而这些集团的组成会发生变化。在19世纪80年代和90年代初，新西兰才出现政党的雏形。在1879~1891年当政的是长期连续执政的所谓"连续内阁"（其间只有1884~1887年3年中断），这个内阁的组成并非是一成不变的。哈里·阿特金森爵士是这一时期杰出的政治家。他主管这一时期的财政。他虽然声称自己坚持民主主义主张，但他实际上是根据大地主的利益行事。1888年，他为了保护处在经济萧条时期的年轻的民族工业，制定了保护关税税则，以抵制外国廉价商品的竞争。实行保护关税得到了企业家和工人们的欢迎，但遭到大地主们的反对。因为他们要依靠出口农牧产品换取工业品，而保护关税会提高工业品价格，这显然对他们不利。

在这一时期，新西兰对选举法做了一些改革。1879年，议会通过《选民资格法》，赋予所有在新西兰定居1年以上、在选区定居6个月以上、年满21岁的欧裔男子选举权。这一改革使登记的选民人数从1879年的82271人（约占成年男性欧裔人口的71%）增加到1881年的120972人。众议院议员的任期由5年减为3年。1889年，新西兰取消了一个人可以在多个选区投票的规定，实行一人一票的原则。1893年的《选举法》，赋予妇女与男子平等的选举权，新西兰成为世界上第一个赋予妇女选举权的国家。

1891年1月，约翰·巴兰斯领导的自由—工党上台执政，执掌政权达20年之久。这标志着新西兰进入了历史转折关头。自由—工党代表中小资产阶级的利益，并得到小牧场主、自耕农、农业工人、制造业主、小商人、城市工人和一般市民的支持。

在叙述自由—工党的社会改革措施以前，有必要简略地介绍一下国家

第二章 历　　史

在管理社会生活方面的作用。新西兰与很多国家不同，国家掌握了除毛利人所拥有的土地以外的全部土地，掌管大部分铁路、电报系统、医院，是全国最大的土地收租者、财产托管人，还拥有最大的人寿保险公司，承担许多法律工作。在教育方面，新西兰在1877年通过了教育法，保证绝大多数的儿童能受到教育。

自由—工党政府由一些怀有自由主义思想的人组成，为了报答曾经支持过他们的选民，巩固社会基础，他们进行了一系列社会改革，其中包括建立养老金制度，颁布工资和工作条件条例，要求由仲裁法庭解决劳资纠纷，征收所得税和地方税等。通过这些改革，新西兰放弃了以前盛行的自由放任主义，加强了国家对社会经济生活的调控。1893年5月巴兰斯去世后，塞登继任总理（1893～1906年在任）。在他执政时期，新西兰朝着自治的方向前进了一大步，从这一时期起，总督不能拒绝内阁提出的政策建议。

在自由—工党执政时期，新西兰通过了一系列立法。例如，1891年的土地税和所得税法，1892年的《供移民定居的土地法》，1894年的《劳资调解和仲裁法》和《工厂法》，1898年的《养老金法》。所得税法规定实行累进制所得税，使高收入者多纳税，这是通过税收调节收入分配的一项措施。关于土地税的规定旨在限制大地产。因为按法律规定，政府要对那些没有得到充分利用的土地按值课税和分级课税，以迫使那些占有大面积土地而又未很好地加以利用的大地主出让自己多余的土地，以安置更多的移民。

《供移民定居的土地法》授权政府每年拨款5万英镑来购买土地，以建立较密集的移民定居区。1894年，购买土地的资金增加到25万英镑，政府有权按合理的价格强行购买土地。1912年，政府将原来没有多少居民居住的200份土地划分为5000份，每份平均260英亩，为17000人提供了安身之所。议会通过《移民贷款法》，以低利率发放贷款给小农场主。政府停止出售英国王室的土地，将之改为长期出租，其目的是防止土地流入少数人手中。这项政策有利于移民定居，对土地承租人有利，但因没有规定对土地值进行定期评估，所以对国家不利，因此在1907年新西

兰取消了这项法令。

新西兰社会立法中很重要的法令是劳工法和工厂法。1894年通过的《劳资调解和仲裁法》规定，如果出现劳资纠纷，必须交调解委员会调解；如果调解失败，可把问题提交仲裁法庭仲裁，该法庭的裁决对劳资双方均有约束力。这项法律的实施有利于缓解劳资间的激烈冲突，避免罢工等事件给资本家带来损失。同时，该法也在一定程度上制止了资本家过分压低工人工资的不法行为，保护了工会和工人的合法利益，推动了工会的发展。

1894年的《工厂法》规定了工厂的劳动条件，防止出现血汗劳动制度。为了执行此项法律，新成立的劳动部负责对工厂的条件进行定期检查。该法对在工矿企业、机关、航运和农业工作中发生伤害事件时，雇主对工伤者的赔偿办法做了规定。

塞登担任总理时，推动议会于1898年通过了《养老金法》。虽然发放的养老金数额不大，而且受到严格的条件限制，但毕竟在社会保障方面走出了重要的一步。政府还在保护母亲和儿童方面采取措施，使新西兰成为世界上孕产妇和婴儿死亡率较低的国家之一。

第三节　独立后的新西兰

一　从自治到独立

对像新西兰这样的白人移民占多数的殖民地，英国实行了不同于其他殖民地的管理方法。在白人殖民地，因在民族构成和文化上与英国有同根同源的关系，很容易把英国的政治制度和管理方式移植过来，所以英国一般允许白人殖民地在内部事务上实行自治，但外交和国防的管辖权仍掌握在英国手里，立法权也受到英国议会的限制，英国仍牢牢掌握着对殖民地的宗主权。

新西兰在1853年就在各省建立了选举产生的省议会和设立了选举产生的省督。1854年选举产生了全国议会。1856年获准建立责任政府，主

第二章 历史

管除毛利人事务以外的全国行政事务，从此新西兰成为自治殖民地。不过国防和外交还受母国的管辖，代表英国国王的总督还有一定的实权。但在1892年，英国殖民事务部通知总督说，他必须听取其责任内阁和内阁各部长们的建议。从此，总督就再也没有否决过政府做出的重大决策，他的作用类似英国国王（或女王）在英国的地位。新西兰成为享有自治权的国家。

在加拿大（1867年）和澳大利亚（1901年）等国获得了自治领地位后，随着新西兰资本主义的发展，以及移民及其后裔中新兴资产阶级对国内政治生活影响的增强，人们要求自治的呼声逐渐高涨。1907年，英国被迫同意新西兰成为自治领，新西兰从此基本上获得独立，但其外交等方面的主权还受到一定的限制。用自治领取代殖民地的称谓不仅是一个称呼的改变，也是实际地位的变化。从此以后，英国议会在自治领不同意的情况下无权通过涉及自治领的法案，而且英国议会还必须根据自治领的要求修改它们不满意的法律。自治领虽然不享有独自进行外交活动的权利，但有权决定参加或退出与它们自身利益有关的商务条约，也没有义务在英国参加的战争中起积极作用。自治领与宗主国关系的这一变化在1907年召开的英帝国殖民地会议上正式确定下来。这时的新西兰已具备了主权国家的一些基本特点。

1914年7月28日第一次世界大战爆发。英国于8月4日对德国宣战，新西兰也和其他自治领一道正式参战。在战争期间，新西兰自由党和革新党组成联合政府，共同执掌政权。新西兰在这次战争中表现了对英帝国的忠诚，积极派遣军队投入战争。8月29日，新西兰的一支1400人的军队占领了德国的殖民地西萨摩亚。同年10月，新西兰又派一支远征军赶赴埃及，准备投入欧洲主战场。新西兰军队参加的第一次战斗是击退土耳其军队对苏伊士运河的进攻。在1915年4~12月的加利波利血战中，新西兰和澳大利亚的军队组成澳新军团，付出了惨重的代价。1916年，新西兰军队组成单独的新西兰师，开赴法国参加索姆河战役，后来新西兰的来复枪骑兵部队参加了巴勒斯坦战役。在这场世界大战中，新西兰一共动员了12万人以上的兵力，派往海外参战的兵力达11.7万人，占新西兰总人口的10%，约占有能力携带武器的成年男性人口的40%。伤亡人数超过

5.6万人，其中死亡1.6万人、伤4万人，每17个居民中就有1人伤亡。新西兰用于战争的支出高达8200万英镑。相对于国土面积和人口而言，新西兰为战争所做出的牺牲可能是英帝国成员国家中最大的。它在战争中所做出的重大贡献为其一战后地位的提高奠定了坚实的基础。

事实上，还在一战期间，新西兰自治领的独立地位就有所加强。战时成立的"帝国战时内阁"召开的会议吸收了各自治领政府的首脑参加，它实际上是英国和自治领政府之间在战时的一种协商会议。战时英帝国内阁所做出的决议必须送交各自治领政府批准，并获得各自治领议会的支持，否则对任何一个自治领政府都没有约束力。在1917年举行的帝国会议上，英国就不得不承认，各自治领在对外政策上享有充分的发言权；只有通过充分协商，各自治领政府才有可能和英国政府采取一致行动。

在1919年召开的巴黎和会上，包括新西兰在内的各自治领的代表以独立的身份参加了会议，获得了同其他国家一样的待遇。他们还以自己国家的名义签署了《凡尔赛和约》，成为国际联盟的成员国，1936年新西兰被选为国际联盟理事会临时理事国。这说明，它的自治领的新地位已在国际上得到承认。

1926年的帝国会议更是自治领走向独立的里程碑。在这次会议上发表的《1926年帝国会议关于帝国内部关系的报告》（又称《贝尔福报告》）明确声明："大不列颠和各自治领是不列颠帝国内的自治社会，地位平等，无论在其内政和外交的任何方面，彼此均不相互隶属，虽然以对英王的共同效忠而联成一体，却是作为英联邦的自治成员而自由结合的。"1931年英国议会通过的《威斯敏斯特法》再一次确定了英国和各自治领之间的平等关系，承认了新西兰自治领对内对外政策的独立。在此后的英国官方文件上，"英帝国"的名字已被"英联邦"取而代之。自治领已有权向其他主权国家派遣使节，签订各种条约。新西兰事实上已成为完全独立的国家。

二 两次世界大战之间的经济和政治

第一次世界大战期间，新西兰经济得到了较大的发展。一战期间，新西兰除随英国参战以外,还向英国供应食品和毛织品等军需品。英国对新西兰农产品的需求量大增,奶制品、肉类、羊毛供不应求,价格上涨,当时缺少的只是运输工具。与此同时,由于可从国外获得的工业制成品数量减少,新西兰便加快了国内所需工业品的生产,因而工业在国民经济中的比重上升。

战争结束后,新西兰国内外市场的需求旺盛,经济出现了短暂的繁荣。一战后,新西兰奶油和奶酪的出口量比战前增加了 1~2 倍。但好景不长,从 1921 年起,世界市场上的农牧产品价格下降,新西兰的出口数量虽然没有减少,但出口收入大幅度下降。整个 20 世纪 20 年代,农产品的出口价格都很不稳定,例如,1923 年价格虽有所回升,但到 1925 年又开始下降。这种情况对农牧民非常不利,他们的辛勤劳动不能获得稳定的收入。

一战后,国内贷款的大量增加助长了经济的虚假繁荣,靠借贷发展生产的农牧民经常承受沉重的利息之累。在农牧产品价格不稳定的困难时期,有些农牧场主被迫出让自己借贷时抵押的土地;另外一些人则靠提高价格发了财;还有一些人以获取利息为生。在这一时期,因大量采用节省劳动力的机器生产,失业人数增加,工人的实际工资下降。由于社会分配很不均衡,各种社会问题空前尖锐。

在这样的背景下,工人运动高涨,一些在战前成立的工会组织又活跃起来。工会运动出现了按产业组织工会和加强工会联合的趋势。1919 年成立的劳工同盟就是工会联合的一个典范,它吸收了运输业、采矿业、金属制造业和冷冻业等行业的工人。它的目标是以产业为基础,把新西兰所有的工人组织起来,以便利用工人阶级的力量改造社会。但因工人阶级内部不团结,劳工联盟联合工人阶级的目标并没有实现。1923 年,劳工联盟因新西兰矿工联盟的解散而受到削弱。1925 年铁路职工联合会也因罢工的失败而退出劳工联盟。1926 年,因出口商品价格下跌,工人阶级处境普遍恶化,劳工联盟和其他工会的立场逐渐软化。

一战以后,长期执政的自由党逐渐衰落。在 1922 年的大选中,革新党获胜,它取代自由党执政到 1925 年。革新党的社会基础是城乡富裕阶

层，它为了赢得农牧场主的支持，采取了一些扶持农牧业发展的措施。政府向农牧场主提供廉价肥料，创办梅西农学院，1923年增加了向农牧场主提供的贷款。1927年根据《农村贷款法》和《农村中间信贷法》，完善了农村信贷条款。1921~1928年，政府向农牧场主提供的贷款超过了3000万英镑。政府还向本国人民和英国借款，加速了铁路、公路和水力发电工程的建设，这些基础设施的完善加快了国家工业化的进程。为了促进农产品的销售，政府成立了若干管理局，1922年成立肉类出口管理局，1923年成立奶制品出口管理局，此后还成立了主管水果、蜂蜜、栲丽胶出口的管理局。除政府代表外，管理局还吸收生产者的代表和其他相关人员的代表参加。这些管理局制定产品配制、分等、包装和销售的政策，负责调节商品流通量，防止商品过剩，制定合理的运费等，以保护农牧场主的利益。

1929年10月，美国金融危机引发的世界经济危机于1930年波及新西兰。新西兰主要靠出口农牧产品来换回国内需要的工业品，对海外市场的依赖性很大。而且，在经济危机中，农牧产品的价格比工业品价格下降得更快，因此，这次空前严重的经济大危机对经济的打击特别大。1931~1932年，新西兰的出口量有很大增长，但出口收入从1928年的5500万英镑减少到1931年的不足3500万英镑。出口收入减少了，可是还债付息的支出并没有减少，为此，新西兰必须出口更多的羊毛、奶油和肉类等农牧产品。1928~1929年，新西兰14.42%的出口收入用来支付政府和地方机构在国外贷款的利息，1931~1932年贷款的数量略有减少，但支付贷款的利息增加到占出口收入的26.09%。这种情况影响了收支平衡和进口工业品的数量，加重了国内的经济困难。因农牧产品的价格下降幅度最大，农牧民受经济危机的打击最为严重。农牧民的收入减少，导致他们对工业品的需求下降，对工业生产造成了负面影响。生产上的困难和个人收入的减少，也使个人所得税和关税收入下降，使政府财政困难加剧。国内陷入一片萧条，公共工程项目缩减，工业开工不足，商业萎缩，失业人数急剧增加。根据1933年10月的统计，20岁以上男子的失业人数达到近8万人，在16~65岁靠工资为生的男性人口中，估计每4个人或3个人中就有1个人失业或在政府举办的救济工程中劳动。

政府在应对经济危机方面采取了一些应急措施。1930年，议会通过《失业救济法》，根据该法设立了失业救济基金，其中的50%来自国家财政，其余来自20岁以上的男子按每人30先令缴纳的税款。政府举办失业救济工程，安置失业者。1931年9月，革新党和统一党联合组成国民政府，由统一党领导人福布斯担任总理，革新党的戈登·科茨任失业救济部部长，1933年1月他又接任财政部部长。他在制定应对经济萧条的措施方面发挥了建设性的作用。

1932年，政府修改了《劳资调解和仲裁法》，取消了仲裁，对劳资争端实行强制性调解，降低个人和公务员的工资，削弱工会力量，减少教育费。1934年，政府成立农业执行委员会，负责监督农产品的生产和销售。同时，政府还降低房租，减少房屋抵押贷款；降低利率，以刺激工商业的发展。为保持社会稳定，政府加强了对失业工人的救济。

1933年，生产开始复苏，奶制品的生产量增加，价格回升。政府于1935年降低了税率，提高了公务员的工资。

饱受经济萧条之苦的广大选民对两党联合的国民政府产生不满，他们渴望变革。成立于1916年的工党在新西兰政坛上活跃起来。工党是在1914年为推动工人代表进入议会而成立的工人代表委员会和其他进步组织的基础上建立起来的，它在纲领中虽然表明要实现社会主义，但并未打算将这一目标付诸实施。实际上，工党是承认资本主义经济结构的，仅主张通过改良来改善工人阶级的处境。而在这时，以中下层群众为主要社会基础的工党提出了一些具有吸引力的口号，如发展第二产业；对银行和信贷政策加以控制；保证奶制品的价格，以使牧场主获得稳定的收入；应对经济萧条不能光靠削减工资，而应采取别的方法。工党的这些主张赢得了小农牧场主、制造业者、城市中产阶级和普通市民的支持。在1935年的大选中，工党获得胜利，成为执政党。1934年担任工党领袖的迈克尔·约瑟夫·萨维奇出任第一届工党政府首脑。

工党上台时，大萧条已经过去，但失业问题仍很严重。工党政府采取了一些减轻危机后果的措施：1936年的《财政法》要求把危机时期减少

新西兰

的工资恢复到1931年3月的水平；增加养老金和家庭津贴；开展大规模的公共工程建设，安置失业工人；削减工时，在不减少工资的情况下，把正常的工作周改为每周5天，一周工作40小时；用法律来规范农业工人的工作条件和工资；固定基本工资；恢复仲裁法庭处理劳资纠纷的权力，强化仲裁法庭的作用。

因农牧产品的市场需求不稳定，价格波动比较大，农牧民的收入经常受市场行情波动的影响。为了解决这个问题，根据政府建议，议会于1936年通过《农牧产品销售法》，规定农牧产品一经装上船，就成为政府财产。政府根据生产成本和国内外市场行情，制定农牧产品的价格，以保证农牧民从产品销售中获得合理而稳定的收入，避免受市场行情波动的影响。政府利用行情好时所获得的多余收入建立专款，用以弥补价格下跌时的损失。这项政策首先是针对奶制品的，但也适用于其他农牧产品。1937年，政府在销售部里设立了国内销售局，对奶制品、蛋、水果、蜂蜜、牛犊肉、栲丽胶和蔬菜等产品的销售进行管理。这些措施使生产者免受价格波动的影响，同时也保证了主要食品的正常供应，使生产者和消费者双方均受益。

为了减少对国外工业品的依赖，工党政府鼓励发展工业，如制靴业、装配工业、橡胶工业、食品加工业等。1936年，议会通过《提高工作效率法》，旨在促进新工业发展和提高现有工业生产率。为了保证工业的平衡发展，政府授权工商部部长实施了许可证制度。政府还在1938年底加强了进口管制制度，进口商只有在取得许可证后才能输入各种商品，进口商品的数量和品种要根据本国的生产能力来确定。这些措施对克服经济的单一性，促进经济的平衡发展起了一定的作用。

20世纪三四十年代，新西兰的制造业有了显著进步，工厂工业（不包括建筑业和交通运输业）的受雇人数从1936年的86588人增加到1948年的140267人，工业产量增加了86%，而同期农牧业生产仅增加了8%。

工党政府加强了国家对经济生活的干预。1936年，政府根据一项法令，购买了1933年成立的储备银行的全部私人股份，将其置于财政部的直接控制之下。政府还接管了铁路和广播电台等公共机构,由公共工程部直接管理。

三 第二次世界大战中的新西兰

新西兰远离其他大陆,大洋是它最好的屏障,在第二次世界大战的现实威胁到来以前,新西兰几乎没有感受到战争的危险。但在日本向南太平洋扩张的意图逐渐明显以后,新西兰开始产生危机感。1939年1月16日,一份新西兰报纸惊呼:"我们现在才开始明白,远东正在变成近东。"

新西兰本身没有足够强大的国防力量,它仅有的海陆军力量只能击退个别舰只的进攻。它的防务战略完全建立在这样一种设想的基础之上,即一旦太平洋发生战争,英国就会从它在亚洲最大的海军基地新加坡派出强大的舰队以加强在太平洋的海军力量。基于这样的战略设想,新西兰在涉及防务问题的政策上,一般都紧跟英国。例如,1938年张伯伦同希特勒签订《慕尼黑协定》后,新西兰政界和舆论界都是一片赞扬声。但当太平洋地区的战云日益逼近的时候,新西兰对英国的信心开始动摇。假如英国在欧洲陷入同德国和意大利的战争,英国还有力量派遣军舰到太平洋参战吗?新西兰当政者早已心存疑虑。英国当政者虽多次向新西兰保证,一旦太平洋发生战争,英国将立即派遣海军舰队前往,但始终没有制订具体计划。

在这种情况下,新西兰开始转向美国寻求防务支持。在此以前,新西兰和美国在太平洋岛屿的权属问题上存在争端。南太平洋岛屿是美国空中交通和海军的重要基地,美国早已把触角伸向那里。但西萨摩亚是新西兰的托管国,新西兰对其附近的岛屿也有扩张意图,反对美国势力向那里渗透。在日益逼近的日本威胁面前,新西兰和澳大利亚都希望和美国改善关系,它们表示不反对美国的空中航线将太平洋岛屿作为基地。

尽管如此,新西兰对日本还是心存侥幸。当日本1931年发动侵略中国的"九一八"事变后,新西兰政界庆幸日本的侵略矛头指向了有利于新西兰的方向。但这种心理没能维持多久,日本咄咄逼人的侵略态势最终搅扰了新西兰的安宁。

新西兰

1939年9月1日德国侵略波兰后,英国于9月3日对德国宣战,第二次世界大战在欧洲爆发。英国首相张伯伦将此情况通告各自治领政府,并要求各自治领将自己的决定通知英国政府。新西兰政府立即决定和英国一道参加战争。总督和总理在宣布新西兰进入战争状态的宣言上签了字。

对德战争开始时,日本还没有在太平洋采取侵略行动,因此新西兰采取的第一个行动是将两艘巡洋舰拨给英国海军部调遣。接着,像一战时一样,新西兰将自己的军队调到了近东。1939年10月,一支6000人的军队离开新西兰,开赴埃及。次年,新西兰又派出两支部队,一支派往英国,以加强英国南部的防卫力量,防止德国军队的入侵;另一支派往埃及。

1940年4~6月,德国入侵荷兰、比利时、卢森堡、丹麦、挪威,很快攻陷这些国家,然后逼使法国投降。英国危在旦夕,自顾不暇,完全没有力量顾及太平洋地区自治领的安全。新西兰立即着手建立同美国的密切合作关系。新西兰政府建议在美国建立自己的代表处。1940年12月23日,美国正式同意同新西兰建立外交关系。

1941年9月,美国的B-17飞机("飞行堡垒")开始从菲律宾途经威克岛、莫尔兹比港(巴布亚新几内亚)和达尔文市至夏威夷的航线上飞行。后来,美国国防部认为此航线离敌人太近,决定将航线南移,开始在复活节岛和坎顿岛建立机场。1940年10月16日,新西兰总理福布斯在一次帝国特别委员会的会议上建议在太平洋建立军事基地。他认为,没有这样的基地,太平洋实际上就没有防护。1941年10月,美国政府要求在太平洋岛国建立机场,新西兰立即予以答应。11月17日,美国向新西兰提出,要在斐济建立3个机场,同样获得新西兰的赞同。

1941年12月7日,日本偷袭美国在夏威夷的海军基地珍珠港,并向马来亚、新加坡、中国香港和菲律宾发起进攻。12月9日,英国的"威尔士亲王号"和"却敌号"巡洋舰在马来亚水域被日本飞机炸沉。次年2月,英国在远东最大的军事基地新加坡沦陷,日本还先后攻占菲律宾、荷属东印度——印度尼西亚及太平洋上的一些小岛,在太平洋占了主宰地位。早在1940年9月,日本就把新西兰和澳大利亚纳入它所宣布的"共

第二章 历 史

荣圈"范围。这对新、澳两国来说，日本入侵的潜在威胁已变成现实威胁，形势突然变得异常严峻。

新西兰军队的主力远在地中海，新西兰政府要求调回部分军队以加强本土防卫，遭到英国首相丘吉尔的拒绝。新西兰政府因此只得动员国内一切人力，扩大地方军，加强海岸防卫，并将部分军队部署到太平洋岛屿，堵住日军通向新西兰本土的通道。斐济作为新西兰的前哨基地，也是美国空中交通的重要据点。新西兰派遣了一支4000人的军队驻守斐济，还在汤加、吉尔伯特群岛和埃利斯群岛驻扎了部队。

战争环境要求加强国家对经济的管制和调控。新西兰从经济大萧条时期开始实行的国家管理经济的措施已经为这种管制和调控打下了基础，这就减轻了新西兰向战时经济过渡的难度。战时英国对新西兰农牧产品的需求量增加，太平洋地区的美国军队也需要新西兰提供新鲜蔬菜和其他食品。新西兰成了英、美等国重要的农牧产品供应国。战时因军需品生产增多，民用品生产不足，进口商品也比战前减少，造成生活用品供不应求，结果引起物价上涨。政府不得不实行定量供应，使有限的物资得到更合理的利用，并控制物价，防止通货膨胀。1942年新西兰参战以后，工党政府邀请国家党的领导人参加战时内阁，以动员全国力量参加战争。政府颁布《稳定经济紧急条例》，加强了国家对经济的管制。

1942年，太平洋地区的形势发生了有利于同盟国的变化，美军在珊瑚海、中途岛和瓜达尔卡纳尔岛接连重挫日军，并于1943年转为战略反攻，日本已完全丧失战争主动权。

在这一时期，新西兰和澳大利亚都成为美国重要的军事基地和粮食供应地。1942~1944年，仅驻扎在新西兰的美国军队就有约10万人。新西兰军队配合美军，积极派遣自己的海军、空军参加太平洋地区的一系列战斗，对打败日本法西斯军队做出了自己的贡献。1942年11月，新西兰派遣第三师到新喀里多尼亚驻守。1943年又派兵到所罗门群岛，清除那里的日军。新西兰之所以积极参加太平洋岛屿的军事行动，除了自身的安全考虑外，还有加强战后在该地区影响的意图。

1943年，新西兰国内的人力严重不足，大批青壮年上了前线，国内

新西兰

劳动力缺乏,全国男女老幼都被动员起来从事工农业生产,以供应前线军队及满足英国和驻扎在太平洋地区的美军的需要。

第二次世界大战进一步增强了新西兰的外交独立,促使其拓展了与其他国家的关系。在战争过程中,为了寻求大国的保护,新西兰同一系列国家建立了外交关系。1941年同美国、1942年同加拿大、1943年同澳大利亚、1944年同苏联建立了外交关系。1945年,新西兰成为联合国成员国。而在二战前,新西兰只在英国设立了一个高级专员公署,与其他国家都没有建立外交关系,政府部门中也没有专门从事外交工作的机构,仅在总理办公厅设有一个专管外事工作的外事处。直到1943年,新西兰才在政府内设立了独立的外交机构——外交部。

新西兰实行独立外交政策的愿望在太平洋地区事务上表现得最为明显。它极力加强在太平洋岛国的影响,从日本手中接管对一些太平洋岛国的托管权。这同美国的利益发生冲突,因为美国二战期间在那里建立了许多军事基地,二战后还想加强这些军事基地。美国在战争后期一再表示要加强在加罗林群岛、马绍尔群岛和萨摩亚群岛的海军、空军基地,并要求从日本手里接管对一些岛屿的托管权。新西兰和澳大利亚都把这一地区看作自己的势力范围,极力反对美国的扩张。在国际谈判中,新西兰和澳大利亚经常保持一致立场,对保卫汤加、新喀里多尼亚、诺福克岛、新赫布里底群岛、埃利斯群岛和库克群岛表现了特殊的兴趣。1944年1月21日,新、澳两国经过谈判签订了《堪培拉协定》,共同声明:战争期间任何大国在这一地区建立的、受其管辖和控制的海陆空军基地,都不能成为战后对该地区提出主权和控制权要求的法律依据,这显然是针对美国的。两国还声明,被攻占的太平洋岛国领土的利用问题对两国至关重要,因此,若未经两国同意,这些岛国领土主权的任何移交都是无效的。

1947年,新西兰正式接受1931年通过的《威斯敏斯特法》,获得完全的自主权,在法理上成为主权完全独立的国家,但仍为英联邦成员国。

但是,新、澳两国毕竟实力孱弱,无力单独抗拒强敌可能对自己的入侵,因此极力主张建立集体安全体系。1947年,在新西兰的积极参加下,建立了南太平洋委员会,参加国有新西兰、澳大利亚、英国、法国、美国和荷兰。1951年9月1日,新西兰、澳大利亚和美国在旧金山签订了《太平洋安全公约》(又称《澳新美安全条约》)。缔约各方约定,对缔约国任何一方的武装进攻均将被视为危及自己的和平与安全,并将按条约规定的程序,宣布对共同的危险采取行动。通过这一条约,新西兰和澳大利亚关于建立集体安全体系的主张得以实现。1954年9月8日,新西兰又与美国、英国、法国、澳大利亚、泰国、菲律宾和巴基斯坦签订《东南亚集体防务条约》,加入"东南亚条约组织"。

新西兰对太平洋岛国的法律地位特别感兴趣,在联合国负责起草殖民地,特别是太平洋岛国法律地位的委员会和小组委员会上,新西兰政府的代表表现得特别活跃。联合国成立以后,以前由国际联盟对德国殖民地实行的委任统治制度改为托管制度。新西兰把根据《凡尔赛和约》在1920年5月获得的对西萨摩亚的委任统治改成了托管。1946年12月,联合国大会正式同意了这一解决方式。

四 二战以后的经济和政治发展

第二次世界大战对新西兰的社会经济发展影响很大,它促进了新西兰经济结构的转变,使其从以农业为主的国家变成一个农业-工业国。二战期间,来自海外的工业品的供应受到战争条件的限制,新西兰不得不发展自己的工业,因此工业企业的数量和雇佣工人的人数都增加了。二战后,工业增长的速度进一步加快。1939年全国仅有工业企业6000家,共有工人93600人;1946年企业数增加到6900家,工人数增加到119000人。其中,机器制造业、金属加工业、化学工业、石油工业和纺织工业等发展的速度都比较快。应该指出的是,新西兰工业企业的规模比较小,半数以上企业的雇佣工人不到10人,而且集中化速度比较慢。只是到了20世纪60年代末和70年代,新西兰才开始兴建一些规模比较大的工业企业。奥克兰、惠灵顿和坎特伯雷等城市是新西兰的主要工业区。

新西兰的矿产资源不算丰富,所以采矿业的发展速度不快。主要矿产有金、银和煤及非金属矿砾石、石灰石等。非金属矿的产值约占全部矿产

产值的一半。新西兰在19世纪下半叶是出口黄金的国家，但黄金资源日益枯竭，产量逐年下降，到1977年，黄金年产量仅有223公斤。

60年代初，卡普尼发现天然气田，其储量可以满足全国1/8的燃料需要。新西兰天然气的商业性开发始于1971年，此后开采的天然气用管道输送到奥克兰、惠灵顿和北岛的其他大城市。北岛西海岸的塔拉纳基省还是更重要的天然气产地。新西兰所需电力主要来自水力发电厂，它们提供了80%以上的电能。新西兰的石油供应主要依靠进口，本国有炼油厂，对进口原油进行加工，也进口部分经过精炼的汽油。

新西兰工业的分布很不平衡。在20世纪，北岛工业发展的速度超过南岛，北岛成了工业比较发达的地区。70年代中期，全国工业企业的75%集中在北岛，其产量占全国总产量的2/3以上。

二战以后，大量外国资本涌入新西兰，特别是20世纪60~70年代涌入的外资更多，到1976年，外国直接投资总额已达到14亿美元。在新西兰投资较多的国家是英国、澳大利亚、美国和加拿大。在60年代，英国资本占新西兰外资总额的42.5%，但到了70年代，美国和加拿大的投资迅速增加，英国被排挤到第三位。除上述三国外，欧共体国家在新西兰的投资也相当可观。新西兰的一些重要工业部门，如电力、无线电设备、炼油、采矿、汽车制造、纸浆和造纸等工业部门，多半掌握在外国资本手中，特别是一些大型工业企业，基本上被外资控制。外资还渗透到农业、森林采伐、国内贸易和金融等重要领域。外国资本控制的银行吸纳的资金约占企业存款的60%和私人存款的65%。大部分保险公司也掌握在外国资本手中。在外国资本中，国债占有很大份额，1977年底，新西兰外债总额达到20亿美元。偿付巨额外债的本金和利息，是导致国际收支赤字的重要原因。

新西兰现代交通运输业发展迅速，汽车数量从1946年的31.5万辆增加到1978年的190万辆。公路总长度在1976年达到9.6万公里。1977年铁路长度增加到4700公里。1959~1977年，新西兰国内航线运送的旅客从55.7万人次增加到150万人次。

在工业发展的同时，农业也取得了长足的进步。在战后30多年里，新西兰农业产量增加了一倍多。农业产值占全国生产总值的1/3，畜牧业仍在农业中占主要地位，牛、羊的饲养量都有很大的增长。1945～1979年，牛从460万头增加到850万头（其中有奶牛200万头），羊从3400万只增加到6200万只。1946～1978年，羊毛的产量从16.6万吨增加到31.1万吨，奶制品从27.9万吨增加到55万吨，肉制品从55万吨增加到120万吨。二战后小麦的产量起伏不定，但总的来说呈上升趋势，1946年是个丰收年，产量达14.81万吨，1978年更攀升到32.9万吨。应该指出的是，农业产量的提高并未伴随劳动力投入的增加，相反，农业各部门（种植业、牧业、林业、渔业）所占用的劳动力数量都逐渐减少。

在二战后20多年里，新西兰劳动力分布结构发生了很大的变化（见表2-1）。

表2-1 1966年、1978年新西兰劳动力分布结构的变化

经济部门	劳动力人数(人)		所占比例(%)	
	1966年	1978年	1966年	1978年
第一产业（农、林、渔和采掘业）	140936	133956	13.7	10.8
第二产业（制造业、建筑、能源）	381589	433190	37.2	34.1
第三产业（服务业、金融和管理）	505514	705184	49.1	55.4

资料来源：K. B. 马拉霍夫斯基：《新西兰史》，第165页。

从表2-1可以看出，第一产业的就业人数和在全部就业人口中所占比例都有所减少，第二产业的就业人数虽有所增加，但所占比例下降，只有第三产业的就业人数和所占比例均上升。这一情况说明，新西兰社会经济变化和世界经济变化的总趋势是一致的。

经济结构的改变导致了人口分布的变化。城市化速度加快是二战后新西兰社会发展的一个显著特点。1977年，新西兰全国人口为314万人，其中有一半以上的人口生活在七个大城市。1926～1976年50年间，城市人口（不包括毛利人）从94.17万人增加到260万人，城市人口占全国人口的比例从67.2%增长到83%，农村人口的比例相应地从32.8%减少到

17%。新西兰已变成高度城市化的国家。

毛利人也参与了城市化进程。1926~1976年,居住在城市的毛利人从1万人增加到20.57万人,在毛利人总人口中的比例从15.6%提高到76.2%。居住在农村的毛利人的绝对数量虽略有增加(从5.37万人增加到6.43万人),但在其总人数中所占比例大幅度下降,从84.4%下降到23.8%。毛利人总人数已从19世纪下半叶的下降趋势中逐渐恢复过来。1921年,毛利人总人数第一次超过了19世纪50年代英国殖民统治时期,毛利人出生率也超过了白人。1970年,毛利人总人数超过了22.5万人,约占全国总人口的7%。毛利人大多数(75%)生活在北岛的北部。关于19世纪后半期以来,毛利人人数变化情况见表2-2。

表2-2　19世纪后半期以来毛利人的人数变化情况

人口普查年	人数	年均增长率(%)	人口普查年	人数	年均增长率(%)
1857~1858	56409	—	1936	82326	2.62
1874	47330	-7.06	1951	115676	2.89
1881	46141	-0.44	1961	107086	4.02
1891	44177	-0.11	1971	227414	2.48
1901	45549	1.59	1981	280380	0.75
1911	52723	0.96	1991	434847	—
1921	56987	1.62	2001	526281	—
1926	63670	2.24	2006	566329	—

资料来源:霍克:《新西兰的形成》,第20页;1991年及以后的数据来自新西兰政府网站。

毛利人的土地异化过程一直持续,国家法律和政府颁布的法规都不利于毛利人保有自己传统的土地。欧洲裔居民经济实力比较强,他们通过购买和各种非经济手段蚕食毛利人的土地。到20世纪70年代初,毛利人原来所拥有的2700万公顷土地仅剩下100万公顷。毛利人为保有自己的土地进行了长期的斗争,1975年北岛毛利人沿岛举行了声势浩大的"土地进军",但最后还是被政府镇压了。

毛利人在二战中积极应征入伍,他们参加了二战中许多战场的战斗,

第二章 历 史

为世界反法西斯战争的胜利做出了自己的贡献。他们在战争中的英勇表现对提高毛利人在国家政治和经济生活中的地位起了推动作用。毛利战士从战场复员以后，要求在过去只有白种人工作的部门就业。他们还成立了老战士组织。经过斗争，新西兰废除了歧视毛利人的许多法律，如废除禁止向毛利人出售酒精饮料的法律（1948），废止毛利人在指定的地方进行结婚、出生和死亡登记的规定（1961）等。过去新西兰官方称他们为土著人，现在改称为"毛利人"。毛利人经过长期的斗争，获得了在法律上的平等地位和民族尊严，社会地位和生活水平也有所提高。但是，毛利人总的情况仍不如白种人，譬如，毛利人受教育的状况不能令人满意，他们的住房及家庭陈设要差得多，家庭拥有的电冰箱、洗衣机等的数量也比白种人少得多。毛利人的就业结构也与白种人不同，他们从事农业和制造业的比重比较高，而且，他们中有50%的人从事非熟练工作，而在白种人中只有35%的人从事非熟练工作。毛利人经常遭受失业的威胁，他们的失业率要比白种人高两倍多。他们的平均工资低，所享受的医疗卫生服务也比较差。新西兰没有种族歧视的法律，但事实上的种族歧视还是存在的。在语言和文化方面，毛利人被同化的现象到处存在，一些年轻的毛利人已忘记了自己民族的传统和语言。据估计，只有大约1/4的毛利人可以流利地讲毛利语。今天毛利人争取改善自己处境的斗争还在继续，现在他们争取的不是法律上的平等，而是争取在社会经济方面事实上的平等。

由于北岛经济发展速度比南岛快，北岛人口在全国总人口中的比例从1921年的62.3%上升到1976年的72.5%，南岛人口比例从37.7%下降到27.5%。

像其他资本主义国家一样，新西兰的生产资料主要集中在大地主和大资产阶级手中，阶级分化非常严重。1974年，占有800公顷以上土地的大农场主仅占农场主总人数的5%，但他们占有全国耕地面积的60%以上。在工业方面，1.4%的大公司生产了全国1/3的工业制成品。

二战后，新西兰发展和完善了社会福利制度。1946年，新西兰引入了家庭福利政策，政府为失业和低收入家庭提供生活保障。1973年，针

对单亲家庭实行了家庭福利计划。1975年实行残疾人社会津贴政策。为了解决失业问题，新西兰又实行了职业培训福利和寻找工作津贴，对长期失业的人提供职业技术培训，或由政府资助失业者接受教育。

在政治领域，在战后半个世纪里，新西兰一直维持着工党和国家党两党轮流执政的局面。在1957年的大选中，工党获胜，开始执掌政权。但工党执政的时机不好，经济危机严重困扰着工党政府。1960年国家党在大选中获胜，基思·霍利约克（Keith Holyoake）担任总理。国家党在1963年和1966年的大选中连续获胜。霍利约克执政时期，因要维持工党执政时期实行的许多国家控制经济的措施，致使收支失衡，引起通货膨胀，国家经济面临困难。1972年初，霍利约克退休。在同年11月举行的大选中，工党重新获得议会的多数席位，工党领袖诺曼·埃里克·科克（Norman Eric Kirk）接任总理。1973年1月，科克与澳大利亚总理高夫·惠特拉姆（Gough Whitlam）会晤，就加强两国关系达成协议，这是两国针对因英国加入欧共体而失去英国市场所采取的措施。1972年12月22日，新西兰与中华人民共和国建立了外交关系。1974年科克去世后，华莱士·爱德华·罗林（Wallace Edward Rowling）继任总理。1975年，国家党在大选中获胜，罗伯特·马尔登（Robert Muldoon）组织政府，连续执政到1984年7月。在此期间，因1973年开始的世界石油危机对新西兰产生了严重影响，国家收支状况日益恶化，国家党政府在解决经济问题方面只取得了有限的成就。1984年7月的大选使工党控制了议会，工党领袖戴维·朗伊（David Lange）担任总理。工党政府在其任期内进行了广泛的社会经济改革，改革的目标是减少国家对社会经济生活的干预，加强市场的调节作用。因1984年新西兰拒绝美国的核潜艇访问新西兰港口，美国随即停止了根据《澳新美安全条约》承担的义务。在这种情况下，新西兰加强了和澳大利亚的防务合作关系。工党在1987年的选举中再次获胜，1989年朗伊因身体欠佳，辞去总理职务，由杰弗里·温斯顿·拉塞尔·帕尔默接任。党内的争吵和政府威信的下降，迫使帕尔默于1990年9月辞职，詹姆斯·博尔格（James Bolger）接任总理职务。1993年，新西兰就改革选举制度问题进行全国公民投票，投票结果显示，约53%的公民赞成对选举制度进行改革,改为混合比例代表制。根据新的选举制度,大选时每个选民可以投两次票,第一次选出自己选区的候选人,第二次投党派的票。第二次投票的结果在全国范围内统计,按每个党派的得票多少决定各党派在议会中的议席。在1993年的议会选举中,两党势均力敌,最后国家党以一票之优势获得政权。在1993年的选举失败以后,工党选举海伦·克拉克(Helen Clark)担任工党领袖。1996年,新西兰第一次按新的选举制度进行选举。工党在1999年的大选中获胜,海伦·克拉克成为新西兰历史上第二位女总理。在2005年9月17日进行的议会选举中,工党又一次获胜。但在2008年11月和2011年11月的两次大选中,国家党均获得胜利,其领袖约翰·基连任总理。在国家党政府的第二届任期中,克赖斯特彻奇于2010年和2011年发生两次大地震,政府在救灾方面的表现可圈可点,受到好评。约翰·基实行减税、缩减开支、支持自由贸易的政策。2008年,新西兰与中国签订自由贸易协定,成为经合组织国家中第一个与中国建立自由贸易区的国家。但是,国家党政府也面临财政赤字高企、失业率居高不下、人才流失等困难。

五 新西兰历任总督和历任总理

1941年以来历任总督[①]

西里尔·内维尔(Cyril Newall,1941.2~1946.4)

弗莱伯格男爵(Baron Freyberg,1946.6~1952.8)

诺里男爵(Baron Norrie,1952.12~1957.7)

科巴姆子爵(Viscount Cobham,1957.9~1962.9)

伯纳德·弗格森(Bernard Fergusson,1962.11~1967.10)

阿瑟·埃斯皮·波里特(Arthur Espie Porritt,1967.12~1972.9)

丹尼斯·布伦德尔(Dennis Blundell,1972.9~1977.10)

基思·霍利约克(Keith Holyoake,1977.10~1980.10)

戴维·贝蒂(David Beattie,1980.11~1985.11)

---

① 短期任职的总督从略。

保罗·里夫斯（Paul Reeves，1985.11~1990.2）

凯瑟林·蒂泽德（Catherine Tizard，1990.2~1996.3）

迈克尔·哈迪·博伊斯（Michael Hardie Boys，1996.3~2001.4）

西尔维亚·卡特赖特夫人（Dame Silvia Cartwright，2001.4~2006.8）

阿南德·萨蒂亚南德（Anand Satyanand，2006.8~2011.8）

沙恩·伊莱亚斯夫人（Dame Sian Elias，2011.8.24~2011.8.31）

杰里·迈特伯里（Jerry Mateparae，2011.8.31~　）

1940年以来历任总理

彼得·弗雷泽（Peter Fraser，1940.4~1949.12）

西德尼·乔治·霍兰（Sidney George Holland，1949.12~1957.9）

基思·霍利约克（Keith Holyoake，1957.9~1957.12）

沃尔特·纳什（Walter Nash，1957.12~1960.12）

基思·霍利约克（Keith Holyoake，1960.12~1972.2）

约翰·罗斯·马歇尔（John Ross Marshall，1972.2~1972.12）

诺曼·埃里克·科克（Norman Eric Kirk，1972.12~1974.8）

华莱士·爱德华·罗林（Wallace Edward Rowling，1974.9~1975.12）

罗伯特·马尔登（Robert Muldoon，1975.12~1984.7）

戴维·朗伊（David Lange，1984.7~1989.8）

杰弗里·温斯顿·拉塞尔·帕尔默（Geoffrey Winston Russell Palmer，1989.8~1990.9）

迈克尔·基尼斯·穆尔（Michael Kenneth Moore，1990.9~1990.10）

詹姆斯·博尔格（James Bolger，1990.11~1997.12）

珍妮·希普利（Jenny Shipley，1997.12~1999.12）

海伦·克拉克（Helen Clark，1999.12~2008.11）

约翰·基（John Key，2008.11~　）

第三章

政　治

第一节　国体与政体

新西兰是一个实行君主立宪制和英国式议会民主制国家。英国国王以新西兰国王的身份充当新西兰国家元首，因此现任英国女王伊丽莎白二世以新西兰女王的身份担任国家元首，由新西兰总督代表其行使职权。总督由英国女王任命，任期5年。总督类似于英国的君主，没有多大实际权力，他不能否决政府的决定。总督任命在议会大选中获胜的政党领袖组织政府。国家的大权主要掌握在总理、内阁和立法机构的手里。

新西兰的政治制度在很大程度上是英国政治制度的翻版。像英国一样，新西兰也没有成文宪法。它的宪法是由英国议会和新西兰议会通过的一系列法律、法律修正案、相关的英国判例、英国枢密院的某些决定和普遍接受的传统规章组成。由英国议会于1852年通过的第一部宪法性文件《新西兰宪法法》的框架是不完整的，但富有弹性。1986年新西兰颁布的《宪法法》将过去最重要的法律、法规融合在一起，对立法、执法和司法三个部门之间的关系做了明确的界定，它是新西兰成文法中最重要的法律文件。有些英国法律（称作"帝国法律"）是历史悠久的宪法性法律，如英国的《自由大宪章》（1215年）和1689年的《权利法案》在新西兰仍具有法律效力。

> 新西兰

第二节 中央和地方的立法、行政机构

政府机构由总督、立法机构和行政机构组成。立法机构是议会，行政机构是中央和地方政府。

一 总督

总督是新西兰国家元首、联合王国君主（现在是女王伊丽莎白二世）在新西兰的代表。英国女王根据新西兰总理的建议任命总督，一般任期 5 年。总督的权力是由 1983 年的《特许权状》（*The Letter Patent*）确定的，法院可以对总督的权限做出规定。总督是议会的一部分，总督参加由总督和政府部长组成的行政委员会会议。议会通过的法案须经总督签署后才能生效。根据宪法规定，总督必须根据政府部长的建议行事，但在特殊情况下，即在他（她）认为政府企图非法行事时，他（她）可以拒绝政府的建议，这称为"保留权"，但这种情况很少发生。总督在许多重要事件中代表女王，充当众多组织的赞助人，出席重要宴会和各种正式集会。

关于君主制的作用，新西兰社会存在争议。赞成者论证说，君主制有以下一些积极作用：由于把礼仪性活动与政治活动分开，女王或总督可以减轻总理的负担；女王或总督可以在特殊情况下参与保护新西兰人民的权利和自由；君主制度有助于加强政治制度的严肃性，是政治稳定的源泉；它是保持与英国和英联邦联系的纽带。

但不少新西兰人对君主制的积极作用表示怀疑，最近的民意调查表明，新西兰民众对王室的支持率下降，而且很可能会在可以预见的将来继续下降。

尽管总督只有很少的实质性权力，但他握有潜在的政治权力。他可以解散议会，宣布大选；或者不接受总理和内阁的建议。这在澳大利亚（1975）和斐济（1976）发生过，但在新西兰还没有发生。

在新西兰人民的心目中，总督并不享有英国女王在英国人民心目中的

第三章 政 治

那种声望,他干预政治的能力正在下降。

新西兰现任总督是杰里·迈特伯里(Jerry Mateparae)。阿南德·萨蒂亚南德是新西兰历史上第一位亚裔(印度裔)总督,2006年8月至2011年8月在任。

二 议 会

议会是国家最高立法机构。它模仿英国威斯敏斯特议会的传统,但不设上院,为一院制议会。议会由120名议员组成。议员在大选中由各个选区选举产生,任期3年。最近的一次议会选举是在2011年11月26日举行的,国家党获得48%的选票、59个议席,是第一大党,是第二次执政。反对党工党获得34个议席,绿党获得14席,新西兰第一党获得8席。

新西兰现代的议会是从自治时期的议会演变而来的。早在1854年,新西兰就根据英国议会通过的一项法令建立了议会。当时的全国议会由选举产生的众议院和总督任命的立法会议组成,议员任期5年。选举权受到财产资格的限制,只有少数人有权参加选举,毛利人和妇女都没有选举权。现在实行的普选制是经过人民的长期斗争得来的。在群众斗争的压力下,议会对选举法做了一些改革,从1867年开始,设立了4个单独的毛利人选区(在1999年大选中,毛利人选区增加到6个),每个选区选出一个毛利人议员,从此毛利人获得了参政议政的权利,尽管与白人比起来这种权利还不平等。1870年议会选举采取秘密投票方式。1879年,议会通过《选民资格法》,赋予所有在新西兰定居1年以上、在选区定居6个月以上、年满21岁的欧裔男子选举权。议员的任期由5年减为3年。1889年,取消了富人可以在多个选区投票的规定,实行一人一票的原则。1893年,妇女获得与男子平等的选举权,新西兰成为世界上第一个赋予妇女选举权的国家。

议会选举制度 目前,新西兰的选举制度是1993年通过全民公决确定的。根据该制度,议会至少每3年改选一次,但也可以提前进行选举。议会选举实行混合比例代表制。选民没有财产资格限制,凡年满18岁以

77

上的所有新西兰公民或永久性居民都有选举权,选民必须依法登记,并在规定的选举日在自己所在的选区投票。如有特殊情况,如生病、外出旅游或出国等,可以提前投票或在所在选区以外的地方投票。投票采取无记名方式。每个选区在投票当日晚上计票,但大选的最终结果要在两个星期以后公布,因为特殊选票和海外选票的计算需要时日。

按过去的选举制度,每个选民只能投票一次,选举自己选区的议员。根据新的选举制度(混合比例代表制),每个选民投两次票,第一次选出自己选区的候选人,第二次投党派的票。第二次投票的结果在全国范围内统计,按每个党派的得票多少决定各党派在议会中的议席。现在新西兰有约20个小党派参加竞选,但在议会中获得议席的党派并不多,因为只有获得5%以上选票的党派才能获得议席。根据这一选举制度,120名议会议员中,有65名为民选议员,其余55名按第二次投票的结果由党派提名。

选区的划分每5年确定一次,划分选区的原则是根据人口普查资料,按人口和住户的数量来决定,选区划分办法公布以后,先由代表委员会听取公众意见,然后再做最后决定。

议会的主要职能 议会的主要职能是制定和通过法律;审理政府的财政预算和结算;监督政府的工作;在接到申请时,纠正司法机关不公正的审判。最近几十年,议会的权力有所下降,而政府的重要性有所加强。虽然只有议会才有立法权,但因政府可以颁布许多具有法律效力的条例和规章,这就削弱了议会的立法权。此外,政府还掌握着立法创议权,提交议会的大多数法案都是由政府提出来的,因此政府可以在很大程度上影响议会立法的方向和实践。议会审理政府预算和结算的能力也受到客观条件的限制,因为政府的预算和结算过于庞杂,议员很难对其进行有效审查。

议会的最大特权是言论自由,它是由《权利法案》确定的,每届议会开幕时,议长都要重申议员所享有的这一自由。

议会的召开和解散由总督代表英国女王来宣布。

议会在审议重要的法律草案、政府预决算和重大的立法问题时,因议会议员缺乏必要的经验和足够的时间对其进行审理,所以一般要在正式讨论该议案前,成立议会专门委员会或调查委员会,对法律草案和政府预决算进行审查,然后将审查的结果向议会全体会议报告。议会专门委员会或调查委员会可以由议会指定,或由政府组织成立,其成员都是有关事务的专家,通晓相关的法律。这样一种审议程序有助于提高立法质量,节省时间,提高工作效率。

但在有些问题上,议会专门委员会的作用是有限的,例如在形成政府财政预算的过程方面就是如此。尽管批准政府财政预算是议会的重要特权,议会有权批准或拒绝政府的财政预算,但在政党制度产生以后,执政党占有多数议席,立法机构的这一职能已被削弱。现代国家财政方案的庞杂也使议会难以履行自己的职能。

议会专门委员会 分议会常设委员会和在特定条件下成立的特别委员会;通常在制定重大立法时,要吸引由个人和集团组成的众多小组参加审议。议会成立的特别委员会的数量是相当多的。以1977年为例,这一年的议会特别委员会可分为三类:(1)处理公共议案的特别委员会,包括审议以下专门事务的委员会:商业和矿业、教育、岛屿事务、劳工、土地和农业、毛利人事务、道路安全、社会服务、法规修订;(2)其他独立存在的委员会:国防、外交事务、地方议案、公共开支、私议案的筛选、请愿书等;(3)处理以下议会事务的委员会:图书馆、议院、特权。重要的专门委员会的主席由政府部长担任,次要一些的专门委员会由政府的后座议员①担任。

议会专门委员会缺乏其为立法程序做出贡献所必需的体制上的支持和推动,因缺乏经常性的研究人员和仔细的商议,它们缺乏独立地、批评性地透彻地观察事物的能力。一些专门委员会缺乏审查相关材料的必要经验。由此可见,议会专门委员会的作用还是有限的。

与议会专门委员会比较起来,政党的决策机构起着更大的作用。成立政党决策机构的目的是审议政府的提议,如果是反对党,则研究可能的替代办法。由政府部长组成的内阁委员会经常制定重要的、详尽的建议和涉

---

① 后座议员是不担任政府职务的一般议员,坐在议会的后排席位,前排议员是担任政府要职的议员和议会里的反对派首领,他们的座席位于议会的前排。

及所有议会计划的决定。由于权力从单个议员向政党倾斜,从立法机构向行政机构倾斜,这样的权力转移也发生在议会委员会和政党决策委员会之间,即权力重心从议会委员会向政党决策委员会转移,最后从决策委员会向由内阁部长组成并向内阁负责的专门委员会转移。这样的趋势和许多资本主义国家是一样的。

议长 议会会议由议长(The Speaker)主持,议长在大选后的第一次议会会议开始时选举产生,议长应当是超党派的,但还是从执政党议员中选出。议长不参加议会的投票(反对票和赞成票相等的特殊情况除外),不参加议会的辩论(除非为了确保议会程序得以进行,但他不能成为政党辩论的主体)。议长主持议会会议,维持议会秩序,确保议程得到遵守。

议会的立法程序 议会的立法议程是由政府决定的,而且多数党的计划决定了议会的计划。政府的议案根据一位政府部长的动议向议会提出。此外还有地方政府提出的议案。其他议案还有:由反对派或执政党的后座议员提出的私人议案(private members bill)、仅涉及某个特殊地区的地方议案(local bill)、私议案(private bill),这些议案仅涉及某些个人、地方和团体的利益。议会审议的大多数议案都是政府提出来的。以 1977 年为例,这一年议会审议的议案一共有 208 项,其中有 189 项是政府提出的,14 项是上年转来的,私议案只有 5 项。

议案提出以后,要在议会通过三读。一读辩论主要集中在所提议案的目的,一读投票通过(简单多数)后由专门委员会审查,后者要对该议案进行逐条的研究,并对议案提出修改建议,这一过程一般要持续 6 个月,在此期间,委员会可举行听证会,听取公众意见。此后,议案进入二读阶段,并举行辩论,二读的辩论集中在该议案的原则,投票通过后进入全议会委员会(Commtee of the Whole House)审议,确定最终文本后进入三读。三读的辩论更多的是一种形式,尽管这是反对党表示反对和政府宣传其议案价值的最后机会。之后进行总结性辩论并投票,获得议会多数同意后议案即告通过,然后提交总督签署即成为法律。

政府的立法计划每一届都有变化,但议会活动的一般方式则相当稳定。每次议会会期都由王室（由总督代表）致开幕词，宣布开幕，提出政府计划。随后议会对政府提出的预算和议案进行广泛辩论。此外，议会辩论还围绕各种问题、动议和迫切的公共事务进行。

议会还要处理许多由群众提出的反映他们的切身利益、愿望和呼吁的请愿书。有些重要的请愿书要交给议会专门委员会去审查处理，并向提出请愿书的人做出答复。

被选入议会的议员大多是精力充沛、有才能、习惯于通过人格魅力去影响他人的强有力的人。一个议员在议会内同时扮演四重角色：对得起自己良知的受托人；选民的代表；为他所在党派服务的党员；根据周围情况，在需要、利益和义务之间搞平衡的政客。既然议员都应在对选民、政党和议会的义务及良知之间搞平衡，所以都符合政客的模式。议员在议会对重要议案投票时往往受到他所在政党的纪律约束，不能完全根据自己的意愿投票。但在一些比较次要的问题上，如在涉及酒类许可、赌博、结婚和离婚、1975年后有关同性恋的法律改革和堕胎措施等法律议案的投票时，议员可以根据自己的良知、选民的意愿、国家的利益和政党的命运来投票。

三　中央政府

由总督和政府部长组成的行政委员会是法定的中央行政机构，但政府大权实际上掌握在由总理和主要部长组成的内阁手中。行政委员会由总督主持，总督缺席时，由总理和高级部长主持。政府由在议会选举中获胜的多数党组成。总理由多数党领袖担任，总理组织内阁，管理政府各部的工作。

政府部长由总理在多数党的议员中提名，由总督任命。内阁是政府的核心机构，由各部的部长组成。政府中除内阁成员外，还有几名非内阁成员的部长和政务次长，他们负责较次要部门的单一事务。

政府对议会负责。在大选中得票最多的党称为"执政党"，得票居第二位的政党称为"反对党"。

现代新西兰的行政机构也和大多数国家一样，变成了一个庞大的官僚机构。政府的部门增多，分工细致，职责明确。中央政府的权力集中在内

阁，而内阁的权力则向总理倾斜。现在新西兰中央政府所设部级机构有：财政部、外交部、国防部、卫生部、教育部、高等教育·技能和就业部、司法部、内务部、能源和资源部、劳工部、初级产业部、交通部、经济发展部、商务部、建筑和建设部、国有企业部、科学和创新部、通信和信息技术部、民防部、环境部、自然资源保护部、地方政府部、警察部、教养部（Ministry of Corrections）、国务部、广播部、统计部、国家收入部、住房部、食品安全部、消费者事务部、艺术·文化和遗产部、旅游部、运动和娱乐部、气候变化事务部、移民部、太平洋岛国事务部、竞赛部（Ministry of Racing）、土地信息部、毛利人事务部、青年事务部、妇女事务部、老年公民部、老战士事务部、民族事务部、事故赔偿部（ACC）、残疾人事务部。

2011年11月大选后成立了主要由国家党组成、由其领袖约翰·基担任总理的政府。他是继2008年组织政府后第二次担任总理。现任政府由20名内阁部长和5名非内阁部长组成。主要内阁成员有：

约翰·基　总理兼旅游部部长。

比尔·英格里希　财政部部长兼规制改革部部长。

默里·麦卡利　外交部部长兼运动和娱乐部部长。

朱迪斯·科林斯　司法部部长兼民族事务部和事故赔偿部部长。

格里·布朗利　交通部部长兼坎特伯雷震后重建部部长。

史蒂文·乔伊斯　经济发展部部长兼科学和创新部部长、小企业部部长及高等教育·技能和就业部部长。

托尼·赖亚尔　卫生部部长兼国有企业部部长。

黑基·帕拉塔　教育部部长兼太平洋岛国事务部部长。

克里斯托弗·芬利森　总检察长兼《怀唐伊条约》谈判部部长和艺术·文化和遗产部部长。

安妮·托利　警察部部长兼教养部部长。

波拉·贝内特　社会发展部部长。

乔纳森·科尔曼　国防部部长兼国务部部长。

尼克·史密斯　自然资源保护部部长兼住房部部长。

第三章 政　治

蒂姆·格罗泽　商务部部长兼气候变化事务部部长。
艾米·亚当斯　环境部部长兼通信和信息技术部部长。
内森·盖伊　初级产业部部长兼竞赛部部长。
克里斯·特里梅因　内务部部长兼地方政府部部长。
西门·布里奇斯　能源和资源部部长。
尼基·凯伊　食品安全部部长兼民防部部长和青年事务部部长。

政府各部的主管官员同内阁共进退，只有主管官员下属的文官是政府内不随政府变更而更迭的官员。他们有丰富的工作经验，对保证政府工作的效率和政策的连续性具有很大作用。

政府部长同时具有行政者和立法者的双重角色。他们的行政作用自不待言；在立法方面的作用也不容忽视，主要体现在他们有权提出立法议案，他们在制定法律草案方面起着非常关键的作用。

政府的财政预算报告必须在每年6月前后提交议会审议和通过。财政预算要列明下一财政年度政府所要开展的工作要点、需要政府部门购买的产品总量和取得这些产品和服务的成本。报告还应列举所需经费的来源，其中包括税收及其他收入、政府经费的分配、债务的偿还、货币发行量和流通量以及政府的资产负债状况等。

政府还必须按年度向议会报告预算的执行情况，并在一年中定期向议会提供国库岁入的财务报告，政府各部门也要将每年本部门预算的执行情况向政府做出汇报。全国15家国有企业除了要对自己的董事会负责以外，还必须将财务状况向政府汇报，它们的半年和全年报告要列入议会议程。如有必要，政府可责令国有企业代表听取建议，并改进工作。

政府的财政预算和重大的议案必须得到议会多数的支持，否则政府必须集体辞职，解散议会，重新举行大选。

新西兰还有一个重要机构——审计署（Audit Office）。它是由总督根据《公共财政法》任命的审计长和他所领导的人员组成的机构。其职能是代表议会监督银行的货币发行情况，对政府各部、地方政权、政府控制的公司等公共部门的财务报告进行审计。

对政府和政府官员进行监督的还有"监督官"（Ombudsman）。他们

负责调查对政府部门及其相关机构的投诉，以及对与医疗卫生企业和地方医疗卫生机构的行政决定有关的投诉。1975年的《监督官法》规定要由议会任命一名首席监督官和一名或多名监督官，他们可以是临时的，也可以是长期的。监督官的调查活动秘密进行，通过调查以后，如果监督官认为投诉的理由成立，他们可以将意见报告给有关的政府部门或组织，建议对有关人员采取行动。建议的副本应提交有关的部长、市长或其他主要长官。

四 地方政府

新西兰全国有11个大区（regions）和5个单一辖区。每一个大区都由大区议会（Regional Councils）管理。这些大区又分为67个地方政权（Territorial Authorities）。地方政权中有13个市议会（City Councils）、53个区议会（District Councils）和1个县议会（查塔姆群岛）。

新西兰实行地方自治，地方政府即是地方自治机构，它们基本上独立于中央政府，但在宪法上服从于议会，因为地方政府的权力是议会赋予的，地方政府权力的增加或减少都要由议会批准。地方政权机构在提供社会服务方面有重要作用，所以是全国重要的政治基础机构。地方政府所需的经费来源于中央政府拨款及地方当局征收的各种税费。地方政府有自己独立的收入来源，主要是对土地财产征收的地方税，受地方政权控制的商业活动收入和其他收入。新西兰政治有一条重要原则，即政府应对纳税人负责，地方当局的一切重大决定都必须向纳税人公开，并征求他们的意见。地方当局的支出约占全国总支出的20%，其中一半以上用于医院委员会的开支，这笔开支几乎全部来源于中央政府的岁入。

地方议会由本地区居民选举产生，每3年选举一次。选举时间为每3年的10月的第二个星期六。大区议会、地方政权和社区委员会都在同一天选举。选举的方法类似于全国议会的选举，候选人的名字印在选票上，选举人对中意的候选人投赞成票。投票也可以采取通信方式。凡在选举全国议会时享有选举权的人，在他进行选民登记的地区自然就享有地方议会的选举权。纳税人在他纳税的任何大区、地方和社区都可以登记投票。

地方政府分三级：

(1) 大区议会

其职能是对地区环境实施监督，并负责管理本地区的资源、水土保持、病虫害防治、港口和其他交通运输设施的维护、民防事务以及其他与本地区居民的社会经济生活相关的事务。

(2) 地方政权

包括市议会、区议会及查塔姆群岛县议会。其职责包括监督土地的使用（如颁发建房许可证），管理本地的道路、图书馆、公园和保留地，监控噪音和废弃物，收集和处理垃圾，负责供水排水、养老金获得者的房屋修缮和卫生检查，颁发出售酒精饮料的许可证，以及管理地方民防事务等。

(3) 社区委员会

社区委员会代表社区居民的利益，并为地方政府与社区居民的联系提供沟通渠道。社区委员会在推动社区的发展方面起着重要的作用。它们还在本社区内组织文化娱乐和居民联谊活动，维持社区治安，改善社区卫生环境。

地方政府比中央政府更贴近人民，常常处理一些与百姓日常生活相关的事务。有些人认为，地方政府的事务是枯燥乏味和琐碎的。在新西兰参加地方选举的投票率比参加全国议会选举的投票率低，只有在关系到本地区居民切身利益的时候，如在地区政权未能提供重要的服务或有可能提高地方税的税率时，居民才积极参加地方事务的讨论。

第三节 司法制度

新西兰的法律体系主要由三个方面组成：(1) 社会准则，即普遍适用的社会公正原则、平等原则及其他社会道德准则；(2) 议会通过的成文法和由政府颁布的法令、法规和命令等；(3) 国际条约，即由国际组织和国际会议签订的协议及条约，经成员国批准生效的法律，如《公民权利和政治权利国际公约》和《关税与贸易总协定》等。新西兰还有两

新西兰

个重要的法律来源,即普通法和《怀唐伊条约》。普通法来自英国的法律惯例,属不成文法,主要由历年来英国法院的判例,以及新西兰和其他英联邦国家(主要是澳大利亚和加拿大)的判例构成。《怀唐伊条约》是确立殖民当局在新西兰合法地位的文件。

新西兰没有一部完整的成文宪法,它的宪法是由英国议会、新西兰议会通过的一系列法律、法律修正案以及英国枢密院的某些决定组成的。新西兰的第一部宪法性文件是英国议会于1852年通过的《新西兰宪法法》。当时,该法将新西兰划分为6个省,并在各省建立了选举产生的立法机构和行政机构。省立法会议可以制定适用于当地的地方法律。中央政府由总督、内阁和二院制的议会组成,一院为由总督和王室指定的成员组成的立法会议,它有权制定新西兰的法律;另一院是选举产生的众议院。但新西兰立法会议的立法权是受到限制的,它制定的法律不得与英国的法律相抵触,也无权更改已经确立的基本法律条款,这些法律条款的修改必须经英国威斯敏斯特议会批准。总督有权批准经立法会议通过后呈交英王批准的法案,他可以批准、拒绝批准、保留、修改或退回立法会议重新审议。

1876年,省级行政单位被废除,新西兰建立了单一的行政制度。立法会议逐渐丧失了权力,最终于1950年被废除,新西兰立法机构变成了一院制议会。总督逐渐失去实际权力,他批准议会立法和政府决议的权力成为一种形式。这种状况一直到1986年新西兰颁布自己的《宪法法》时才告正式结束。

英国1854年、1858年和1908年的专门法律规定,1840年1月14日在英国有效的所有法律都适用于新西兰,这些法律包括英国的普通法和成文法。1988年,新西兰颁布的法律列举了继续适用于新西兰的英国法律,其中有1215年的《自由大宪章》、1689年的《权利法案》,其他不在1988年法律规定内的英国法律则在新西兰失去效力。

议会通过的法律是新西兰现代成文法的主要来源。议会立法需先向议会提出法案,然后由议会审议通过或否决。新西兰议会采取英国威斯敏斯特议会的制度,议会有议长、内阁部长、总理和议员参加。所有重大法律都由议会制定通过,其他一些专门法规和法律细则,可以由议会授权专门委员会或政府部门制定,这被称作"委托立法"。它们主要有3种形式:法律规则、行政法令和地方法规。这些法规不一定由议会颁布,通常是由总督以行政会议首脑的名义发布,在政府公报上发布执行。新西兰专门的法律出版社,如巴特沃思(Butterwoths)每年将这些法规汇编成册。

负责司法事务的最高行政机构是司法部,它的职责是为政府各部和议会各委员会提供法律咨询,代表政府参与诉讼,负责起草与审议法律、法规和法令,主管司法行政,提供政策咨询。司法部还管理司法行政、监狱、法律改革和缓刑等方面的工作。司法部部长是内阁成员,其工作直接对总理负责。

新西兰有一个专门的法律顾问机构——国家法律办公室。它是政府的一个内设部门,由若干高级律师组成,其最高负责人首席司法官是政府的法律顾问,他在法律事务上代表政府。首席司法官的职能是:任命国家律师并监督其代表国家对影响较大的刑事案件进行公诉;若认为下级法院在某些刑事案件上判决不公,有权亦有义务向上级法院提起上诉;在民事和公共事务中代表政府,当政府的利益和私人利益发生冲突而产生纠纷时,代表政府应诉。

国家法律办公室设若干小组,如商务组、就业组及其他纠纷组,分别代表国家处理不同的法律事务。

根据新西兰的法律准则,政府部长、议会议员(在议会外的活动)及公务员均不享有豁免权,他们如触犯法律,就有可能被人控诉而上法庭。

一 司法体系和法院结构

法院是执行国家法律、处理当事双方或多方纠纷的机构。法院独立于政府之外,法官由总督任命,无须经过选举。新西兰的法院体系由低到高分四级,它们按司法管辖权分为:

地方法院(District Court);

高等法院(High Court);

上诉法院(Court of Appeal);

英国枢密院司法委员会（Judicial Committee of the Privy Council）。

此外，新西兰还有一些处理专门事务和纠纷的法院，如家庭法院、青少年法院、劳资关系仲裁法院、毛利人土地法院。这些专门法院与地方法院并行，若当事人对这些法院的判决不服，可以上诉到高等法院或上诉法院。

一般的民事裁判庭，如纠纷裁判庭（Dispute Tribunal，亦称小额债务申诉裁判庭）、房屋租赁裁判庭（Residential Tenancies Tribunal）附属于地方法院。这些法院是具有准司法性质的机构。当事人可以选择去裁判庭或直接去地方法院。由于新西兰法院实行的是等级制，所以当事人可以按法院权力大小由下级法院到上级法院逐级上诉。上一级法院对下一级法院审理的案件有审核权，但地方法院也有例外，如行政诉讼裁判庭可以直接上诉到上诉法院。

二 地方法院

地方法院特别忙碌，被称为"负重马"（workhorse）。地方法院主要审理除叛国、谋杀、非法性交及作伪证之外的所有民事和刑事案件。这类案件非常庞杂，由于案件数量太多，地方法院审理不过来，所以才设立了一些处理普通案件的特别法庭，如家庭法院、青少年法院、纠纷裁判庭等来分担处理地方法院的案件。这些具有准法院性质的裁判机构一般设在紧靠地方法院的地方，有的甚至就与地方法院同在一个办公楼。

新西兰大约有100个地方法院。地方法院的法官由司法部部长推荐，由总检察长任命。他们的法定人数全国不超过103人。法官必须是执业7年以上的有经验的律师。每个地方法院有一名被指派的首席法官。家庭法院和青少年法院的法官也必须具备相关领域的丰富经验和特别资格。此外，一些轻微民事和刑事案件有时也可由2名治安法官（Justice of the Peace）来审理，这一做法源于英国。治安法官是不领取报酬的非专业法官，一般审理不太重要的刑事和交通违章案件，对被判有过失的人可判罚不超过500新元的罚金。

地方法院审理民事、刑事和上诉纠纷案3类案件。民事案包括：金额在20万新元以下的侵权或合同纠纷案；租金在6.25万新元或土地价值在50万新元以下的土地纠纷案；金额不超过20万新元的请求赔偿案（如请求执行某合同）。

刑事案包括所有轻微刑事案件（如前所述，有些轻微刑事案件可交由2名治安法官来审理）及按1957年《简易审讯程序法》规定应起诉但可采取简易审讯的犯罪案。在通常情况下，地方法院对犯罪情节轻微但可以起诉的犯罪嫌疑人有权做出最高不得超过3个月监禁或不超过1万新元罚款的判决。但在有陪审团参加审判的情况下，地方法院也可做出法律规定的最长监禁期限或高至2万新元的判决。凡地方法院不能审理的案件应交高等法院审理。

上诉纠纷案是指那些对各种准法院，如纠纷裁判庭、房屋租赁裁判庭的判决和对地方行政机构及其他法定组织的判决不服而上诉至地方法院的案件。

地方法院的审判程序包括申诉、听证、预审和判决。但地方法院的审判程序不像高等法院那样正式，听证的过程多为陈述事实，没有高等法院那样多的辩论。地方法院的诉讼人通常是警察局的高级职员，而不是律师。

三　家庭法院

家庭法院设立于1981年，其任务是解决不属于重大法律问题的家庭纠纷，这些事件经常仅涉及家庭成员间的感情和个人行为引起的纠纷。它的审理范围包括：结婚、收养、子女监护权、婚姻财产、分居、离异、抚养未成年子女、家庭成员人身保护等纠纷或案件。近年来，家庭法院的审理范围又增加了对没有刑事行为能力的财产接受人的财产管理案件、虐待儿童案件、1989年《青少年法院法》规定的过失案件、家庭遗嘱变更的申诉、为未成年子女的法庭辩护等。

家庭法院的主要职能是调解家庭纠纷；提供社会援助服务，比如心理学咨询、精神病学咨询和调解服务。家庭法院的审理程序与一般法院不同，它在审理过程中不进行辩论，审理的过程是开放的、非正式的。法庭

审理氛围比较轻松,有利于当事人保持一种平静的心情。家庭法院为了维护当事人的隐私,不公开听证。家庭法院属地方法院的分庭,其法官由地方法院的法官兼任,但他们都有涉及家庭的专业法律知识,经验丰富,有良好的道德品质。

四 青少年法院

青少年法院审理17岁以下的青少年犯罪案件。它与家庭法院类似,强调非正式调解。对青少年的轻微刑事案件,如有其他解决办法,一般不予起诉,法庭判决是处理此类案件最后考虑采取的方式,大量的案件是以警察警告或家庭会议的方式来处理的。青少年法院的法官也是地方法院的法官。除法官外,还有大量的青少年法律协调人,他们帮助安排家庭会议,对青少年案件进行咨询和调解。

五 纠纷裁判庭

它也称小额债务申诉裁判庭,设立于1976年,是为纠纷当事双方提供在法院外解决纠纷的一种途径。这种方式省时、省钱、方便。纠纷裁判庭与法院不同,它由裁判员主持,裁判员并不一定要具备专业的法律知识,但必须具备良好的道德品质以及适于做裁判员的知识和经验。裁判的方式是鼓励纠纷当事双方通过协商达成协议;如果协商不成,或对达成的协议不满意,裁判人可以就纠纷进行裁决。裁判员的裁决不一定严格依据法律条文规定的当事双方的权利和义务来进行,只要当事双方感到满意即可。纠纷裁判庭审理的案件涉及的金额一般不超过3000新元,但如果双方都同意采取调解方式,调解案件的金额也可以达到5000新元。纠纷裁判庭审理的案件范围很广,如有关《合同法》《消费者保护法》《公平贸易法》《租赁购买法》的纠纷等。此外还有涉及地租、动产、雇佣和房屋租赁等方面的纠纷。与纠纷裁判庭相似的还有雇佣裁判庭、房屋租赁裁判庭和规划裁判庭等。

除上述法庭外,新西兰还有100多个特别法庭,1975年成立的怀唐伊特别法庭受理因政府或政府官员违反《怀唐伊条约》原则而对毛利人造成侵害时毛利人个人或团体的诉讼案件；计划特别法庭主要处理水资源的利用问题；机会均等特别法庭负责处理对歧视案件的指控；就业特别法庭负责处理劳资纠纷，通过调解和判决解决雇主和雇员之间的纠纷，对涉及个人冤情和合同纠纷等案件的上诉进行裁决；毛利人土地法院和毛利人上诉法院受理毛利人有关土地的上诉。如果当事人对上述法院的裁决不服，可以上诉到高等法院，后者的判决对下级法院的判决有约束力。

六 高等法院

高等法院也称最高法院，成立于2004年1月1日。高等法院由首席大法官和4名法官组成。在全国各大区都设有高等法院的分庭，高等法院的法官终身任职，由首席法官负责。他们由总检察长推荐，由总督任命。只有执业7年以上的资深律师才有担任高等法院法官的资格。高等法院的案件可以由一名法官单独审理，法律规定有些案件要2名法官审理。高等法院有无限制的管辖权和上诉受理权，具有执行新西兰法律的所有权力。它享有地方法院所没有的其他司法权，有权强制听取原本属于地方法院管辖权内的案件审理。有些案件只有高等法院才有权听证，比如涉及金额较大的财产托管、遗嘱、合伙关系、海事纠纷和选举请愿等。在民事方面，所有在地方法院管辖之外的案件都由高等法院来审理，如涉及金额超过5万新元的案件，当事人就有权请求转由高等法院审理。即使涉及金额不足5万新元的案件，只要涉及的法律和事实属疑难问题，地方法院的法官也有权决定转交高等法院审理。

高等法院审理的刑事案件一般案情都比较重大。它也对在地方法院中被告已认罪的案件做出刑事判决。向高等法院起诉的案件一般都要求在地方法院进行初审，以取得足够的证据，以便于在高等法院提起诉讼。高等法院有权受理地方法院、家庭法院、青少年法院和其他法院直接上诉的案件，其中包括民事案件和刑事案件。若民事案件涉及的金额不足500新元，上诉到高等法院须得到地方法院的准许。除在地方法院有陪审团参加裁决的刑事案件可以直接上诉到上诉法院而无须经过高等法院外，其他案件都要先上诉到高等法院。高等法院可以受理由公诉人针对地方法院的裁

决而提出的上诉。

高等法院的案件审理程序非常正式，非常传统，法官和律师都穿专门的法官服和律师服，戴头套。诉讼采用辩论制，允许当事双方的律师针对案件事实进行辩论。法官为示公正，不参加对案情的盘问和调查，最后根据当事双方所陈述的事实进行裁决。在有陪审团参加的情况下，法官要与陪审团讨论案情和法律问题，然后才做出裁决。另外，有时法官需要考虑其他相关事项，如保释请求，证人陈述的许可，或颁布临时法院命令（如禁止令、取缔令）以防止有害行为的发生，或对之采取必要的补救措施。关于陪审团参加案件审理的问题，法律规定，刑事案件必须有12名成员组成的陪审团参加；而在民事诉讼中则不一定要陪审团参加，而且一般由一名高等法院法官独自审理。对高等法院的判决不服者可以向上诉法院提起上诉，直至上诉到英国枢密院。

七　上诉法院

上诉法院解决地方法院不能解决的疑难问题，受理由高等法院上诉的重大、疑难刑事案件和上诉案件。它是新西兰最高级别的审理上诉案件的法院。它必须有很高的办案水准。上诉法院可以受理由高等法院上诉的民事案件，但如果原始案件是在更低一级法院审理的，要上诉到上诉法院必须经高等法院和上诉法院两级的同意。如涉及特殊的法律疑难问题，下级法院可以越级向上诉法院上诉。上诉法院设在首都惠灵顿。它由首席大法官、上诉法院院长及9名终身上诉法院法官组成。上诉法院的法官同时也是高等法院的法官，任何提交到上诉法院的案件都必须由至少3名以上的上诉法院法官审理。审理特别重大的案件时，则要求5名或7名上诉法院的法官到庭。在多数情况下，上诉法院的判决事实上是终审判决，因为在新西兰将案件上诉到英国枢密院的例子已十分罕见。

英国枢密院是新西兰法律上的终审机构，但它在新西兰司法管辖中的实际权力及它应否继续存在的问题，在新西兰一直存在争议。其他英联邦成员国，如加拿大、澳大利亚等国都已停止上诉到英国枢密院，因此，英国枢密院在新西兰司法系统中的前景还是个疑问。

八 法律援助

法律援助是专为需要参加司法诉讼的穷人设立的。它是由政府资助的社会服务计划。接受法律援助的人一般不交或交少量费用。获得法律援助是公民的一项权利。法律援助机构可以提供三种形式的法律服务：民事和刑事方面的法律援助，法院的律师服务，警察拘留时的律师服务。这些服务所需的律师费、法院出庭费和其他费用，按申请人的财产状况，或少量付费，或由政府的援助计划支付。新西兰的法律事务局每年要在法律援助上花费6000万新元。

新西兰由法律资助委员会专门负责法律援助事务，该委员会是一个自愿性的组织，它受法律服务委员会管理。后者由律师和司法部的雇员组成。

申请法律援助的人不限于新西兰公民，到新西兰探亲、旅游或短期工作的人，都可以申请法律援助。凡申请法律援助者都必须先填写一张申请表，在表上填写家庭收入、财产和所涉及的案件或纠纷，法律援助机构经过审查后给申请者答复，答复内容大体分为三种：同意资助，要求申请者提供更多的资料，拒绝资助。救济金获得者、单亲母亲年收入在8000新元以下者都可以得到法律援助。有些小的纠纷和案件是不需要法律援助的，当事人可以到公民咨询局或社会法律援助中心得到免费的法律援助，或者到不收费的纠纷裁判庭申请处理。

如果当事人没有钱请律师，法庭可以指派一名律师代为辩护。平时在法院还有值班律师，当事人在遇到紧急情况时，可以询问法院是否可以得到律师的帮助，这也是法律援助的一部分。

九 警察

警察是新西兰重要的执法力量，负责执行刑法和交通法，维持社会治安和秩序，保护人民的生命和财产的安全，防止犯罪事件的发生。在违法案件发生时，警察负责调查案情，缉捕犯罪分子。但现在，警察多数时间都是在处理与刑事犯罪无关的事，非执法职能大幅增强。警察接手的案件中，大部分属社区服务类，小部分属一般过失，有的属交通、财产损失案

件,大部分事件都就地解决了,警察并未采取进一步行动,真正的刑事案件只占很小的比例。

2012年,新西兰有记录的犯罪案件为376013起,结案176853起,其中意在造成伤害的案件40851起,非法入室行窃案件52937起,偷盗及相关犯罪案件119476起,财产损害和环境污染案件48901起,破坏公共秩序犯罪案件42522起,其余为其他类型案件。①

警察隶属于国家警察机构。新西兰警察平时不携带枪支,在维护社会治安时以社区为基础,政府鼓励警察为本社区的治安负责。警察负责打击毒品犯罪和武装集团犯罪,保证外交使团的安全。警察还履行其他特殊的社会职责,如在民众遇到紧急情况时,警察要出动搜寻和援救,对陷入困境的青少年给予救助等。警察还配合学校老师对在校的青少年进行法制教育,在学校开设诸如防止虐待儿童和维护自身安全及反毒品教育的课程。如公众对警察的行为或对治安政策不满,可以向警察投诉局投诉,该局有责任进行调查处理。

十 律师制度

新西兰律师服务业比较发达,全国有律师近7000人,对一个仅有400万人的国家来说,这一数字是比较高的。凡年满20岁,道德品质好,在大学法学院受过4~6年的法律专业教育,并获得法律学位者均可向律师协会申请律师证书,在获得律师执业执照后即可开业服务。获得律师资格不受国籍限制。律师在开业前要宣誓遵守律师执业规则和道德。

律师管理机构有政府、律师协会和法院。政府通过制定《律师开业法》等方式进行管理。外籍律师归政府管理。律师协会制定律师的执业准则和道德规范。法院对律师的管理主要是对律师资格的确认,颁发开业执照,对严重违纪的律师进行惩戒。律师的日常管理工作由律师协会负责。

新西兰有一个全国律师协会,还有14个地区律师协会。后者根据全国律师协会的规则管理律师,负责签发律师证书,规定律师收费标准,对

---

① 资料来源:新西兰统计局,http://www.stats.govt.nz。

违规律师进行惩戒。每个律师既是全国律师协会会员，也是地区律师协会会员，同时要交两次会费。

第四节 政党和社会团体

新西兰是一个实行政党政治的国家。从 1935 年起，新西兰一直由国家党（原译"国民党"）和工党轮流执政。

现在新西兰的两党制度是在 20 世纪 30 年代经济大萧条时期形成的。1935 年工党在大选中获胜，第一次成为执政党。1936 年自由党和保守党组成国家党，从此形成了工党和国家党两党轮流执政的政治局面。当时的第三大政党社会信用党在 1954 年大选中开始参加竞选，在 1966 年争得 2 个议席，在 1978 年的补缺选举和当年的大选中成功地保住了自己的席位，但始终未能取得执政党地位。1972 年成立的价值党也参加了竞选，但没有在议会中赢得议席。近年来，在野的小党议席有所增加，如在 2011 年 11 月的大选中，绿党获得了 14 个议席，新西兰第一党获得 8 个议席。在新西兰的选举制度下，第三党很难有大的作为。在执政党和反对党所占议席相差不大时，两大政党以外的其他政党有时可以参与组织联合政府，如在 2008 年 11 月大选后组成的以约翰·基为首的国家党政府中就有毛利党和联合未来党参加。

政府的更迭通常并不能改变国家社会经济的基本状况，政策的调整一般都是局部的。在政党产生以前，新西兰的政府是个人之间不稳定的联盟，由于参加政府的成员不受党的纪律和党的纲领的约束，政府不易形成统一的执政纲领。在自由党人约翰·巴兰斯于 1891 年担任总理以前的 37 年间，更换了 27 届政府，其中执政不到 2 个月的有 9 届，执政 2 个月到 1 年的有 5 届，执政 1~2 年的有 6 届，执政 2~3 年的有 2 届，执政 3 年以上的只有 5 届。自从 1890 年自由党出现以后，政府和议会的权力天平逐渐向政府一边倾斜。政党政府得到了确保其立法和财政计划获得多数支持的稳定基础。议会内独立议员的影响大大降低。政府不再需要为获得多数支持而采取迂回行动。1891 年自由党上台执政以后，新西兰政府非常稳

定，在 1890～1978 年一共只换了 22 届政府，任期在 2 个月以下的只有 2 届，任期在 2 个月至 1 年的有 3 届，任期 1～2 年的有 3 届，任期 2～3 年的有 2 届，任期 3 年以上的增加到 12 届。

1891 年，自由党上台，连续执政 21 年（1891～1912）。1912 年政局出现转折，革新党取代自由党获得政权。革新党内阁的全部成员都是新面孔，革新党内阁执政到 1915 年。在第一次世界大战的特殊条件下，革新党和自由党为显示全国一致对敌的决心，组成了联合政府。这个政府存在到 1919 年。此后革新党再度组阁，执政到 1928 年。1928 年自由党开始执掌政权。1929 年世界经济大危机发生后，国家政治、经济生活陷于困境，为了共渡难关，1931～1935 年，革新党和自由党再度组织联合政府。1935 年，新西兰两党制度的架构发生变化，工党第一次上台执政。工党的反对力量于 1936 年团结在国家党的周围。1949 年国家党取代工党成为执政党。从 20 世纪 30 年代以来，工党和国家党轮流执政的政治局面一直持续到现在。

这时，新西兰的政党制度趋于完善，多数党的领袖充当政府总理已成为惯例。政党的组织已在全国各个选区建立起来，政党的组织机构日趋健全。总理和他的同事可以有较长的政治生涯。

议会是政党活动的重要场所，也可以说一切政党活动都是为了争取在大选中获胜，成为执政党，因此政党在议会内的活动具有重要意义。主要政党在议会内都有议会党团，议会党团的领导人担任政党的领袖，政党在议会内的决策机构就议会讨论的重大问题做出决定，形成政党的政策的一部分。如果是执政党，内阁的决定也在制定政党的政策方面起重要作用。可以说，执政党和反对党决策层的活动维系着政党的团结。尽管如此，工党和国家党在议会外的活动还是牵涉一个复杂的、各具独特职能的、相互联系的体系。它们包括政策的制定、议员候选人的选拔、竞选的组织等。政党的政策是在定期召开的年会和各级地方组织的会议上确定的。在各个政党的年会上通过的政策一般都要纳入政党的竞选纲领。

各个政党遴选的议员候选人都是各政党忠于党的纲领、遵守党的纪律、能干而有影响力的人。如果一个政党的党员同自己所在的政党产生分歧，不愿服从本政党的决定，他就不能以该政党的名义参加竞选，除非声明做独立候选人。而独立候选人是很难在选举中取得成功的。在一个大党占主导地位的选区，选民除投这个大党候选人的票外，别无其他选择。

一个以群众为基础的政党要尽一切可能去争取最大多数选民的支持，它以政党的干部为核心，依靠少数联系密切的核心成员和政党的积极分子，去制定政党的纲领、遴选议员候选人和组织竞选活动。新西兰的4个主要政党都极力扩大它们的成员人数，获取竞选基金和组织竞选运动，特别是在大选年更是如此。与此同时，每个政党都会培植一个内部关系密切的精英小集团来负责管理本党的事务。在1975年大选时，工党有个人党员13000人（工会集体党员未算在内），国家党有党员20000人，社会信用党有党员8000人，价值党有党员3600人。

各个政党在自己的竞选宣言中，都提出特别的政策纲要，以显示和竞争对手的区别。当一个大党执政时，在野的反对党经常对执政党持批评态度，似乎两个党持对立立场。其实两大政党的区别并不是那么大，从大的方面来说，它们都是在国家宪法框架内进行活动，都不想改变现存的社会经济制度。即使在具体政策上，两党也没有本质的区别。当反对党在大选中获胜上台执政后，一般都会在相当程度上保持上届政府政策的连续性。在实行普选制的国家，一个企图问鼎国家政权的政党不可能仅提出代表本党派利益的纲领，它必须推出能代表大多数选民要求的政策主张，以争取尽可能多的个人和集团的支持，获得尽可能多的选票。因此，这样的政党制度有利于促进社会达成政治共识，促进妥协和温和思想的发展，也会使与解决实际问题有关的非意识形态政策得以实施。

我们这样说，并不是否认新西兰两大政党在意识形态上的区别，区别还是存在的。例如，国家党更多强调"自由"和反对社会主义，而工党则强调平等和公平原则。在对外关系方面，国家党把新西兰看成坚定地立身于西方联盟的反共产主义堡垒；而工党则把新西兰看作处于第三世界的一个南太平洋国家。

在实行资产阶级民主制的国家，政党的作用是非常大的。主要包括以

下几个方面：协调权力的行使；组织选举；鉴别存在的问题和提出处理政策；推动公众讨论；遴选领导成员。

立法机构和行政机构的协调就是政党制度的结果。政府和议会是立法机构的两个不可分割的主体，政府在立法过程中起着极其重要的作用，它通过提出法律草案主导立法程序；所有筹集岁入的措施和涉及公共开支的议案都必须由政府提出；政府提出的议案在议会议程中占有优先地位。后座议员的权力逐渐下降。议会内政党的纪律加强，在激烈的政党斗争中，每个党员都必须遵守他所在政党的纪律，任何背离行为都会被看作是叛变，被他的政党抛弃的议员在政治上很难再有作为。所以政府在立法过程中的主导作用并非是对立法机构立法权的僭越，而是作为立法机构合法部分起着传统作用。

现在新西兰有大大小小的政党 20 多个。

一　新西兰国家党

新西兰国家党（New Zealand National Party，又译"新西兰国民党"）成立于 1936 年，由自由党和保守党合并而成，因此有时称国家党为"保守党"。它是新西兰的保守势力为了对抗"社会主义"势力的发展、捍卫私人和个人企业的权利及利益而组织起来的右翼政治力量。该党是工业、商业和金融资产阶级、大畜牧业主和农场主的政治代表。国家党主张发展私营企业，保护个人权利及财产所有权，反对政府过多地干预经济，主张规范福利政策。在对外政策方面，国家党强调与西方国家结盟，承担相应的国家安全责任。国家党自称是"自由保守传统的继承者"。它"发扬这些传统，使其（新西兰）以拓荒者在他们那个时代和那一代人的那种灵活和重实效的方式，适应于我们的时代和我们的需要。我们捍卫所有新西兰人的自由、财产、进步和安全。这些目的在我们手中是安全的，但它们受到来自这里的许多角落和全世界的攻击。"①

---

① S. 莱文：《新西兰的政治制度》（*The New Zealand Political System*），奥克兰，1979，第 69 页。

国家党人认为，国家党坚持的东西正受到来自社会主义者、无政府主义者和共产主义者的威胁，从社会主义者、激进左翼和好战的工会那里吸取力量的工党是不值得信任的。

国家党把捍卫个人自由作为一个重要口号。它认为，只要不侵犯他人的同等权利，每个人都有过自己的生活、走自己道路的权利。他可以做他想做的事情，但必须在法律和法规允许的范围以内，尽管每一种法律都会限制自由，但没有法律，自由就不能存在。自由是一个复杂的概念，它包括民族自由、政治自由、个人自由和经济自由等层面。国家党纲领中的民族自由意味着在英联邦内部的独立，政治自由首先是自由选举和秘密投票，个人自由是在法律许可的范围内自由地按自己的方式思考、行动、说话和传播信仰。很显然，在资本主义私有制的条件下，这种自由有很大的局限性，对每个人的含义是不一样的。对资本的占有者来说，他可以比较充分地享受这种自由，虽然也要受到法律的限制；而对无产者来说，除受雇于有产者以外，还有什么选择的自由呢？但自由资本主义社会毕竟不同于前资本主义时期那种没有自由、民主的专制主义时代，这当然是一个很大的历史进步。

国家党于1949~1957年、1960~1972年、1975~1984年、1990~1999年、2008年至今多次执政。国家党政府的主要政策主张是：在经济上实行自由竞争，鼓励发展私人农牧业和工商业，紧缩国民消费，削减政府开支，提高所得税税率；对外加强同美国、澳大利亚的同盟，把这一同盟当作新西兰国家安全的基石。

国家党公开声称的目标是：

（1）团结所有愿意推进英联邦成员国间政治经济联合的人；

（2）维护有效的国防制度；

（3）制定和执行旨在增进全社会福利，促进城乡之间、雇主与雇工之间合作的政策；

（4）推进进步的社会和人道主义的立法，捍卫本党的政策，反对与党的原则和政策相违背的其他说教和破坏性力量；

（5）鼓励和协助本党能干正直的支持者竞选议员；

（6）为推进本党当前的目标而开展教育和政治工作；

（7）保持与本党目标相似的组织的联系。

国家党强调建立在私有财产基础上的民主制。它的理念和思想体系相当稳定，1975年制定的党纲涵盖了这些基本内容。1978年，国家党在竞选纲领中许诺，要明智地管理经济，控制通货膨胀和减少外债，大力发展工业，促进出口，保持外贸平衡。为此，要支持私人企业的竞争精神，为所有企业家和合作社创造达到经济和社会发展目标的条件；鼓励农场主提高传统部门和新生产部门的生产量，把发展农业作为加大出口、增加就业和促进国家社会经济发展的重要手段；在商业上发展强有力的私人企业制度，鼓励个人竞争。

国家党的最高权力属于一年一度召开的党代表大会。它的机关报是《国民观察家》。在2005年9月17日举行的大选中，国家党获得48个议席，是新西兰议会中第二大党。约翰·基于2006年当选国家党领袖，他带领该党在2008年11月和2011年11月举行的两次大选中获得胜利，国家党分别获得44.93%和48%的选票，上升为议会中的第一大党，约翰·基两次获得组阁的机会，连续担任政府总理。约翰·基宣布：在内政方面，部分地实行国有资产私有化，减税，减少社会福利开支，保证福利只提供给真正有需要的人；在外交政策方面，主张促进自由贸易，撤回派驻阿富汗的新西兰军队，推动更多国家参加跨太平洋战略经济伙伴关系，修复和保持新西兰与主要西方国家的关系。新西兰于2010年与美国签署《惠灵顿宣言》，加强了与美国的友好关系。

二　新西兰工党

新西兰工党（New Zealand Labour Party）成立于1916年7月7日，由几个偏左的党派合并而成。它是新西兰左翼政治力量和中低收入者的政治代表，是一个社会成分复杂的改良主义政党，是社会党国际的成员。工党党员分工会集体党员和个人党员两种。

工党标榜自己代表工人阶级的利益，得到中低收入者、工会组织和毛利人的支持。它倡导实行民主社会主义原则，主张在政治、社会、经

第三章 政　治

济、文化、法律等方面人人平等，实现充分就业。新西兰工党和英国工党非常相似，是一个改良主义的政党。它只要求对社会做一些改革，并不想从根本上改变现存的社会经济制度。它的阶级成分也非常复杂，除工会组织外，还有农场主和中小资产阶级的代表。工党主要有三种社会力量：一是仅仅关注经济利益和保护有组织工人的工会集团；二是在社会或道义问题上追求社会主义目标和改革的知识分子、大专院校和研究机构的教师和研究人员；三是在领导层中占据主导地位，对保持权力、实行渐进改革和加强经济管理感兴趣的"专家治国论者"。多数毛利人也支持工党。

工党的党纲兼顾社会各阶层的要求，不然它也很难成为执政党。

工党在1972年的竞选纲领中强调，如果工党上台执政，它首先要把国内的事情办好，增进民族团结，确保国家的独立，促进社会正义；而社会正义是建立在以下4项基本权利基础上的，即工作权、居住权、受教育权和健康权。工党的目的是将新西兰变成一个福利国家。新西兰国土面积不大，不可能成为一个军事大国，也不可能成为一个工业大国，但在社会经济方面可以给许多大国树立榜样，可以建立一种先进的制度，令大多数国家羡慕，令许多国家效仿。

工党在1975年的党纲中公开声称："本党的目标是推进和保护人民的自由及其政治、社会、经济和文化福利；用民主社会主义及经济和社会合作的原则教育公众；选举能干的男人和妇女进入议会和地方政权机关，以贯彻党的政策；为确保全体人民的福祉而对新西兰的生产和服务进行公平分配。"

在1978年的纲领中，工党保证要确保每个想工作的人拥有工作的权利，以合理的价格向每一个新西兰家庭提供住房，降低所得税，发展经济，使所有新西兰人都有自立的可能性。

工党极力淡化它的社会主义目标，它早在1927年就放弃了国家控制生产资料、分配和交换的内容。它现在的"社会主义"仅仅是一种对"合作社会"的信仰。一些批评者批评工党的领导偏离了该党过去的原则和诺言。1973年工党的政府总理诺曼·埃里克·科克在描述工党的哲学

时，根本就没有提"社会主义"；他强调要维系家庭的稳定，因为"家庭是社会的基础单位，家庭好了，国家也会好，应该保护和加强家庭单位。我们优先的目标是人民的幸福和家庭的稳定。一个国家基本上就是众多家庭的大家庭，世界是众多民族的大家庭。国家发展所需要的东西就是一个家庭发展所需要的东西"。

工党在1935年大选中首次获胜上台执政，连续执政至1949年，以后在1957~1960年、1972~1975年、1984~1990年多次执政。1999年11月，工党在大选中再次获胜，工党领袖海伦·克拉克出任总理。20世纪80年代，工党政府主张对内以"和解、复苏、改革"为总方针，同社会各阶层民主协商，协调劳资关系，进行经济改革。它公开声明的对外政策是维护世界和平特别是维护南太平洋地区的和平，捍卫新西兰的独立和主权，保障新西兰的安全和自由，促进经济繁荣。1972年工党政府做出了同中国建交的决定，当年两国正式建交。

从20世纪30年代末到60年代末，由于工党目标混乱、领导人士气低落、议会活动不力等，一些工会退出工党，造成工党党员人数下降，经费紧张，社会基础削弱。工党的党员人数从5万人减少到不到1.4万人。分支机构数从630个减少到307个。

此后，工党极力恢复党的实力，扩大党的阶级基础。这时执政的国家党对工人阶级所采取的严厉政策帮了工党的忙。国家党政府1976年的劳资关系法规定对政治罢工要处以罚款，要求全体工会成员对政治罢工进行表决，加上1977~1978年失业率上升，劳资关系恶化，转向工党的工人人数增加，1976~1978年，工党党员人数又恢复到30年代末5万人的最高峰。此外，还有14个全国性工会和69个地方工会参加了工党。这些工会的会员总数达到近20万人。但在工会加盟工党时，很少工会会员是作为个人成员参加工党的。

虽然工党的政治对手经常强调工党的社会主义性质，但工党的领导层宁愿公众和传媒不把它当成社会主义政党。工党内部的新闻通报在谈及党的哲学基础时，对社会主义问题做了一些澄清，在回答关于消灭6.6万个创造了80%的出口收入的私有农场是否对新西兰工党的社会主义原则至

第三章 政　治

关重要的问题时，答案是"No"（不是）！"新西兰工党的社会主义是……第二次世界大战后社会党国际所采纳的社会主义，它声明的原则是：'社会主义者要努力通过民主的方式建设一个自由的新社会。没有自由就没有社会主义。'"① 工党主张"民主社会主义"，实行建立在公众参与基础上的教育政策，建立强有力的地方政府，通过建立分散的、独立的体系来取消对传媒的控制。通过它的公开性、协商、辩论、对持不同政见者的尊重来展示其民主，以赢得选民的支持。福利国家和民主理念是相互关联的，自由和平等是工党哲学的基础。

在1977年的工党年会上，一个叫弗兰克·奥福林的前工党议员对社会主义的界定得到了与会代表的支持。他说："现在的社会主义国家是这样一种国家，在这个国家里，所有基本的或重要的决定都要根据全社会的利益做出，而不是根据一些特定集团的利益或在它们的经济或其他压力下做出。""社会主义包含彻底的、有效的政治民主，充分的公民权，充分的人权，首先是实际上可以达到的最大限度的社会公正。社会主义不限制个体的或个人的自由；相反，它产生的社会公正对实际和有效地运用政治和社会自由是至关重要的。"② 很显然，在不对现存的社会经济制度做根本改造的情况下，要实现这样的目标只能是一种幻想。

工党的最高权力属于工党年会。它的中央机构是理事会及其常设机构执行委员会。议会党团的正、副领袖在执政期间出任政府总理和副总理。工党的机关刊物是《工党通讯》和《新民族报》。在2005年9月17日的大选中，工党获得50个议席，保持了执政党的地位。但在2008年和2011年的两次大选中，工党均遭败北，组阁资格让给了国家党。2008年工党在大选失败后，海伦·克拉克辞去工党领袖职务，由菲尔·戈夫（Phill Goff）继任。2011年12月戈夫辞职，大卫·希勒（David Shearer）当选新的工党领袖。

---

① S. 莱文：《新西兰的政治制度》，第73页。
② S. 莱文：《新西兰的政治制度》，第74页。

三 新西兰绿党

新西兰绿党（Green Party of Aotearoa New Zealand）成立于1972年5月，其前身是价值党（Values Party）。它是新西兰议会中的第三大政党。绿党致力于环境保护，关注清洁水源和气候变化，持反战、反核、反对暴力立场，反对美国发动的对伊拉克和阿富汗的战争，支持保护老年人、贫困家庭等弱势群体的利益，倡导民主。在经济上，主张实行可持续发展的政策，对污染的间接成本征税，提倡公平贸易，主张以居民的社会福利作为衡量经济成就的标准。1990年5月，价值党和新西兰绿色和平组织合并，改称为"绿党"。1991年加入联盟党。1997年11月，绿党宣布不再作为联盟党成员参加大选。1999年脱离联盟党。在2011年的大选中绿党获得全国11.06%的支持率，计14个议席。绿党共同领袖为默蒂里娅·图雷（Metiria Turei）和拉塞尔·诺曼（Russel Norman）。

四 新西兰第一党

新西兰第一党（NZ First Party）成立于1993年7月，主要支持者是老年人、中小企业主、低收入选民和毛利人等。该党主张把新西兰和新西兰人放在第一位，因此而得名。它在经济上主张实行盈余预算，增加出口，降低税负，提高工资，停止出售战略性国有资产，政府开支应优先用于提供高质量的教育和医疗服务，增加就业机会，改善基础设施。它提倡有利于人民、有利于环境的生活方式，主张加强法制，增加警察力量，限制外国投资和外来移民，保持新西兰的无核区地位，以南太平洋为立足点发展对外关系。1996年12月，该党与新西兰行动党一起参加以新西兰国家党为主的联合政府，1998年8月与国家党的联盟破裂。2005年再与工党组成联合政府。该党从成立到2008年一直在议会保有议席，但在2008年大选中失去在议会的代表权。在2011年大选中获得6.59%的选票，在议会占有8个席位。

五 新西兰行动党

新西兰行动党（NZ Act Party）的前身是前工党政府财政部部长道格拉斯建立的消费者及纳税人协会，1994年11月改为现名。行动党代表企业界利益，它的支持者主要是大财团和富有的商人。该党主张实行完全的市场经济和私有化，反对国家对经济生活的过多干预，实行低税率，减少政府开支，反对对外资的任何限制，削减关税，引入强制性养老金储蓄计划，加重对犯罪行为的处罚。1996年，与新西兰第一党一起参加以新西兰国家党为主的联合政府，1998年联合破裂。在2011年大选中，行动党获得5个议会席位。

六 新西兰争取社会信用民主党

新西兰争取社会信用民主党（New Zealand Democratic Party for Social Credit）由社会信用党和民主党于1985年合并而成，属左翼政党，其理论基础与社会信用党基本一致，主张限制政府的权力，维护个人权利和自由，提倡雇佣自由。它主张增加福利金，改革税收制度，废除商品和服务税，对金融交易征税。争取社会信用民主党自成立以后，一直参加竞选，曾在议会获得席位，但现在失去了席位。

争取社会信用民主党公开宣称的目标和政策：确保新西兰人民有益地运用和控制他们的信贷和通货；建立使人民能发展和扩大国家实际福利的经济制度，而不牺牲他们自己以及后代的未来；恢复和稳定货币的购买力，从而提高和保护工资、养老金和储蓄的价值；促进和引进一切形式的自动化，以此来发展生产力和提高生活水平；加速引进工业上和家庭中节约劳动力的设施；确保在提高自动化程度的同时增加人们的收入，使所有人都能分享自动化的好处；增加人们参加教育、文化和娱乐活动的机会，增设相关设施；恢复对新西兰经济事务的完全控制和实现更大的政治独立。该党认为，当前的货币制度是战争、贫穷、通胀和其他许多社会问题的根源，因此主张改革现有货币制度。它强调经济民主，认为新西兰经济应从金融家、银行家和贷款者的控制下解放出来。

七　新西兰联合未来党

新西兰联合未来党（United Future NZ Party）成立于1995年6月，其前身为新西兰团结党（United NZ Party），由前国家党和工党的7名议员组建。联合未来党属温和的中间党派，主要关注有关家庭和社会问题的政策。2000年11月，与新西兰未来党（Future NZ Party）合并，改为现名。在2002年大选中，该党议席从1席增至9席。在2011年大选中，其议席数降为1席。该党领袖为彼得·邓恩。

八　新西兰工人共产主义同盟

新西兰工人共产主义同盟（Workers Communist League of New Zealand）成立于1980年1月，由原惠灵顿马克思列宁主义组织和北方共产主义组织联合组成。同盟的骨干成员多为群众斗争中的青年积极分子。1980年7月同新西兰马列主义工人党合并，仍保留原名。该同盟宣布，以革命的马列主义为指导，主要目标是在新西兰建立一个革命的工人阶级政党，为实现社会主义、平等和无剥削的国际关系而奋斗。它认为，新西兰现阶段的革命是社会主义革命，但有反帝和争取彻底民族独立的任务。1984年，同盟的第三次全国代表大会通过的纲领性声明《社会主义与解放》强调，要把争取社会主义的长期斗争与争取社会改革的当前斗争结合起来，支持各国人民的革命斗争和民族解放运动，反对超级大国争夺世界霸权。它表示愿与新西兰其他马列主义组织合并，共同创建新的工人阶级政党。同盟的中央机构是中央委员会。机关报是《团结报》，另有一个理论刊物《阶级斗争》。

九　新西兰联盟党

新西兰联盟党（Alliance Party of New Zealand）成立于1992年。主要支持者为工人、毛利人和环保主义者。联盟党支持福利国家，主张政府干预经济，提高富人和公司税的税率，实行免费教育和医疗，强调保护环境，反对出售国有资产。2002年4月，联盟党发生分裂，原领袖吉姆·安德顿组建了"进步联合党"。

第三章 政 治

十 新西兰共产党

新西兰共产党（Communist Party of New Zealand）成立于1921年3月12日，其主要成员来自1918年成立的新西兰马克思主义联合会，曾参加共产国际的活动。它是新西兰无产阶级的政党，坚持反对垄断资产阶级和帝国主义的斗争。在第二次世界大战期间，新西兰共产党积极进行反法西斯的斗争。1956年苏联共产党第二十次代表大会后，新西兰共产党在对待苏共和中国共产党的态度问题上发生分歧，使新共陷于分裂。1977年初，倾向于中国共产党的一派在总书记威尔科克斯的领导下于1978年5月成立"新西兰共产党（马克思列宁主义）筹备会"。1979年1月召开新共二十二大，通过《新共反对新修正主义的坚定立场》的报告。该党认为，新西兰当前的革命是社会主义革命，直接任务是建立无产阶级专政。其基本路线是坚持阶级斗争，反对修正主义，坚持无产阶级专政。在国际上，新共反对一切霸权主义和新老修正主义。这次分裂使新共党员人数大幅度下降，党的实力被削弱。该党在政治上影响不大。新共的党报是《人民之声》，党刊是《新西兰共产主义评论》。

十一 新西兰社会主义统一党

新西兰社会主义统一党（Socialist Unity Party of New Zealand）成立于1966年10月1日，它由新西兰共产党分裂出去的、倾向于支持苏联共产党的政策主张的一部分人组成。1979年10月的第五次全国代表大会通过题为《今天与明天》的政策声明，对内主张通过"一个以工人阶级为中心的群众性政治运动"走向社会主义；对外强调一切反帝力量的联合，"为和平、缓和与裁军而努力"。该党主要从事工会工作，曾多次领导工会斗争，其中包括1979年的全国总罢工，但其领导人肯·道格拉斯因在工会运动中持比较温和的立场而遭受指责。该党与左翼激进分子不同，不拒绝参加新西兰大选活动，在大选中支持工党，对其他主流政党也不采取对抗态度。1990年该党解体，从中分裂出来的奥特亚罗瓦社会主义党（Socialist Party of Aotearoa）存续下来。

十二　社会团体

除以上政党组织外,新西兰还有许多社会团体。其中比较重要的有主张加强新西兰和中国友好关系的新西兰-中国协会。它在1952年建立于奥克兰,随后在惠灵顿和克赖斯特彻奇建立了相应的组织,1958年成立全国性组织。此外还有新西兰大学生协会、新西兰和平理事会、新西兰劳工联合会,以及种族关系委员会、毛利人争取民权组织、市民争取种族平等协会等反对种族歧视的团体。

第四章

经　　济

新西兰是一个农业和工业都比较发达的农业－工业国家，农牧业在新西兰国民经济中占有特别重要的地位。新西兰50%的出口收入来自肉类、奶制品和羊毛，它向世界上约90个国家提供肉类和奶制品。第二次世界大战以前，新西兰制造业不发达，农牧业经济片面发展，约90%的农产品和畜牧产品出口英国，对英国市场的依赖性特别大。第二次世界大战以后，新西兰注意大力发展工业，采矿业、机器制造业和食品加工业等有了较大的发展。英国加入欧洲共同体以后，新西兰过分依靠英国市场的状况有了根本扭转，产品的进口来源和出口地都出现了多样化的局面。近年来，新西兰旅游业发展较快，旅游收入成为新西兰国民收入的重要来源。新西兰产业结构情况见表4-1。

表4-1　新西兰产业结构

单位：亿新西兰元

分产业计算的国内生产总值（以1995/1996财年价格计算）	2011	2006
金融、保险和商业服务	392.85	350.31
个人和社区服务	165.12	152.52
制造业	163.93	196.18
交通和通信	140.96	133.89
零售业、住房和餐饮业	99.89	98.25
批发贸易	98.41	100.79
政府、管理和国防	67.89	54.96
农业	67.74	65.55
建筑业	56.78	65.30
渔业、林业和采矿业	34.55	27.55
电、气和水	26.7	24.41
……	……	……
国内生产总值	1359.04	1316.33

资料来源：新西兰统计局，新西兰政府网站（http://www.stats.govt.nz）。

新西兰

在2003年6月结束的财政年度里,新西兰国内生产总值为1361.12亿新元(1新元合0.6466美元①),年经济增长率为4.4%。2010年经济增长率为2.5%,2012年经济增长率为2.7%。在2011/2012财政年度里,以时价计算的GDP为2086.88亿新元。另根据国际货币基金组织公布的最新数据,2013年新西兰GDP为1740.35亿美元,在世界上列第55位,人均GDP为36648.2美元,在世界上排第23位②,是生活水平比较高的国家。

1984~1999年,新西兰经济遇到一定的困难。在这期间,新西兰由于实行市场化改革,减少或放弃对本国制造业的关税保护,进口制成品大量增加,导致制造业衰落,经济受到影响。1985~1992年,新西兰经济仅增长4.7%,同期经济合作与发展组织(OECD)国家增长了28.2%,1984~1993年,新西兰年均通胀率达到9%,外债增加了3倍。1984~2006年,新西兰净外债增长了11倍,达1820亿新元,人均外债45000新元。农产品出口和旅游业收入不足以抵付大量进口燃料和工业制成品的费用,外贸入超增加、进出口收支不平衡和外债利息导致资金外流,外债增加。

经济不景气导致失业率上升。1986~1993年,新西兰失业率在3.6%和11%之间波动。全国贫困人口增加,人口健康状况恶化,自杀率和犯罪率上升。

1984年以后,新西兰政府为扭转经济运行的不良状态,进行了一系列改革,首先是放宽各个领域的政策,更多地让市场发挥调节作用。政府对工程部、铁道部和邮局等进行了改组,把这些部门管理的业务纳入市场经济的轨道。政府放松了对利率、价格、工资、租金、外汇、汇率、持有政府债券的控制,从1985年起实行浮动汇率制;扩大了间接税的税基,引进购物税和服务税,降低个人所得税税率,简化征税方法;取消了对进口商品数量的长期控制;放松了对经济的干预和调控;取消或减少了出口

---

① 2013年10月26日汇率:1新元兑换0.8265美元。
② 因发布机构和发布时间的不同,加上汇率的不断变化,以美元计算的GDP和人均GDP都会有比较大的出入,这里的数据仅供参考。

第四章 经　济

补助，降低了进口关税；放松了财政控制。政府还放弃了过去直接参与生产、流通和提供服务的做法，减少了福利支出和对货币及金融市场的操控。政府加强了市场机制对企业的激励作用，减少或取消对企业的税收减免，鼓励企业面向国际市场，不再向企业提供低息贷款和关税保护；取消农产品的最低价格保护，取消对农产品的补贴①，把农民推向市场。政府对国营经济部门进行了改组，部分地实行私有化，开始出售国有资产，其中包括炼钢、造船、采矿、航空运输、保险、卫生和信息技术部门，将价值达130亿新元的国有资产出售给私人。出售的国有资产中有新西兰航空公司、新西兰电信公司和国家保险公司等重要垄断性企业。在私有化过程中，新西兰对外资实行开放政策，其目的在于利用外国投资者管理企业的经验提高产品的质量，把新西兰经济与国际经济衔接起来，提高本国经济的竞争力。但政府对私有化做了一些限制，如把新西兰航空公司的外资份额限制在35%以内，以保证与其他国家签订的航空协定得以落实。新西兰私有化的程度是有限的，政府仍然控制着一些大型企业。改革的目的是促进私人投资，建立更富竞争性的商业环境，更充分地发挥市场的调节作用。经过一系列改革，新西兰政府对经济结构进行了大幅调整，提高了工业技术水平，抑制了通货膨胀，改善了经济运行的环境。2005年世界银行把新西兰列为世界上经商最便利的国家。

新西兰国民经济的结构发生了很大变化：第一产业（农、牧、林、渔）在出口收入和国内生产总值中的比重下降；服务业，特别是旅游业在国民经济中的重要性上升。2013年，第三产业在国内生产总值中的比重上升到71.3%，第二产业占24%，第一产业下降至4.7%；但新西兰经济主要依靠出口乳制品、原木和羊毛的状况并没有根本改变。在2011/2012财政年度，乳制品出口占新西兰出口总额的26.7%。由于对外贸的依赖度大，国内经济形势容易受世界市场价格和需求波动的影响。医疗服务和社会救助对GDP的贡献率在1972~2009年增长1倍，从3%提高到

---

① 1973年英国加入欧共体后，新西兰对英国农牧产品的出口减少，农民收入下降，政府对农牧业实行补贴，补贴大约占了农民收入的40%。

6%，艺术和娱乐业对 GDP 的贡献率也有很大提高。

经济结构的变化导致就业人口分布的变化，在农、林、牧、渔等初级产业和制造业部门就业的劳动力比例减少，在金融、保险、商业、政府、医疗卫生、教育和其他服务业部门就业的劳动力比例增加（见表 4-2）。

表 4-2 新西兰就业人口分布

单位：%

年份	初级产业*	产品制造业	分销、住宿餐饮、交通和通信	金融、保险和商业服务	政府、医疗卫生、教育和其他服务业
1972	12	35	24	14	14
2010	9	22	20	29	20

* 初级产业是直接利用自然资源的经济部门，指农业、牧业、林业、渔业、采矿业、天然气和石油开采业等部门。

为提高国有部门的工作效率，一些政府行政部门被改为公司性质的国有企业，其经理从商业部门中选用。新西兰政府对国有企业的内部控制也予以放宽，取消了对航空运输的许可证制度，放宽了食品、水泥、钢铁等工业部门的规章制度。政府加大了对研发和技术创新的投入，2012 年新西兰在研发方面的投入达到 26 亿新元，其中 12 亿来自实业部门，6 亿来自政府，有 8 亿是大学对其研发活动的投入。

自 20 世纪 80~90 年代以来，政府为抑制通货膨胀采取了许多措施，严格控制社会福利和政府的开支，实行低利率政策以促进投资和出口。政府赋予储备银行独立自主地控制通货膨胀的权力，要求把通货膨胀率控制在 0~2%。政府的政策取得成效，新西兰通货膨胀率从 1987 年的 18.9%下降到 1994 年 12 月的 2.8%，2000 年 12 月为 1.2%，2006 年 12 月为 -0.2%，2010 年 1 月为 2%，2012 年 1 月为 1.8%。目前，新西兰国内经济形势稳定，政府财政出现盈余，外债逐步减少。2011 年，新西兰公共债务占 GDP 的 33.7%，经常账户赤字占 GDP 的 8%~9%，在 2011~2012 年全球竞争力排行榜上，新西兰排第 25 位。新西兰是商业非常自由的国家，在这里平均只需要 12 天即可创建一个新企业，而在世界上平均需要43天才能建立一个企业。新西兰也是世界上对私有财产权保护较好的国家之一。

新西兰欢迎外国直接投资，外国在新西兰的直接投资从1989年的97亿美元增加到2007年的830亿美元，增长了7倍多，外资占新西兰41%的市场份额。新西兰约7%的农地为外商所有。新西兰对外国投资也有一些限制，如外资控制5000万新元以上实业或财产的25%以上股份时，必须经新西兰海外投资委员会批准，对土地和商业性渔业的某些投资亦需获得批准。

第一节　农牧业

一　畜牧业

新西兰最大的自然资源是土地，全国53%的土地为牧场和耕地，大部分用作牧场。天然林和人造林占国家总面积的37%，广阔的森林为国家提供了丰富的木材，并在防止水土流失方面起着重要作用。

新西兰畜牧业特别发达，国土处处绿草如茵，风景秀丽，人们称它为"畜牧之国"或"绿色花园之国"。

农牧业是新西兰最大的经济部门，但在20世纪80年代国家取消了对农牧产品的出口补贴、肥料补贴、税收减让和价格支持后，农牧业生产受到影响，非常容易受国际市场左右。受国际市场价格波动、新西兰货币升值和天气干旱等因素的影响，新西兰农牧业一度遇到很大困难，其对国民经济的贡献率下降。在2006/2007财年，农牧业贡献了全国出口总值的2/3。

新西兰是畜牧业发达的国家，是世界上有名的羊毛生产大国。在北岛的霍克湾区和马纳瓦图-旺阿努伊区以及南岛的坎特伯雷区和奥塔戈区有大片起伏的丘陵，南、北两岛都有广袤的肥美草原，加上气候温暖潮湿，牧草全年都可以生长，非常适宜放牧。新西兰土地利用以畜牧业为主，全国有1400多万公顷牧场，占国土面积的51.8%，其中人工草地940万公

顷，占34.8%。截至2012年6月30日，全国有3119.9万只绵羊（1982年饲养量最高时曾经达到7030万只），646万头奶牛、373万头肉牛，共计养牛1019万头，鹿108.8万只，猪31.5万头。此外，新西兰还养了9300万只鸡、近5.69万匹马、9万只山羊和其他牲畜，牛、羊、鹿、马和猪的数量是人口数量的10倍，是世界上人均拥有牲畜最多的国家。2009年，新西兰乳业增加值约占GDP的7%。新西兰羊肉和奶制品的出口量居世界第一位，羊毛产量居世界第二位。新西兰是世界上第八大牛奶生产国，生产了世界牛奶总量的2.2%，年产13亿公斤固态奶，在2011/2012财年，奶制品的出口值达124.78亿新元，占国家出口总额的26.7%。新西兰还大量出口各种牛羊肉，在2012年9月30日截止的一年里，出口羔羊肉、羊肉、牛肉、乳牛肉、山羊肉等各种肉类计741787吨（离岸重量）。

近年来，新西兰奶牛数量有较大幅度的增加。2012年奶牛头数比2007年增加了23%，而养羊数量则有所减少，2012年比2007年减少了19%。新西兰绵羊的总数已经比英国还少了。羊的数量减少与国际市场上羊肉和羊毛的价格下降有关，奶牛养殖业的扩大挤占了部分草地也是原因之一。2007~2012年，新西兰肉牛的饲养量减少了15%，鹿的饲养量减少了24%，猪的饲养量减少了14%。①

新西兰畜牧业大多实行规模化养殖。在全国约有8万个牧场，其中有万只以上羊的大牧场就有数百个。每个牧场平均养羊1400只。因新西兰气候温和，冬天气温也不是很低，几乎全年都可以在户外放牧，一般不需要饲料，也不需要建造过冬的室内畜圈，这样就节省了大量的人力、物力。只是为了预防发生意外情况，他们才种植一些牧草、青储饲料和萝卜，将它们储存起来，以备严寒时急需，或在产奶期作为补充饲料。算上临时工和家庭成员，新西兰每个牧场平均只要两个人管理，而许多小牧场只需一个人看管就够了。新西兰地广人稀，劳动力不足，特别适合发展需要劳动力少的畜牧业。

---

① New Zealand Official Yearbook, 2012. http：//www.stats.govt.nz.

第四章 经济

羊是殖民者从国外引进的，后来经过牧民和育种专家的多年培育和养殖，才形成今天适合于在当地自然条件下生长的品种。育种专家把罗姆尼羊种与其他品种的羊进行杂交，培育出适合当地饲养的肉毛两用新品种的羊。它具有瘦肉型羊的骨架，所产的肉在市场上特别受欢迎。

养羊主要为了生产羊肉和羊毛，其次还有肠衣、羊皮和羊油。畜牧场还喂养鹿、山羊和猪等。

新西兰北岛的马纳瓦图－旺阿努伊区、南岛的坎特伯雷区和奥塔戈区是主要的养羊区，其饲养量占全国饲养量的一半。新西兰所产的羊毛以粗羊毛为主，大部分用于国内的纺织业。这种羊毛是生产地毯、挂毯、毛线和其他装饰品的好原料。在南岛饲养了为数众多的美利奴绵羊，这种羊的羊毛质地细软，是生产细毛线和轻软织物的上乘原料。每只羊年产羊毛约4.57公斤。2011/2012财年，新西兰羊毛总产量为16.37万吨，占世界羊毛总产量的1/10，仅次于澳大利亚，是世界上最大的粗羊毛生产国。在同期新西兰出口羊毛11万吨，出口总值为74.9亿新元。除羊毛以外，新西兰还出口带有"新西兰羊毛"标志的羊毛制品，如毛线和地毯。羊皮和羊皮制品在新西兰出口中也占有一定份额。

近年来，虽然羊的饲养量比高峰时的1982年减少了一半还多，但因羊种的改良，羊肉的产量和出口量并没有成比例地下降，2008/2009财年，新西兰羊肉出口量为39.7万吨，仅比高峰时的1982年的45.2万吨下降12%。

新西兰是世界上最大的羊肉和羔羊肉出口国。在肉类出口中，羊肉占了近一半，仅次于牛肉。羊肉主要出口到英国、伊朗、日本、沙特阿拉伯、法国、德国、韩国及东欧国家。

养牛在新西兰畜牧业中占有相当重要的地位。大约有一半的牧场饲养牛，其中21%的牧场实行牛羊混养，这有利于对牧场的充分利用。还有16%的牧场是单一的奶牛场和肉牛场。

2012年，新西兰饲养的牛总共有1019.8万头，其中近2/3是奶牛，其余是肉牛。主要奶牛品种是泽西牛和弗里斯牛。北岛是饲养奶牛和肉牛的主要基地。

新西兰

新西兰的牛奶产量只占世界牛奶总产量的 2.2%，但奶制品工业相当发达，出口的奶制品产量占世界的 25%，是奶制品出口大国。新西兰的奶酪、奶粉、黄油、牛奶等在世界市场上享有很高的声誉。近年来，由于中国等国家大量进口新西兰奶制品，其生产量和出口量都大幅度增加。2012 年，新西兰奶制品产量增加了 11.2%（2011 年仅增加 7.4%），出口量上升了 14.3%（2011 年上升 10.0%）。

新西兰最主要的牛种是阿伯丁·安格斯牛。人们经常把它与海伏特牛杂交。由于人们的保健意识逐渐增强，大多数人偏爱瘦肉，为了适应市场的这一变化，育种专家培育出了瘦肉型牛种，比利时布卢牛就是经过杂交的很受欢迎的肉牛牛种。新西兰牛肉主要出口到美国、加拿大和韩国。

新西兰牛奶生产已实现高度自动化。挤奶一半靠机械来完成。一些自动化牛棚可以在 1 小时以内完成对 150 头奶牛的挤奶工作。国家为牛奶的供销建立了一个完整的体系，奶牛场场主把新挤的牛奶装在不锈钢奶罐里冷却，收集鲜奶的车辆每天按时到奶牛场装运，然后运到城市的牛奶加工厂加工，生产出满足人们需要的消毒牛奶、脱脂奶或加钙奶，其余的牛奶送到奶制品厂加工成奶制品。奶制品的种类很多，有脱脂奶粉、全脂奶粉、炼乳、黄油、印度酥油、脱水乳脂、各种各样的奶酪、酪蛋白等。奶制品除一部分满足国内市场需要以外，90% 以上的奶制品出口国外，主要出口到欧洲、中南美洲、东南亚和中东市场。近年来，中国进口新西兰奶制品的数量逐年增加。

20 世纪 70 年代以来，新西兰还大量饲养鹿，主要品种有马鹿、美洲赤鹿和黄鹿。它们由捕获的野鹿、雄麋和从欧洲引入的鹿种培育而成。2012 年，鹿的饲养规模达到 110 万头。鹿有很高的经济价值，鹿肉大量出口到欧洲和美国市场，鹿茸是重要的药用材料，也是一种很有价值的出口商品。

猪的饲养量不算多，2012 年新西兰共有猪 31.4 万头，比 2007 年减少了 14%，主要饲养区在南岛的谷物种植区。鸡、火鸡等家禽是新西兰人动物蛋白质的重要来源，每个新西兰人每年平均消费鸡肉 20 公斤、火鸡肉和其他家禽肉类 2 公斤。火鸡是圣诞节餐桌上必备的食品，这是欧美国家的传统。

新西兰生产的蜂蜜在国际市场上很受欢迎,因新西兰远离其他大陆,蜂蜜纯正,质量上乘。特别是北美洲对新西兰蜂蜜的需求量比较大。除蜂蜜以外,新西兰还出口蜂王和箱装蜜蜂。

二　种植业

新西兰多山,可耕地面积在全国土地总面积中所占比例不大,仅占总面积的5.6%,人均可耕地面积为0.39公顷。2001~2003年,新西兰粮食作物种植面积为14.3万公顷。2000~2002年,每公顷耕地使用肥料5704克,平均每100平方公里耕地有拖拉机507台,平均每1000个农业工人有拖拉机450台。为了增加土地的产出率,政府资助农场主扩大土地的人工灌溉面积,2007~2012年,灌溉面积扩大了10.24万亩,2012年灌溉总面积达到72.17万公顷。灌溉方式有很大改进,许多农场由过去的漫灌改为喷灌和微灌,节水方法的大量采用是扩大灌溉面积的重要原因。

新西兰主要粮食作物为大麦、小麦和玉米。大麦主要产区在南岛中部和南部以及北岛的旺阿努伊等地,2012年全国大麦种植面积为65703公顷,全年总产量为43.88万吨。小麦约占谷物种植面积的24%,主要产区在南岛的坎特伯雷大平原,这一地区产的小麦占全国总产量的2/3以上。2012年全国小麦总产量为48.86万吨,全国燕麦总产量为18118吨。由于国际市场上粮食价格的上涨和国内因饲养牲畜,特别是喂养奶牛增加了对粮食的需求,近年来小麦和大麦的种植面积扩大,2007~2012年,小麦和大麦的种植面积分别增长了14300公顷(35%)和14200公顷(28%)。玉米主要生产区在北岛东部,玉米占谷物种植面积的9%,2012年全国玉米产量为21.12万吨,大部分用作家畜饲料。土豆种植面积在2007~2012年增加了1530公顷,达到11580公顷,坎特伯雷区的产量占全国总产量的一半。

新西兰的园艺业也相当发达,近年来,园艺业用地量有所增加。新西兰主要生产猕猴桃、苹果、葡萄、鳄梨、柿子及各种坚果等果品。新西兰是世界上最大的猕猴桃生产国,其产量占世界猕猴桃生产量的1/4。猕猴

新西兰

桃的主要产区在北岛和南岛的北端。猕猴桃是新西兰大宗出口商品，主要出口到欧洲、北美地区和日本。猕猴桃中的黄猕猴桃最受欢迎，生产利润比较高，栽种面积增加得比较快，2007~2012年，黄猕猴桃种植面积从770公顷增加到3070公顷，而绿猕猴桃种植面积则减少了1000公顷，减至9500公顷。近年来因受病虫害的影响，猕猴桃的种植面积有所减少，从2007年的13080公顷降至2012年的12760公顷。北岛的北部地区产柑橘、鳄梨等亚热带水果。2012年6月，鳄梨的栽种面积为150公顷，主要产地为普伦蒂湾（Bay of Plenty）和北岛北部地区。鳄梨主要出口到澳大利亚。酿酒用葡萄种植面积不断扩大，2012年达到34560公顷，比2007年增加了4950公顷。

农场主们大量种植洋葱、豆类、南瓜等各种蔬菜及品种繁多的花卉。2003年，新西兰园艺产品出口值达21亿新元，比20年前增长了10倍。

新西兰用自产的葡萄酿制的葡萄酒知名度逐渐提高，其中比较有名的有产自马尔堡的娑威龙·勃朗葡萄酒、吉斯本和霍克湾生产的夏尔多葡萄酒。新西兰葡萄酒除供本国消费外，还向英国等国大量出口。

三 林业

新西兰森林覆盖率达28%，森林总面积为810万公顷，是世界上森林资源比较丰富的国家。全国大约有630万公顷天然林、180万公顷人造林，拥有世界上最大的人工林场。由于实行《造林补助计划》和《东海岸造林计划》，新西兰林地面积增加较快，仅2012年就造林11300公顷，比2011年造林增加了4100公顷。造林面积的扩大是实施《造林补助计划》和《东海岸造林计划》的结果。

因新西兰和其他大陆长期隔离，这里生长着许多独特的植物。新西兰有大约2000种土生土长的植物，其中约1500种是在世界其他地方找不到的，例如新西兰特有的金色四翅槐、红绒毛树心木等。在欧洲人到来之前，新西兰几乎全被森林覆盖，拥有最古老的植物群落。现在这个岛国保留了大约620万公顷的原始森林。为保护那些新西兰特有的动植物，新西

第四章 经 济

兰建立了多处国家公园和森林公园。

新西兰盛产木材，有112种本地乔木，其他植物也独具特色，灌木随处可见，新西兰有一种蕨树可长到10米高。特有的银蕨是新西兰国家的标志。

在殖民者来到新西兰以前，大地到处覆盖着原始森林。但在殖民化过程中，大部分森林被砍伐了。当人们认识到森林对保护生态环境和对人类生活的重要性后，又开始再造森林。现在政府对造林非常重视，鼓励私人公司投资造林，国家对投资造林给予45%的补助。许多人工林场都是政府投资兴建的，但现在有80%的人工林场已经实现了私有化。

全国人工种植林的一半集中在北岛中部。当地劳动力的1/4从事林业，一些城市靠林业发展起来。林业还带动了港口城市陶朗加、内皮尔及纳尔逊的交通、汽车修理业和建筑业的发展。

新西兰最主要的树种是辐射松，这一树种在新西兰的土壤和气候条件下长得特别快，用途也非常广，可以用来制造家具、加工木制品，用作建筑材料和包装材料，制造纸浆、胶合板等。新西兰的辐射松占世界辐射松总量的34%，占新西兰经济林的90%。黄杉占新西兰经济林的5%。黄杉挺拔，木质较轻，适宜用作建材和搭建构架。其余5%是软材和硬材树种，如澳大利亚桉树、黑檀和黑胡桃树等。

新西兰砍伐的树木约1/3用于生产木材，约25%用于生产纸浆。2011/2012财年，新西兰年产原木2598.7万立方米，被砍伐的树木90%以上是松树。森工产品是新西兰重要的出口商品，2011/2012财年，新西兰生产粗锯成型材383.9万立方米，木浆155.4万吨，纸和纸板85.9万吨，共出口各种木材203.5万立方米，原木和木杆1301.8万立方米，森工产品出口额为42.49亿新元，占出口总值的9%。其主要出口市场是澳大利亚、日本和韩国。

全国的森林由国家水土保持部管理。国有自然林的管理和采伐由新西兰木材有限公司及新西兰皇家森林管理有限公司负责。森林的砍伐必须符合环境保护和森林更新的需要，禁止乱砍滥伐。新西兰因人口稀少，制造业发展比较晚，环境污染不像其他工业国家那么严重。新西兰人的环境意

识特别强，对环境保护问题给予高度重视。1991年，议会通过《资源管理法》，把对环境和自然资源的保护用立法的形式确定下来。环境保护和治理的范围包括土地、空气、水资源、噪音等方面，环境因素的各个方面被视作一个整体。该法规定，对于每一个计划开工的项目，政府都要对其可能对环境造成的影响进行评估，以防止将来对环境造成重大破坏。新西兰人也非常重视减少废弃物及对垃圾的处理和回收利用。新西兰是一个无核国家，既没有核武器，也没有核电站，特别重视人类活动可能对气候变化和环境造成的影响，并参加这方面的国际合作，是联合国环境与发展大会（UNCED）的积极参加者。

四　渔业

新西兰是个岛国，海洋资源相当丰富，在沿海200海里的专属经济区内有鱼类1000多种，商业价值高的鱼类大约有100种，温带鱼类和冷水鱼类一应俱全。丰富的渔业资源造就了发达的捕鱼业。但近年来，由于捕捞过多，新西兰鱼类资源减少。政府已采取措施，限制捕鱼工具的使用，防止过度捕捞，保护鱼类的繁衍，以利于渔业的可持续发展。

新西兰海域有大量的浅滩适宜水产养殖，养殖业在近年有了一定的发展，主要养殖绿壳贻贝、太平洋牡蛎、三文鱼等，并试养鲍鱼和海带。饲养的虹鳟鱼是供人们休闲时垂钓用的。新西兰主要的海鱼有长尾鳕鱼、新西兰红鱼、金枪鱼、真鲷、鲑鱼等。新西兰专属经济区的年捕鱼潜力大约为50万吨，每年商业性捕捞和养殖鱼、贝类约60万~65万吨，其中大部分供出口。上面提到的品种是新西兰的主要出口鱼类，它们占新西兰海产品出口总值的一半。2011/2012财年，鱼、贝类等海产品的出口额为15.04亿新元，是新西兰第五大出口产品，占出口总值的3.2%。鱼类主要出口到日本、美国和澳大利亚。日本还是新西兰活龙虾的主要进口国。

新西兰渔业的主管部门是渔业部。1996年实施的《渔业法》规定了保护渔业资源的标准，提出了渔业纠纷的解决办法，规定实行配额制。渔业部对渔业生产进行严格管理，只有持有执照者和登记在册的渔船才能参与捕鱼。渔业部根据对鱼类繁殖情况的评估，对每年的捕鱼总量做出规定，向每个渔业公司或渔民分配每年的捕鱼配额。渔业管理部门对捕捞方法、捕捞的种类和数量、渔网网眼的大小等都有规定，其目的是保证渔业的可持续发展。为了把投资集中用于岸上的海产品加工业，新西兰常常租用外国渔船捕鱼。但新西兰渔业公司的外国股权份额受到严格限制，任何渔业公司的外资持股份额不得超过 24.9%。新西兰还有发展人工养殖鱼类的计划，其目标是到 2025 年使水产养殖收入达到 10 亿新元。

新西兰最大的海产品公司和捕鱼配额持有者是海王产品有限公司（Sealord Products Ltd.），毛利人的莫纳太平洋渔业有限公司年销售收入为 9000 多万新元，属于新西兰 200 家大型公司之一。

新西兰海域经常有鲸出没，这里曾经是捕鲸者的乐园。但现在新西兰政府禁止在其专属经济区内捕鲸。近年来，这种大型海洋动物的种群逐渐扩大。新西兰人对野生动物的保护意识很强，如果发生大群鲸搁浅事件，受过专门训练的救生人员会设法将搁浅的鲸引回大海。如今在南岛的凯库拉海区，观赏鲸已成为重要的旅游观光项目。人们可以乘坐小船，在安全距离内观看这种大型海洋哺乳动物在水中跳跃和嬉戏。

第二节 制造业和采矿业

一 制造业

在第二次世界大战前，新西兰还是一个农业国家，制造业不发达，只有一些满足人们日常生活需要的工业部门，如饮料和食品加工制造、服装加工、汽车和机械装配等。二战后，新西兰制造业获得长足发展，投资逐年增加。现在新西兰不仅是一个工业品进口国，也是工业品出口国。制造业以农产品加工业为主，主要生产奶制品、毛毯、食品、皮革、烟草、纸张和木材制品。近 20 年来，炼钢、炼油、炼铝和农用飞机制造等也有一定的发展。在 2012 年 3 月 31 日截止的一年里，制造业对 GDP 的贡献为

185.17亿新元（以1995/1996财年价格计算），对GDP的贡献率为12.97%。①

2012年3月31日截止的一年里，新西兰制造业总销售额为912.61亿新元，制成品库存404.47亿新元。在销售的产品中，肉和奶制品18.57亿新元，水产品加工类18.57亿新元，水果、谷物和其他食品70.23亿新元，饮料和烟草制造类45.7亿新元，纺织、皮革、服装、鞋类20.84亿新元，木材和纸制品73.96亿新元，印刷品16.61亿新元，石油制品和煤制品79.86亿新元，化学制品和橡胶制品75.87亿新元，非金属矿物制品24.61亿新元，金属制品93.98亿新元，交通设备、机器和机械设备95.98亿新元，家具和其他制成品15.73亿新元。这些数据可以反映新西兰制造业的基本结构。2008年以来，因受世界金融危机的影响，新西兰制造业不太景气，产量下降，库存增加。2012年3月，新西兰制成品的销售量比4年前下降了约8%，肉和奶制品销售额的下降最为明显。但2012年后情况有些好转，产量开始回升。

食品加工是新西兰制造业重要的部门之一。奶制品工业把牛奶加工成黄油、奶酪、奶粉和炼乳等。羊肉和牛肉在冷冻厂冷冻后包装出口。食品出口是新西兰重要的外汇来源之一。新西兰和澳大利亚联合制定的食品标准，为两国减少食品出口的障碍和扩大食品的国际市场创造了条件。

羊毛制品加工在新西兰制造业中占有重要地位，主要的羊毛制品有机织地毯、手织地毯、毛毯、服装和针织品。皮革和皮革制品生产在制造业中也占有一定的地位。

鞋袜和服装制造不仅能满足国内市场的需要，而且还向澳大利亚等国出口。

除上述传统产业外，新西兰还有电子产品制造业，如制造家用电器及工业、商业、保健、通信方面的电子产品和计算机软件等。此外，新西兰还生产化工产品、石油制品、金属制品和木材产品。

工程类产业主要制造满足国内森工、农业、渔业等部门所需要的机械

---

① Statistics New Zealand, http://www.stats.govt.nz.

第四章 经 济

和设备。

20世纪80年代中期,新西兰进行了一系列改革,放弃了对制造业的关税保护,关税大幅度下降,有的制成品关税甚至降为零。外国产品大量涌进新西兰市场,对本国制造业造成了强烈的冲击,新西兰制造业陷入困境,产量下降,从业人员减少。2009年,制造业对GDP的贡献率从40年前的26%降至13%。

新西兰汽车装配主要满足国内市场的需要,但生产的汽车配件可供出口。1998年新西兰政府决定将汽车的进口关税在2000年12月1日降至零以后,新西兰的汽车装配业(装配三菱、皇冠、本田和丰田汽车)停止在本地装配汽车。政府废除汽车进口关税的目的是降低运输成本和消除市场的不确定性。汽车配件生产仍有相当规模,全国约有40个汽车配件生产商,年产值约4亿新元,其中出口额约1.8亿新元,出口的品种有轮胎、合金车轮、车用弹簧和挡风玻璃等。汽车配件业的就业人数约4000人。

由于降低了进口关税,20世纪90年代新西兰的服装和鞋等的进口数量增加,国内相关行业的从业人员有所减少。澳大利亚是新西兰服装的主要出口市场,新西兰服装业努力扩大市场范围,特别是增加向亚洲市场的出口,有些新西兰服装公司还在劳动力价格较低的国家投资设厂。

1993~1998年,新西兰地毯的关税从32%降低到19%,2000年降为15%,2006年7月1日降为零。关税下降导致工业制成品进口量增加,使新西兰本国工业受到影响。到1998年6月截止的一年里,新西兰饰穗装饰地毯和编织毯的生产量为960万平方米,比前一年减少4%。生产羊毛地毯(含毛量在80%以上)858万平方米,占地毯生产总量的89%。因新西兰盛产羊毛,所以羊毛地毯的生产量在地毯中的比重比较大。

鞋的生产也受到降低关税的影响。新西兰鞋的生产历史较久,过去一直受到关税和进口许可证制度的保护,在1998年首次降低关税以后,新西兰对制鞋业实行了合理化措施。2000年7月,鞋类的进口关税降为15%,2006年7月1日降为零。受关税变化的影响,鞋的生产量下降。在国内生产量减少的同时,鞋的进口量大幅度增加。

新西兰塑料制品的质量不错,有较大的市场。冶金工业不太发达,主

要冶炼铜、铝、铁和钢。

20世纪90年代初,新西兰制造业就业人数约为25.5万人。制造业就业人口的分布如下:食品、饮料和烟草业占26.4%,机械、设备和组装业占25.6%,纺织、服装和皮革制造业占11.7%,造纸、印刷业占11%,木材加工和制造业占9.7%,化工、石油加工、橡胶和塑料业占8.6%,其他占7%。整个制造业就业人数是农业就业人数的两倍。但从80年代末90年代初开始,制造业就业人数在全国劳动力中的比重开始下降,服务业就业人数的比重上升,这是与经济结构的变化相适应的,也与世界其他发达国家的变化趋势相一致。全国最大的工业中心是奥克兰。

新西兰政府对制造业中的中小企业给予大力扶持,帮助它们加强质量管理,向它们提供信息和管理方面的服务,包括对商业发展状况的诊断、辅导、网络建设和商业技能培训,并对质量管理优秀的中小企业进行奖励。

新西兰的制造业面临着外国制造业的挑战。1992年后,政府放宽了对进口产品的管制,取消了进口许可证制度,废除了本国不能制造的进口商品的关税,因此进口商品的竞争力增强。新西兰通过的《关税(零关税)修正法》规定,要在2006年7月以前取消所有关税。根据这一法律,大部分商品在2006年7月以后都可以免税进口。1998年5月就已经取消了小汽车和轻型商用汽车的进口关税。

为了增强新西兰制造业的竞争力,政府极力促进与制造业有关的科学技术的发展和增加生产性投资。政府许诺每年通过公共应用科学基金会向与制造业有关的科学研究提供3590万新元的资金,其目的是建立工业发展的新技术基础。企业也在市场研究和产品开发方面投入大量资金,2009年新西兰在产品开发和相关活动中投入的资金达18亿新元。

随着关税的降低和国际环境的变化,新西兰制造业面临的竞争进一步加剧。新西兰和澳大利亚《进一步密切澳新经济关系贸易协定》的签订,与东盟集团贸易关系的扩大,在亚太经济合作会议上承担的开放国内市场的义务,在世贸组织承担的义务等,都意味着新西兰必须进一步开放市场,从而使制造业面临更严峻的挑战。当然这些变化同样包含着许多积极因素,也给新西兰制造业提供了难得的发展机遇。

二 采矿业

新西兰矿产资源不算丰富，主要有煤和金矿，另外还有铁矿、银、锰、钨、石油、天然气、珍珠岩、膨润土、白云石、石灰石、菱镁矿等。

新西兰石油储量约3000万吨，主要石油产地是毛伊（Maui）油田，那里蕴藏着原油和凝固油，其蕴藏量占全国已探明储量的66%。此外，还有卡普尼（Kapuni）、库珀（Kupe）和麦基（McKee）等油田。新西兰的石油产量不高，2011年产石油1659万桶，主要产自怀阿帕地区。新西兰所需石油的60%需要从沙特阿拉伯和阿拉伯联合酋长国进口。

天然气资源主要集中在毛伊海岸。全国天然气储量约有1700亿立方米，可以开采的天然气已经剩下不多了。

煤炭储量比较丰富，估计有150亿吨，有经济开采价值的约86亿吨。煤炭中褐煤大约占82%，主要分布在南岛的奥塔戈区，但产量仅占煤炭总产量的6%；烟煤藏量占总藏量的4%，产量占总产量的32%；半烟煤储量占煤炭总储量的14%，但产量占总产量的62%。半烟煤分布在北岛的怀卡托和南岛的西海岸。北岛的怀卡托是新西兰最大的产煤区，另外还有南岛的韦伯、怀拉基和纽韦尔等煤田。2011年，全国产煤494.5万吨。正在开采的煤矿有45个，其中有29个实行露天开采，16个实行地下开采。多数煤矿的规模很小，只有5个煤矿年产量在20万吨以上，有18个煤矿年产量在1万吨以下。除满足国内需要外，新西兰还有部分煤炭出口到日本、印度等国。

富集的金矿储量日渐减少。沙金主要储藏在南岛的西海岸及奥塔戈和索思兰。

新西兰的白银过去大部分产自科罗曼德尔（Koromandel）地区，近年来白银的生产主要集中在马撒希尔（Martha Hill）和金十字矿（Golden Cross）。

新西兰铁矿资源丰富，主要蕴藏在西海岸。南岛从格雷茅斯（Greymouth）到韦斯特波特（Westport）之间的西海岸、北岛从旺阿努伊到穆里瓦伊（Muriwai）的广大地区，蕴藏有大量的铁矿。

20世纪70年代,新西兰矿藏的开采量迅速增加,特别是在开采新发现的石油和天然气方面取得了很大的进展。除煤炭、石油和天然气外,新西兰开采得比较多的矿物有黄金、石灰石、铁矿砂、膨润土、硅砂、钻石和浮石等。其他矿还有锰、铀、铜、铅、锌、锑、砷、铝矾土、铬铁矿、独居石、金红石、钼、朱砂和铂等。

新西兰政府鼓励勘探和开采矿物资源,对勘探、寻找特别矿物的公司给予优惠贷款;采矿所得税税率只有一般所得税税率的2/3;对石油开采实行特别优惠政策,对勘探费和开始商业开采后5年的发展费实行减免政策。

2011年新西兰采金7.7吨,采银22.7吨,开采天然气1669.9亿立方英尺。在2012年3月31日截止的一年里,采矿业为GDP贡献了11.74亿新元(1995/1996财年价格)。

三 建筑业

近年来,新西兰建筑业发展很快,特别是2010年和2011年坎特伯雷大地震后,城市的重建促进了建筑业的繁荣。2012年,建筑业表现得特别活跃,共创产值60.58亿新元,年增长率达到了6%,这是2008年世界金融危机以来发展最快的一年。建筑业对国内生产总值的贡献率为5%。

建筑业分为住宅建筑、非住宅建筑(工厂、医院、学校、办公楼)、重型和民用工程建筑(道路和桥梁),此外还有建筑服务业,如建筑物的拆除、管道安装、泥水工程。

住宅建筑建设在2012年出现强烈反弹,同比增长了9%。非住宅建筑经过2011年的衰退后,因坎特伯雷震后重建工作加快,建筑业恢复了活力。

四 能源

1. 电力

新西兰的水力资源非常丰富,水力发电提供了全国大部分的电力。北岛的怀卡托河上修建了8个用于发电的水坝。南岛的克鲁萨河和怀塔基河（Waitaki River）的水力发电也提供了大量的电力。南岛多余的电力通过库克海峡的电缆输送到人口稠密的北岛。新西兰有电站大约40座，水力发电在能源中占有特别重要的地位。全国年产电力的60.7%是靠水电设施生产的，天然气发电占25.1%，煤炭发电占4%，其余电力则是利用石油和地热生产的。新西兰的地热资源非常丰富，相当数量的电力是用北岛火山区地下的高温蒸汽生产的。2011年，新西兰发电总量达431.38亿度，其中水力发电248.31亿度，地热发电57.7亿度，煤炭发电20.26亿度，天然气发电79.55亿度，此外还有以生物、木材、风能、石油和废热做燃料发的电。电力生产和全国电网的营运由1994年成立的新西兰电力公司负责，它提供了全国95%的电力。除以上大公司外，新西兰还有一些独立的电力生产者。同加入经济合作与发展组织的国家相比，新西兰的电力生产成本低，价格便宜。

2. 其他能源

新西兰除了有煤炭、石油、天然气等矿物燃料的储藏，还有地热资源、风能、太阳能可资利用。

新西兰有丰富的地热资源，北岛火山区的地热资源日益成为重要的能源，那里建有世界第二大地热发电厂。工程师们在怀拉基和奥哈基地区打了很多深井，建设了地热发电厂，利用地热井释放出的大量地热能发电。地热还广泛用于制造业供热和家庭供暖等。

新西兰是一个多风的国度，风力是重要的可再生能源，具有很大的利用潜力。

第三节　服务业

一　交通和通信

新西兰远离世界其他经济大国，对外贸易对海上运输的依赖性很大。本国的居民点也非常分散，南、北两岛居民点的最远距离达2000公里。

由于这样的地理特点，建立完善的交通运输系统对社会经济的发展具有特别重要的意义。新西兰是一个多山的国家，公路和铁路建设成本较高，要建立完善的交通网络并非易事。尽管如此，新西兰交通运输建设还是取得了不菲的成就，铁路、公路、海运和航空运输都非常发达。四通八达的公路网把全国各地连成一体，几乎每一个家庭都有自己的小汽车。铁路网和空中航线连接着主要的大城市。火车和飞机可提供各种客运和货运服务，一切货物都可以方便快捷地运到目的地。在火车和飞机运输不及的地区，可由汽车加以补充。一切国内、国际旅游，都可享受到舒适的服务。在当代，公路运输和航空运输的重要性增加，但笨重货物主要还是靠海运和铁路运输来完成。

1. 海运

海上运输是新西兰进出口货物运输的主要渠道。新西兰有海上国际航线 6 条：英国—欧洲航线，中东—印度次大陆航线，东亚—东南亚航线，北美航线，跨塔斯曼海峡航线，太平洋航线。新西兰大部分进出口货物是通过海上运输，这一情况现在也没有太大变化。新西兰自己的远洋运输船队并不大，它是船运使用国而不是船运大国。国家的船运政策是确保进出口商的利益和船运商的公平竞争。新西兰的船运公司组成船运联合会，在主要商路上提供联合服务。但近年来，独立的船运商越来越多地加入海运竞争中来。

在南岛和北岛之间，渡轮可以把乘客、汽车和火车运到海峡对岸，渡口与南、北两岛的公路和铁路相连。在跨越库克海峡的惠灵顿和皮克顿（Picton）之间有"跨岛铁路公司"的 3 艘铁路渡轮分别运送乘客、车辆和货物。此外，该公司还有另外 2 艘运送小汽车和乘客的快速渡轮。在今后 15 年里，"跨岛铁路公司"准备投资 5.5 亿新元更新和增加两岛之间的渡轮。

除跨岛运输以外，全国各个港口和各个岛屿之间也有船舶相连接。帕锡非卡船运公司有 4 艘运输船连接惠灵顿、奥克兰、纳尔逊和蒂马鲁（Timaru）。海峡船运公司有一艘牲畜运输船以及往返于惠灵顿、皮克顿和纳尔逊之间的船只。总部设在奥克兰的海上拖船公司的 3 艘拖船在新西沿海做不定期航行。库克海峡国家航运公司往返于内皮尔和查塔姆群岛之间的船运服务,是其通往库克群岛和纽埃的太平洋航运的一部分。新西兰炼油公司有3艘油轮在新西兰沿岸运输油品。

新西兰港口公司掌管着13个大商港,这些公司主要属地方所有,由于政府鼓励进一步实行私有化,有6家公司已部分出售给私人。奥克兰、惠灵顿、陶朗加和克赖斯特彻奇附近的利特尔顿(Lyttelton)是全国四大港口,也是最繁忙的四个海港。旺加雷和塔拉纳基是装卸石油的主要港口。

2012年,新西兰各港口装运货物3247.71万吨,比上一年增加了3.57%;卸货1882.77万吨,比上一年增加2%。

新西兰是国际海事组织(IMO)的签字国。

2. 铁路运输

新西兰铁路里程为3913公里。1986年铁路公司成为国有企业,改名为新西兰铁路公司,它负责在商业基础上管理铁路资源,实现合理化经营。1994年,新西兰铁路公司实行私有化,1995年改称铁路运输公司。该运输公司是一个私人国际财团,在新西兰竞争日益激烈的运输市场上起着越来越大的作用。它通过自己的全国性网络,经营铁路运输、卡车货运和船运业务。除铁路运输公司外,新西兰还有铁路联营公司,经营铁路、公路及海运联运业务。

3. 公路运输

新西兰现有74条国家级和地方国有公路及高速公路,2010年公路总长度为93459.8公里,其中高速公路10909公里;各类车辆339.7万辆,其中小轿车231.4万辆,出租小汽车23836辆,出租车7575辆,货车42.65万辆,拖车45.99万辆。公路分为国有公路、高速公路、城市道路和乡村道路。国有公路承担了50%的运输量,高速公路承担9%的运输量。全国主要城市间都有高速公路相连接,高速公路的设计时速为每小时100公里,一般市区道路的时速为每小时50公里。其他公路的时速根据路况及交通流量,分别限制为80公里、70公里、50公里和30公里。新西兰公共交通设施遍及全国各地,直至偏远的乡村。2012

年，新西兰平均每 1.88 人有一辆小汽车，平均每 1.51 人有一辆汽车。一半以上的人自己驾车上班。2010 年中央政府计划在 2012 年投资 210 亿新元加强公路建设，相比之下，计划用于其他交通项目的投资仅 7 亿新元。

新西兰重视公路交通安全，此项工作由陆上交通安全局负责。它负责制定陆上交通基础设施、车辆和驾驶员安全标准，并监督这些标准的执行。驾驶员必须持有驾驶执照，驾照每两年更换一次。所有车辆必须定期进行安全检查，车龄在 6 年以内的每年检查一次，其他车辆每 6 个月就得检查一次，并须获得适宜驾驶的证书。所有轻型车的驾驶员和前排座乘客必须系安全带，所有小汽车的后排座也要安装安全带。汽车驾驶员禁止过量饮酒，警察有权对驾驶员进行酒精含量检查。按规定，驾驶员呼出的每升气体中的酒精含量不得超过 400 微克，每 100 毫升血液的酒精含量不得超过 80 毫克，违者将受到处罚。在新西兰，车辆的时速亦有限制，高速公路和干线公路的最高时速限制为：小汽车、摩托车、大篷车和轻型汽车为 100 公里，公共汽车、重型车和铰链车为 90 公里，学校校车和拖车为 80 公里，人口稠密地区的汽车时速一般为 50 公里。交通部可以对特殊路段的时速做出专门限制，并用标志牌标示出来。

4. 航空运输

航空运输是新西兰交通的重要组成部分，截至 2005 年 6 月，新西兰有各类民用飞机 3872 架、飞行员 8998 人、机场 156 个。2003 年下半年国内航线运送旅客 229 万人次。新西兰开通了包括 1 条货运航线在内的 25 条国际航线，国际航线一年运送旅客 300 多万人次。1992 年以来，新西兰航空运输以每年 9% 以上的速度增长。新西兰的主要国际航线将该国与澳大利亚、太平洋岛国、亚洲、北美洲、欧洲等国家和地区的主要城市连接起来。这些航线中，以飞往澳大利亚的 10 条客运航线和 1 条货运航线最为繁忙，仅澳大利亚每年乘飞机到新西兰的旅客就达 40 万人次以上，新西兰到澳大利亚的也不低于此数。在 2012 年 6 月 30 日截止的一年里，新西兰航空港装运货物 10.28 万吨，卸货 9.57 万吨，在对外贸易中，空运是海运的重要补充。

从1983年开始，政府放松了对国内民航的限制；1986年，新西兰允许外国公司经营国内航线；1990年废除了航空运输的许可证制度。飞行安全认证是市场准入的唯一条件。新西兰航空公司和新西兰安捷航空公司提供国内、国际航空运输服务。在新西兰提供航空服务的还有27家外国航空公司，其中有3家货运公司。新西兰国际航空港主要有奥克兰（新西兰主要国际航空港）、惠灵顿和克赖斯特彻奇。达尼丁机场、哈密尔顿机场、北帕默斯顿机场也停降定期国际航班。此外还有一些为私人驾驶飞机提供服务的飞机场。

新西兰民航局是航空安全的主要管理者。它的作用是制定民航安全和保障标准并监督其执行，定期检查民航系统，调查民航飞行事故，向交通部部长提出促进民航安全、坚持飞机注册及提供救援服务方面的建议。

5. 邮电通信

新西兰的邮政服务享有快捷的美誉，寄往国内任何地方的邮件最多不超过两天即可送达。新西兰电话电报业高度发达。2002年全国有固定电话176.5万部，平均每100人有44.8部。2012年全国有移动电话250万部，比2011年增加了30%。信息技术在新西兰得到广泛的应用，互联网已经相当普及，全国有互联网用户190.8万人。许多人已经习惯于从互联网获取信息。互联网和智能手机日益成为教育体系和民众生活的一部分。邮政、电话和电报服务由私人公司经营。

二 国内贸易

新西兰是一个实行自由市场经济的国家，国内市场完全处于开放状态。从事国内贸易的主体除个人以外，还有合伙公司、私营公司和股份公司。每个注册公司都是独立法人，2人或2人以上的经营单位才能注册公司，而股份公司必须有7人或7人以上才能注册。

1986年通过的《商业法》对商业运行进行了规范。该法严格禁止不正当竞争和企业在市场上的垄断行为。

新西兰政府认为，开放的、自由竞争的市场是保证资源合理配置的必

要条件。为了促进市场的开放，新西兰政府在1992年废除了进口许可证制度，取消了对金融市场、电信、交通和能源部门的各种限制。

为了防止市场欺诈和不公平行为，议会通过了专门的立法，主要有《公平交易法》和《消费者保障法》。前者禁止广告欺诈，保护消费者免受商业欺诈和不安全产品的危害。一旦发生违法行为，商业委员会和消费者个人都可以诉诸法律。法律对违反《公平交易法》的行为规定了很高的罚金，对企业的罚款最高可达10万新元，对个人的罚款最高为3万新元。《消费者保障法》是规范产品质量和服务质量的法律。

消费者事务部是监督上述两部法律实施的政府机构。它还在学校和社区开展宣传活动，提高消费者的法律意识和保护自身利益的常识。该部负责处理消费者的投诉，监督有关度量衡器具方面的法律、法规的执行情况。

消费者协会是保护消费者权益的独立监督机构，它经常对市场上的产品和服务进行检查，对消费性产品的质量和服务水平进行调查，并在两份杂志上公布调查结果。该协会还对产品质量和公司信誉进行评级，对没有达到应有水平的产品和公司提出警告。新西兰居民参加消费者协会的人数与全国总人数之比在世界消费者组织中是最高的。

新西兰商店的营业时间一般从上午9时到下午5时半。每周还有一天晚间营业，闭店时间要到晚上9时甚至更晚。在大多数购物中心都有商业银行和邮局等服务机构。信用卡和电子付款机已经普及，大多数商店为顾客提供电子付款业务，顾客购物可以不带现金。

随着在新西兰的华人人数的增加，在华人聚居的地区有很多华人商店，出售华人喜欢的食品和日用品。像世界其他许多地区一样，经营餐饮业是华人的一大特长，中国风味的饮食不仅是华人华侨的至爱，也受到新西兰其他族裔人的欢迎。

三　对外贸易

新西兰是一个对海外市场依赖性很强的国家。它的畜牧产品、林产品、水产品等大量出口，而它需要的工业制成品又要大量进口。过去新西

第四章 经　济

兰出口商品的种类非常少，进出口贸易的主要伙伴是英国，出口商品的90%依赖英国市场。这样一种国际贸易格局使新西兰在世界市场上的地位非常脆弱，如果出口英国受阻，出口商品的主要生产者农牧场主就会遭受惨重损失，整个国家经济也会面临困难。在1973年英国加入欧洲共同体以后，新西兰极力扩大与其他国家的贸易关系，开辟新的贸易渠道。新西兰已成为有着广泛海外市场的国家，向英国以外市场出口的商品已从出口商品总额的10%提高到70%以上。2000年，对英国的出口降到出口总额的6.2%。

新西兰对外贸易的最高行政机构是外交和贸易部。新西兰贸易发展委员会（New Zealand Trade Development Board）在促进对外贸易发展和扩大外汇来源方面起着巨大作用。这个委员会直接从政府得到资助，在新西兰的9个城市和60个主要出口地点设有办事处。它的主要作用是减少国家的经济损失，使出口商品的重心从一般商品的出口转为增加附加值高的商品和服务的出口，向出口商提供市场信息，建立出口商与潜在顾客的联系，建立商业网络或提供其他帮助。

新西兰通过关税和进口许可证制度对自己的市场进行保护。建立在国际统一标识和条码制度基础上的新西兰关税制度是新西兰关税控制和征收的行政基础。《新西兰关税手册》列出了每一种进口商品的名录和税率。进口商品的税率依其产地而定，有些国家的许多商品，如澳大利亚、加拿大和一些最不发达国家的许多商品享受优惠税率。对酒精饮料（包括啤酒、葡萄酒和烈性酒）、烟草产品和某些汽油产品及类似的某些商品还要征收消费税。新西兰所有进口商品的平均税率为12.5%。

20世纪80年代以来，新西兰调整了对内对外的经济政策，取消了外汇管制和对国外贷款的控制，废除了进口许可证制度，停止向制造商、出口商和农牧场主提供补贴，加强了市场调节功能。

新西兰最大宗的出口商品是畜牧制品，主要有乳制品（黄油、奶酪、奶粉和炼乳等）、牛羊肉和羊毛，它们占出口总额中的40%以上。由于新西兰自然环境好，土地、空气、水等影响畜牧制品质量的各种因素都没有受到污染，因此它的畜牧制品享有绿色产品的美誉，在国外市场颇受欢

迎。新西兰还大量出口木材、鱼类、水果和葡萄酒。它的工业制成品、鱼类制品和森工产品在出口中的比重逐渐增长。根据2012年的统计资料，新西兰重要出口商品依次为乳制品、肉类、森工产品、原油、机器设备（包括电器）、水果、鱼、贝类和软体动物、电器设备、铝制品、葡萄酒等。2012年，新西兰出口奶制品116.25亿新元，出口肉制品51.14新元，出口原木、木材和木材制品30.6亿新元，出口原油20.23亿新元，出口机器和设备18.65亿新元，出口水果15.87亿新元。

近年来，由于新西兰重视制造业的发展，工业制成品的出口量与日俱增，现在已占出口总额的1/4以上。为了提高新西兰工业制成品的竞争力，厂家努力按照国际公认的ISO9000质量认证标准进行生产，使出口商品的质量能得到可靠的保证。

现在，新西兰出口商品不仅种类日益多样化，而且出口市场也比以前广阔。新西兰的主要贸易伙伴是中国，其次是澳大利亚，再次是欧盟和日本、美国。它的商品还出口到拉丁美洲、太平洋岛国等地区。

新西兰同澳大利亚和亚太经济合作组织（APEC）的经济联系特别密切，它对太平洋及周边的亚太经合组织成员国的出口额约占出口总额的70%。

服务贸易在新西兰的外汇收入中占一定份额。由于空中国际航线不断增多，到新西兰旅游的人数逐年增加。新西兰咨询服务业在国际上具有一定的地位，新西兰专家可以在农业、林业、土地管理和工程技术方面向国外提供咨询服务。

新西兰的外交和贸易部在国外设立了46个代表处，这些驻外机构及其驻外贸易专员努力把新西兰的产品介绍给外国客户，帮助国内的公司开拓海外市场。新西兰还积极发展与地区性和全球性贸易组织的关系，注意加强同周边和东南亚国家的经济联系。1983年，新西兰同澳大利亚签订的《进一步密切澳新经济关系贸易协定》使两国的经济关系更加密切。1990年，新西兰同澳大利亚达成建立自由贸易区的协定，两国在商品和服务贸易方面互免关税，形成了2500万人以上的单一市场。澳大利亚在新西兰出口贸易中的比重从1983年的14%提高到19%。两国还同意把上述协定推广到产品的标准化和税收政策方面。

新西兰进口的商品主要是工业制成品,其中包括铁和钢材、机电设备、汽车及其零部件、航空器材、医疗器材、光学仪器、石油及其制品、化工产品、科学仪器、纺织品、塑料制品和通信设备等。

新西兰因深受贸易保护主义的危害,坚决主张实行自由贸易政策。自1984年以来,它率先降低关税壁垒,对澳大利亚和南太平洋论坛国家的商品不征收关税,对与之签订优惠关税协定的加拿大和马来西亚的商品实行优惠税率,对新西兰本国不能生产的商品实行免税进口。

新西兰有13个港口对进出口货物提供货运服务,这些港口以其服务价廉和快捷著称。同时,航空运输业在运输轻便、贵重商品方面为客户提供优质服务。

2011/2012财年,新西兰出口商品和服务总额为625.21亿新元,进口商品和服务总额为606.33亿新元,贸易顺差18.88亿新元。2013年新西兰的主要贸易伙伴依次为中国、澳大利亚、美国、日本、德国和英国。中国与新西兰的贸易额增长非常迅速,在新西兰贸易伙伴中的位次从2008年两国签订自由贸易协定前的第六位提升到2013年的第一位,中国已经成为新西兰最大的贸易伙伴。2011年新西兰与主要贸易伙伴的进出口商品贸易额见表4-3。

表4-3 2011年新西兰与主要贸易伙伴的进出口商品贸易额

单位:亿新西兰元

国家	进口额	出口额	国家	进口额	出口额
澳大利亚	73.77	108.58	沙特阿拉伯	9.18	6.91
中国	74.39	58.87	新加坡	21.63	8.12
德国	19.93	7.75	韩国	14.53	16.74
日本	29.21	34.39	泰国	13.3	15.44
马来西亚	14.78	8.74	英国	12.67	15.44
卡塔尔	10.41	0.02	美国	50.25	39.97
俄罗斯	12.04	2.8			

资料来源:新西兰统计局。

四　主要企业

恒天然集团（原译"全球乳品公司"）（Fonterra Co-operative Group）　新西兰最大的公司，亦是全球最大的乳制品加工企业，其乳制品产量占新西兰总产量的95%。它是2001年由基维乳品公司、乳制品集团和乳品局三家合并建立，属于牧民合作公司。外来投资只能通过购买农场或兼并农业企业来实现。该公司下辖100个分公司，有员工1.56万人，拥有资产141亿新元，与140多个国家有业务关系。全国的13000多个奶牛场场主都是它的股东。

斐雪·派克尔公司（Fisher & Paykel Appliances Ltd.）　全球领先的高端家用电器制造商，也是大洋洲最大的电器制造商，它是新西兰制造业的典范。该公司创立于1934年，拥有机械有限公司、动态烹饪系统公司（美国）和意大利斐雪·派克尔公司三家全资子公司。在新西兰、意大利、泰国和墨西哥设有制造厂，在中国设有销售处。它是世界首家实现冰箱聚氨酯泡沫保温技术商业化生产的公司。20世纪60年代开始研发彩图钢，并将此技术运用于冰箱和洗衣机生产。80年代研发的智能洗衣机成为该公司的拳头产品。此后，公司凭借智能电子控制无刷直流电动机技术进入洗碗机领域。2009年，中国海尔集团购买该公司20%的股份成为其最大股东。

雄师公司（Fletcher Challenge Ltd.）　新西兰大型集团公司之一，成立于1981年。该公司主要经营林业和林产品加工业、建筑业、国内基础工业和国内外贸易，并兼营建材销售、房地产管理和肉类加工等。总公司下辖建材、能源、森林和造纸四个集团。公司总部在奥克兰。

卡特·霍特·哈维公司（Carter Holt Harvey Ltd.）　新西兰大型公司之一，成立于1971年。它是在新西兰和澳大利亚都上市的集团公司，公司在新西兰有资本44亿新元，员工6400人；在澳大利亚有资本14亿新元，员工4000人。主要经营林业、木材加工、建材、包装和印刷等业务。公司年销售额为38亿新元，是新西兰第三大出口企业，其产值占新西兰GDP的2%。公司按经营业务分为以下六个集团：森林和木制品集团、纸浆、纸张和纸巾集团、包装集团、建材产品集团、智利联合公司和智利南美石油公司。总公司设在奥克兰。

狮王有限公司（Lion Nathan Ltd.） 大洋洲地区最大的饮料公司，成立于1988年2月。2002年，公司拥有资本额42亿新元，盈利2.43亿新元，市场资本总额25亿新元。其业务以啤酒酿造为主，产量占澳大利亚啤酒市场的41%、新西兰啤酒市场的53%，拥有中国无锡狮王太湖水啤酒有限公司60%的股份、澳大利亚百事可乐公司和新西兰百事可乐公司83.5%的股份，并在新、澳两国生产和销售百事可乐饮料。公司也从事葡萄酒和烈性酒的生产与销售。1998年4月27日，日本最大的啤酒厂家麒麟公司以14亿新元的价格购买了狮王公司45%的股份。2000年公司总部和大部分资产迁至澳大利亚。

五 银行业

银行业是服务业的重要组成部分。健全的金融服务系统是保障经济正常运行的必要条件。方便快捷的金融服务可以向各经济部门提供必要的资金支持，加快商品流通，促进各行业健康发展。保险业可以降低企业和个人可能遇到的各种风险，为经济和社会发展创造较好的环境。同时，保险业还有积聚资金、直接参与经济活动的作用。

在实行货币改革前，新西兰的货币单位采用英国的货币名称"镑"（新西兰镑）。根据1964年的《十进位货币法》，新西兰于1967年实行新的货币制度，货币名称改用"新西兰元"（NZ Dollar，简写为NZ＄，中文简称"新元"），并采用十进位制，1新西兰元等于100分。纸币面额分别为1新元、2新元、5新元、10新元、20新元、50新元、100新元，硬币分别为1分、2分、5分、10分、20分、50分、1新元和2新元。

新西兰先后实行与英镑和美元挂钩的政策，1973年改为实行有管理的自由浮动政策，允许新西兰元币值随国际金融市场的行情浮动。1984年底，新西兰取消对外汇的管制，采取弹性的汇率制度。

新西兰政府规定，银行必须登记注册，注册的条件是必须具有1500

新西兰

万新元以上的注册资金。1995年1月，新西兰共有15家注册银行，它们在全国设有1500多个营业网点。这些银行可以分为以下几类：①综合银行，有澳新银行集团（新西兰）有限公司、新西兰银行、新西兰国民银行、西太平洋银行；②批发银行，有银行信托基金会、东方汇理银行、巴克莱银行、新西兰金融银行、北美花旗银行、澳大利亚基础产业银行、汇丰银行集团；③零售银行，有奥克兰储蓄银行、全国银行、信托银行、塔拉纳基储蓄银行。

新西兰储备银行（Reserve Bank of New Zealand） 新西兰的中央银行，它的前身是1934年成立的私人银行，1936年成为国家银行。储备银行负责发行货币，制定和执行国家货币政策，保持物价稳定，满足公众对资本流通的需要，维持合理有效的财政体系，对注册银行的资金偿付能力进行监督，向财政部部长提供财政方面的政策建议和执行外汇政策。该行实行行长负责制，行长由财政部部长任命，任期5年。银行设理事会，理事会由政府任命，其职能是监督行长和银行履行职责。储备银行每年发布一次《新西兰经济展望》和《新西兰金融政策声明》。

新西兰银行（Bank of New Zealand） 新西兰最大的商业银行，成立于1861年，1992年成为澳大利亚国家银行集团的子银行。1989年7月以前为国营，此后将37.5%的股份出售给私人。这家银行在全国有80万个客户，在国内有400家分支机构，与澳大利亚、英国、爱尔兰、美国及亚洲的国家和地区有业务往来，与全球950家银行有同业代理关系。它是新西兰外汇交易市场上最大的新元交易者。

新西兰国民银行（National Bank of New Zealand） 新西兰的注册商业银行，成立于1873年，在国内有145家分行。其母公司是英国的劳埃德信托组织储备银行。

澳新银行集团（新西兰）有限公司（Australia and New Zealand Banking Group [NZ] Ltd.） 成立于1840年。它是新西兰历史最悠久的大商业银行，其规模在新西兰居第三位。其母公司澳新银行集团居世界100大银行之列。2003年10月，该银行以54亿新元从英国劳埃德信托组织储备银行收购新西兰国民银行,成为新西兰第一大银行。

随着信息产业的发展,银行业电子化程度逐渐提高,银行和企业间的金融业务都采用电子结算。一般银行都设有自动取款机,多数商店都接受银行信用卡支付。电子转账系统的大量使用减少了货币的流通量,方便了消费者,也减少了商家用现金结算的不便和风险。

六 旅游业

旅游业是新西兰国民经济中的一个重要部门。新西兰政府对旅游业发展实行鼓励政策,对发展旅游市场的各种服务实行税收减让。现在旅游业已成为新西兰获取外汇的重要部门之一,其创汇收入仅次于乳制品业。旅游收入占新西兰国内生产总值的近10%,提供了全国近10%的就业岗位。近年来,新西兰旅游收入持续增长,增长速度是世界平均增速的两倍。新西兰美丽的火山和温泉、细软的沙滩、广阔的天然牧场,同北半球相反的季节、清新的空气、优美的环境和独具特色的毛利人文化对外国游客都有很大的吸引力。2012年,这个南半球的小国吸引外国游客近256.46万人次。新西兰十大游客来源地依次为澳大利亚(115.57万人次)、中国(19.70万人次)、英国(18.96万人次)、美国(17.76万人次)、日本(7.20万人次)、德国(6.37万人次)、韩国(5.29万人次)、加拿大(4.64万人次)、新加坡(3.64万人次)、印度(2.98万人次)。新西兰出境旅游的人数也每年都在增加,2012年新西兰出境游人数达到220万人次。

新西兰各城市之间交通便利,游客很容易到达各旅游景点。乘木筏在湍急的河流漂流、在海上驾快艇、观赏鲸、在内河和海上垂钓、蹦极、高山滑雪等都极富刺激性和挑战性。这些颇富特色的旅游项目可以满足国内外游客对冒险性旅游的需要。

新西兰各种基础设施支撑了旅游业的发展。设施齐备、住宿舒适的旅馆充足,交通运输发达,铁路、公路、船运和航空运输可以充分满足游客出行的需要,各种娱乐设施可以迎合各种需求和支付能力的游客。旅客可以租用车辆和帐篷,进行自助式旅行。

新西兰的旅游资源非常丰富，旅游胜地很多，惠灵顿、奥克兰、克赖斯特彻奇等名城以及著名的罗托鲁阿、怀拉基、历史名城怀唐伊、怀卡雷莫纳湖、怀托莫溶洞、库克山、昆斯顿都是国内外游客喜欢去的地方。新西兰全国有12个国家公园，3处世界文化遗产——蒂瓦希波乌纳穆地区、汤加里罗国家公园和亚南极群岛。政府对新西兰独特的自然资源采取了很好的保护措施，为游客观光游览提供了极大的便利。

第四节 财政

新西兰的财政政策是在不提高所得税税率的情况下，扩大税基，增加财政收入，控制开支的增长，提高财政资源的利用效率。财政支出要优先用于发展社会事业，支持教育发展，保障社会保险和社会福利的支出，加强基础设施建设，促进经济发展，减少国债，增加财政盈余，加强环境保护，鼓励储蓄，特别是为退休生活而储蓄，加强国家的财政实力，应对老年人口增加带来的社会问题，审慎处理各种风险。

20世纪80年代，新西兰实行多年的福利主义政策遇到了越来越多的问题，过高的福利支出使国家财政不胜负担，高福利也影响了经济生活的效率。政府开始对福利政策进行改革。为了减少财政赤字，政府大力削减社会福利开支，减少医疗津贴、低收入津贴和住房补贴，推迟领取养老金的年龄。1990年底，政府把一些福利领取者和低收入家庭的每周津贴减少了1/3。1991年的预算减少了国家医疗津贴，增加了个人在医疗方面的支出。1992年4月1日，新西兰政府把领取退休金的年龄从60岁推迟到61岁，现在推迟到了65岁。政府还减少了高等学校奖学金的数量，对学生发放奖学金要根据学生父母的收入水平而定。这些改革减少了国家在社会福利方面的开支，但影响了中低收入家庭的收入，引起强烈的社会反响。

20世纪80年代中期，新西兰政府进行了税制改革，加征了商品和服务税，实行直接税和间接税相结合的税收制度。

新西兰政府每年提出的财政预算需经议会批准方能生效。在提出财政

第四章 经济

预算前,政府还要提出一份财政政策报告,阐述未来预算的优先战略、短期意图和长期财政目标。新西兰财政年度从7月1日开始,到次年6月30日结束。政府每年向议会提出拨款报告,议会经审议后进行年度和跨年度拨款。

新西兰税收分直接税和间接税,所得税属直接税;商品和服务税、消费税、关税、道路税和印花税等属间接税。根据收入所得税法,政府对商业利润、雇佣收入、专利、利息、红利及退休金等征收个人所得税。所得税税率实行累进制,工薪收入的税率是:年收入9500新元以下者税率为15%,年收入9500~38000新元的税率是21%,年收入38000新元以上的税率为33%。从2000年4月1日起,新西兰政府通过立法,对年收入60000新元以上者实行39%的最高所得税税率。在计算征税额度时,对每个人的收入都要实行一定额度的扣除,扣除的多少要根据家庭负担而定。对抚养孩子的低收入家庭,实行税收减免。对生活费、赡养费、战争抚恤金、伤残补助金、某些非营利组织的慈善收入以及中奖等收入实行免税。新西兰实行退税制度,收入低而又没有其他收入者可获得15%的退税。新西兰没有资本增益税,但那些经营公司、农场、投资或出售技术而获取收入的人每年要纳税3次。与个人爱好有关的娱乐活动及个人私下出售的商品不课征此税。

新西兰居民不仅在国内的收入要纳税,在国外取得的收入也要纳税。而非新西兰公民则只对在新西兰获得的收入纳税。为了避免双重征税,新西兰政府与一些国家签订了有关的税务协定。

新西兰对商品和服务实行12.5%的统一税率,金融服务和房租免征所得税,对酒精饮料、烟草产品、石油燃料、博采征收额外的间接税。新西兰公司税税率为33%,对公司盈利按所得税征收。2011/2012财政年度里,新西兰税收收入增加了620亿新元,即比2011年增加了5.6%。税收增加主要得益于商品和服务税税率的提高,2010年10月1日,新西兰政府把商品和服务税的税率从12.5%提高到15%。与此同时,公司和其他商业机构缴纳的税金却减少了,在2009~2010年减少了20%。在2008年世界金融危机期间,企业利润减少,他们所缴纳的税赋

亦相应减少。

在1992年以前，政府财政多年都是赤字，经过几年不懈的努力，1994年终于出现财政盈余。2011/2012财政年度内，政府财政收入总额为834.83亿新元，支出为927.23亿新元，财政赤字92.4亿新元（见表4-4）。

表4-4　2009~2012年新西兰财政实际收支状况（截至6月30日的财政年度）

单位：亿新元

财政年度	2009/2010	2010/2011	2011/2012
财政总收入	747.25	815.63	834.83
财政总支出	810.40	999.59	927.23
收支差额	-63.15	-183.96	-92.4

资料来源：新西兰统计局。

新西兰财政收入的主要来源是个人所得税、间接税、公司税及其他税收。2003年新西兰中央政府的财政收入中，所得税、利润和资本收益占52%，商品和服务税收入占29%，国际贸易税占3%，捐助和其他收入占16%。

2011/2012财年财政支出中，大宗的支出项目是教育、医疗卫生、核心政府服务、社会保险和福利、经济和工业服务、法律和秩序、运输和通信、文化和娱乐（见表4-5）。

2005年，新西兰政府的财政预算特别强调社会方面的支出，其中要用14亿新元为教育建立新的基金；用13.141亿新元的流动资金和7.832亿新元的资本金重建新西兰的国防力量，以及加强司法和警察力量；用3.129亿新元保护新西兰独特的环境和遗产。

过去，新西兰的国债负担是比较重的，在1993/1994财政年度内，国债总额达600亿新元，公共债务净值占国内生产总值的42.9%。近年来，新西兰外债有较大幅度的增加，净外债在1984~2006年增加了11倍，增至1820亿新元，平均每人45000新元。但外债很多是私人企业借贷的。

表4-5 2009~2012年新西兰中央政府财政支出执行情况
（截至6月30日的财政年度）

单位：亿新元

类别 \ 财政年度	2009/2010	2011/2012
社会保险和福利	242.06	254.57
政府养老基金	3.33	1.97
医疗卫生	126.73	136.50
教育	124.40	124.07
核心政府服务	28.30	53.05
法律和秩序	33.54	35.92
国防	17.71	16.93
运输和通信	79.91	102.59
经济和工业服务	75.41	100.18
基础服务	13.73	15.88
文化和娱乐	25.84	24.46
住房和社区开发	10.87	6.27
环境保护	…	7.69
其他	0.8	4.25
总支出	810.40	927.23

资料来源：新西兰统计局。

要减少外债，就必须增加财政收入，减少支出，使财政收支出现盈余。最近几年来，由于大力缩减开支，增加收入，政府财政收支出现盈余，外债数额有所减少。新西兰政府一直希望把公共债务在国内生产总值中的比重降下来，2011年公共债务降到GDP的33.7%，政府的长期目标是到2015年把国债降到GDP的20%。经过多年的努力，2012年3月31日截止的一年里，新西兰外债总额为1416.5亿新元，占GDP的104.2%。新西兰政府声称，将继续实行谨慎的财政政策，以保持足够的财政实力，来应对可以预见的变化和难以预测的事件。根据财政部部长比尔·英格利希向议

新西兰

会提交的2012/2013财政年度的财政预算，2012/2013财政年度预算赤字为84亿新元，之后将逐年降低，到2014/2015财政年度实现1.97亿新元的盈余。根据该预算，政府将在以后的4年内在医疗卫生、教育、科技创新、福利等领域共投资44亿新元，在4年内新增15.4万个就业岗位。根据该计划，2012/2013财年的通货膨胀率为2.6%，失业率为5.7%，国内生产总值增长2.6%。这一年，新西兰经济运行情况良好，基本上达到了预定的目标。

第五章

军　事

新西兰军队的规模和结构是根据新西兰所面临的国际、国内形势来决定的。在国际、国内形势紧张时，军队的数量和组建单位就增加，反之，军队人数就减少。冷战结束以后，新西兰政府认为，在可预见的将来，在南太平洋地区暂时不会有国家对新西兰的安全构成直接威胁。但是，新西兰在亚太地区经济、政治、安全和其他方面的利益必须得到可靠的保障，因为确保这一地区的稳定和安全对新西兰非常重要。在保障本国和本地区的安全和商业稳定方面不能寄希望于别的国家，必须依靠自己。新西兰的战略就是维持在新西兰有重大利益的地区的力量平衡。新西兰军队的训练和装备水平，要能保证它在与盟国国防力量联合的情况下，有效地对破坏地区稳定的力量做出反应。

第一节　军队简史

一　殖民地和建国时期

自从1840年新西兰成为英国的殖民地以后，主宰新西兰的军事力量是英国军队。在殖民地时期，因殖民者违背同毛利人签订的条约，不断侵占毛利人的土地，损害他们的利益，殖民者和毛利人之间经常发生冲突。1843年6月17日，在南岛的怀劳（Wairau）（今布莱尼姆，Blenheim）发生了武装冲突，结果毛利人死亡6人，有22名白人勘测员和拓荒者被杀。这次冲突几乎演变成一场战争，因总督费茨罗依（R. Fitzroy）谴责了殖民

者的挑衅行为，才使战争得以避免。在以后30年间，殖民者和毛利人之间的不信任和武装冲突一直没有间断，殖民者要维持自己的统治就必须依靠军事力量。

1845～1872年，除英国军队以外，新西兰本地最早的军事力量是民兵。1844年7月8日，北奥克兰的毛利酋长霍内·黑克率领起义军包围了今拉塞尔（Russel）的科罗腊雷卡。霍恩·黑克的起义导致殖民当局的立法会议于1845年3月25日通过一项军事法令，规定所有18～65岁的健康男子都必须随时准备服兵役，一年须进行28天的军事训练。这些经过训练的人便组成了民兵。民兵的服役区域限制在当地地方警察局周围40公里的范围以内。殖民地总督可以颁布法规，在必要时调动民兵部队。

1858年，新西兰议会通过《民兵法》，该法允许应服役的民兵出钱出物找人代替服役，自己则可免去在本地服兵役，但在必要时须应召到新西兰其他地方服役。新西兰全国分为若干个民兵区，每个地区都有民兵部队驻守。直到1872年，北岛民兵部队经常部署在边界哨所，他们实际是一支驻防部队。

1860年在新西兰爆发毛利人战争，殖民当局决定扩大民兵部队。1864年，英国政府建议实行"自立"政策，即主要依靠民兵部队和毛利人辅助部队来维持本地治安。1870年，最后一支英国军队离开新西兰。

1862年，新西兰议会通过《殖民地防务法》，授权在新西兰成立正规军。这是一支不超过500人的骑兵部队，参军者自愿服役3年，白人和毛利人均可服役，军官由总督任命。这支正规军就是新西兰第一支正规的国防部队。

1863年，新西兰成立了第一支特种部队，当时这支部队被称为"塔拉纳基丛林巡逻骑兵队"（Taranaki Bush Rangers）。这支部队的任务是搜查意图反抗的毛利人，负责侦查和保护英国部队的通信线路。第一支特种部队由50人组成，突击队员一般只服役3个月，他们的薪水很高。1867年的几次战斗结束后，特种部队于1867年10月22日解散。

政府还招募武装殖民者，用以镇压毛利人起义。为了巩固取得的战果，殖民当局让这些武装殖民者在没收的毛利人的土地上开垦镇守，形成

第五章 军　事

一条坚固的防线。

1867年，殖民当局颁布《军警法》，国防部队的许多人转为军警。军警将军队和警察的力量结合起来。每支军警队有60～80人，有9支军警队力量较强，其中有2支是忠于殖民当局的毛利人军警队。1867～1872年，军警队在追捕毛利人起义首领特·库蒂的过程中为殖民当局立下了汗马功劳。军警队还担任巡逻和驻守碉堡的任务，直到1886年才结束这一任务。

在英国和毛利人的战争中（1843～1847年，1860～1872年），英国军队和殖民地军队中约有500人战死，1050人受伤，另外还有站在殖民者一边的250名毛利人被杀。起义反对殖民者的毛利人死亡人数约为2000人。

根据1858年的《民兵法》成立的军队属志愿部队，它一直存在到1909年。志愿部队驻守在殖民地的各个重要地方。他们可以自选军官，制定自己的规章。志愿部队由步兵、骑兵和炮兵组成。每支部队40～100人，总计约6000人。最初，志愿部队没有统一的服装，对于军事训练也没有严格的规定。1892年，福克斯（Fox）中校提出了改进志愿部队的详细报告，后来根据他的报告更换了陈旧的装备，颁布了训练章程，将来复枪部队改为营的建制。

1909年，新西兰议会通过《国防法》，开始实行义务军训制度，该法规定12～18岁的青少年和18～21岁的青年有义务接受军训。法律还规定建立一支30000人的常备军，他们主要在国内执行军事任务，但军人们也可以自愿到海外去执行特别任务。除正规部队外，还有属于民兵性质的非正规的地方部队（Territorial Force）。地方部队主要驻守在部队所在地。

在国家安全战略上，新西兰把自己的安全紧紧地与英帝国联系在一起。因为新西兰是一个岛国，对新西兰的任何进攻都来自海上，只有依靠英国海军才能保护自己的安全，为此新西兰必须对英国海军提供海军基地。1888年，新西兰在奥克兰建立了海军码头。1887年，新西兰与英国和澳大利亚达成协议，3国共建一支新澳舰队，平时承担对南太平洋的安全防务，战时支援英帝国作战，和平时期有2艘军舰驻防新西兰。新西兰

新西兰

每年为这支舰队提供 2 万英镑的资金。到 1908 年,新西兰用于这支舰队的拨款不断增加。1909 年,由于大国军备竞赛加剧,新西兰出钱购买了一艘名为"新西兰号"的巡洋舰。

新西兰军队对英帝国表现了特别的忠诚,19 世纪末 20 世纪初参加了英国进行的一系列重要战争。

1899~1902 年,英国为争夺南非殖民地,与荷兰人后裔布尔人爆发战争,即英布战争。英布战争进行得非常艰苦,双方都消耗了巨大的人力和物力。1899 年 9 月,新西兰为支援英帝国政府进行的这场战争,派出了一支志愿部队到南非,这是新西兰第一次向海外派兵。这支部队共 214 人,1899 年 10 月 21 日出发,11 月末到达开普敦。后来又有 10 支来复枪骑兵队,共 6495 人、8000 匹马开赴南非增援英军。当时征募的时间为 12 个月,后来有的士兵超期服役。新西兰军队参加英布战争的人数最多时达到 17000 人。新西兰军队在英国将领罗伯特将军的率领下英勇作战,颇得英国将军的好评。新西兰的骑兵营被认为是南非战场上最好的部队。

在英布战争中,新西兰军队在战场上死亡 59 人,伤 166 人,因病和因故死亡的人数还不在其内。

1909 年建立地方部队后,新西兰军队人数达到 3 万人。新西兰采取义务征兵制,部队在英国教官的帮助下进行强化训练。1910 年,亚历山大·科德利(Alexander Codley)少将被任命为总司令。1911 年,新西兰成立参谋团(Staff Corps)和常设参谋部(Permanent Staff)。

二 两次世界大战期间

第一次世界大战爆发后,新西兰军队同英国军队一道投入了战争。它参战的第一步是强占德国在太平洋的殖民地。1914 年 8 月 29 日,在英帝国政府的要求下,一支由 1413 人组成的新西兰军队占领了德属西萨摩亚。

根据 1909 年的《国防法》,新西兰对外只能派志愿兵。为了参加第一次世界大战的主战场的作战,新西兰征召了一支 25000 人的志愿军,由 4 个步兵营和一个炮兵旅组成。1914 年 10 月 14 日,一支由 8427 人和 3815 匹马组成的军队在科德利少将的率领下离开新西兰。新西兰军队和

第五章 军 事

澳大利亚军队会合，于1914年12月3日进入埃及。1915年2月2日，在苏伊士运河区与土耳其军队交战。

1915年4月25日，新西兰军队和澳大利亚军队组成"澳新军团"（ANZAC）①。同年春天，协约国军队在达达尼尔海峡向土耳其军队发起攻击，开始了达达尼尔海峡战役。新成立的澳新军团全力投入这次战役。新西兰军队同英国和澳大利亚军队一道，在加利波利半岛登陆。加利波利战役是一场旷日持久的血战，协约国军队遭受了惨重损失。在8月8日的一次战斗中，新西兰步兵和步骑兵旅投入战斗时有4549人，经过两天激烈战斗后，减员至2678人。这次战役仅持了8个月，然后澳新军团撤出加利波利半岛回到埃及。在1915年的加利波利之战中，新西兰投入11600人，死亡2721人，伤2752人，这是新西兰军队自成立以来伤亡最惨重的一次。

由147名军官和2897名士兵组成的新西兰步骑兵旅作为澳新骑兵师的一部分，于1916年被部署在西奈半岛，参加夺取耶路撒冷和阿曼的战斗，1918年逼迫土耳其第四集团军投降。

为了适应战争的需要，1916年新西兰政府实行征兵制。

1916年4月，新西兰师奉调法国，于1916年9月参加了著名的索姆河战役。

在1918年停战时，在战场上的新西兰部队共有58129人。在整个战争中，新西兰付出了沉重的代价，它的总人口中有10%的人去海外服役，总人口中19.35%的人参加军队，20～45岁的男子中有40%的人参加了战争，其中有16697人在海外丧失了生命，41317人受伤、被捕和失踪，伤亡率达到58%。

第一次世界大战后，新西兰派遣一批军官到英国著名的桑赫斯特（Sandhurst）皇家军事学院学习。1931年，由于处在和平条件下，新西兰政府停止执行《国防法》中关于义务兵役的条款，服兵役采取自愿原则，并大幅度裁减兵员，地方部队由17000人减少到3700人；正规军减少到

---

① 4月25日这一天作为新西兰重要的节日——澳新军团日，每年都要隆重庆祝。

600 人以下。1937 年，政府建立国防委员会（Council of Defence），负责各部队的活动，对政府的防务政策提供建议。另外还建立了一个陆军委员会（The Board of Army），负责对陆军的管理。总司令改为总参谋长。第二次世界大战开始前，新西兰只有正规军 578 人，地方部队 10364 人，特别后备军 374 人。

1939 年 9 月 1 日德国入侵波兰，第二次世界大战全面爆发。英国于 9 月 3 日对德宣战。同日，新西兰也跟随英国对德宣战。9 月 6 日，新西兰内阁授权动员组建新西兰远征军开赴地中海战场，远征军由 B.C. 弗赖伯格（Freyberg）统率的新西兰第二师组成。该师分成三个梯队（一个梯队相当于一个旅）先后开赴地中海战场。1939 年 12 月第一梯队出发，于 1940 年 2 月到达埃及。在随后的 9 个月中，第二梯队和第三梯队也赶赴埃及，一共约 2 万人投入地中海战场。

1941 年 4 月，新西兰第二师协同英国军队参加了希腊战役，但因遭到德国军队的猛烈抵抗，被迫从希腊撤退到克里特岛，最后撤回埃及，与英军一起参加了由蒙哥马利将军指挥的北非战役。该战役结束以后，新西兰第二师同盟军一起挥师北上，乘胜追击，先后在西西里岛和意大利本土登陆。新西兰军队在一系列重大战役中屡建战功，为打败德国和意大利法西斯做出了自己的贡献。

1945 年 2 月，新西兰在欧洲的第二师人数最多时达到 34953 人。1940～1945 年，新西兰第二师共有 6068 人在战争中死亡，15108 人受伤，8369 人被俘，其中 513 人在战俘营中死亡。

在二战期间，新西兰海军得到发展。战争爆发时，新西兰海军只有两艘巡洋舰和一艘扫雷舰，它们在英国海军司令部的统一指挥下先后在大西洋和地中海参加对德作战。后来因德国潜艇经常在新西兰周围海域出没，袭击从新西兰开往英国的运输船。在战争期间，有 64 艘运载总计 63 万吨新西兰农产品的英国和新西兰船只被德国潜艇击沉。为对抗德国潜艇的威胁，新西兰建立了一支由 24 艘猎潜艇和扫雷艇组成的海上防卫力量。此外，还有 7000 多名新西兰军人被吸收到英国海军舰船上服役。

第五章 军事

新西兰空军也为世界反法西斯战争的胜利做出了自己的贡献。战争爆发时,新西兰空军接收了英国为新西兰制造的 30 架轰炸机。这支新西兰空军被编入英国空军联邦轰炸机中队,参加欧洲战场作战,新西兰飞行员曾驾驶轰炸机参加英国空军空袭柏林的战斗。到战争结束时,有 11500 名新西兰军人在英国空军服役,有 3285 名新西兰空军人员在战争中牺牲。

战争期间,新西兰切实感受到了敌人军事入侵的威胁。珍珠港事件后,日本军队在东南亚和太平洋地区大举进攻,很快占领了泰国、中国香港、菲律宾、荷属东印度、缅甸等国家和地区以及太平洋上的一些岛屿,其中包括新不列颠岛、所罗门群岛的部分岛屿,直接威胁到新喀里多尼亚、斐济和萨摩亚等与新西兰有利害关系的地区,使新西兰和澳大利亚面临日本入侵的危险。新西兰于 1941 年 12 月 8 日同英国等国一道正式对日宣战。在日本侵略威胁面前,新西兰全国同仇敌忾,动员一切人力和物力,投入保卫祖国的战斗。

在二战开始前的 1939 年 5 月,新西兰就建立了国家军事后备队。1940 年 8 月,内阁决定建立国内卫队,其任务是扩大防卫力量,保护国内防卫力量薄弱的地区和关键地点,向上级军事当局报告敌人的动向。全国分成 33 个区,每个区设常设指挥部。在对日交战以后,国内卫队强制征召役龄人员及 46~50 岁的人入伍。1943 年 12 月,国内卫队转为预备役。1943 年 3 月,国内卫队的兵力达到顶峰,人数多达 124194 人。

新西兰军队在参加欧洲战场作战的同时,积极参加了太平洋战场的战事。1940 年 11 月 1 日,新西兰陆军第 8 旅登陆英国殖民地斐济,这是第一次由英帝国自治领的军队守卫英国殖民地。新征召的新西兰第 14 旅开赴斐济,同已经部署在那里的新西兰第 8 旅组成联合旅,获得师一级的地位,称为 B-Force。1942 年 5 月 14 日,B-Force 改称为新西兰第三师。同年 6 月和 7 月,由美军第 37 师换防,撤回新西兰第三师。该师经过丛林战训练后,于 1942 年末 1943 年初部署在新喀里多尼亚。

在第二次世界大战期间,新西兰在海外服役的军人共有 194000 人,其中有 11671 人在战争中死亡,15749 人受伤,8469 人被俘。

1945 年 8 月 15 日,日本宣布无条件投降后,新西兰军队和盟军一道

参加了对日本的占领。英联邦国家英国、新西兰、澳大利亚和印度组成4万人的占领军进驻日本。1948年7~10月，新西兰军队陆续撤出日本回国。

三 第二次世界大战以后

1946~1948年，由于国家重新进入和平发展时期，新西兰无须维持一支庞大的军队，政府不断遣散部队，使正规军人数减少到3747人。1948年，新西兰参谋团、常设参谋部和军事服务团被解散，由17个职能部队（Functional Corps）取而代之。

新西兰认为，它在中东和东南亚有重要的战略利益，在必要时可以派兵到那里保卫自己的利益免受侵害。1949年，政府决定征募一个师到中东服役，并采取必要的训练措施。

在和平时期有没有必要继续招募地方部队，这在战后成为一个有争议的问题。1949年8月3日，新西兰就此问题举行了全民公决，结果多数人赞成继续招募地方部队。

1950年，议会通过《陆军法》，以此取代1909年的《国防法》，根据新的法律，新西兰军队由正规军和地方部队组成。

陆军由一个步兵师、一个装甲旅和一个中等规模的炮兵团组成。炮兵团分海岸炮兵和防空炮兵，还有一个支援部队。地方部队根据义务兵役的训练计划进行训练。凡年满18岁、身体健康者，均需进行14周的军训，然后编入地方部队服役3年。地方部队一年训练20天。服役3年后转为预备役。在1958年初工党政府废除义务军训以前，已有63033人受过军训。

1950年朝鲜战争爆发，美国操纵联合国通过出兵干涉朝鲜的决议。于是发生了以美国为主的多国部队打着"联合国军"旗号出兵侵略朝鲜的战争。新西兰追随美国和英国，也派遣军队参加了朝鲜战争。1950年7月26日，新西兰宣布建立开赴朝鲜的"凯伊部队"（Kayforce），由70名军官和974名士兵组成。1950年底，新西兰军队到达韩国釜山，附属于英军第27旅。1951年7月，新西兰部队和英联邦国家军队一起组成英联邦师。在朝鲜人民军和中国人民志愿军的沉重打击下，以美国军队为主的

第五章 军事

"联合国军"被迫坐下来谈判,于 1954 年 7 月停战,次年,新西兰军队大部分人从朝鲜撤出,余下的部队于 1957 年撤回。在朝鲜战争期间,新西兰共向朝鲜派出了 3749 人的军队,有 37 人在战争中死亡,80 人受伤,1 人被俘。

1957 年,新西兰军队还参加了英国镇压马来亚人民争取民族独立的武装斗争。马来亚是英国的殖民地,1942 年被日本占领。1945 年日本投降后,英国卷土重来,恢复了在那里的殖民统治。1948 年 2 月,成立"马来亚联合邦"。马来亚共产党领导马来亚人民开展反对英国殖民统治、争取民族独立的斗争。1948 年 6 月,英国颁布《紧急法令》,宣布马共和其他进步组织非法,开始对马来亚人民的斗争进行武装镇压。英国镇压马来亚人民武装斗争的行为,得到了新西兰的支持。1955 年末,新西兰征召特别空军中队飞赴马来亚,加入英联邦远征战略后备部队。这支特别空军中队有 6 名军官和 127 名其他职衔的军人,在 1956 年完成伞兵训练后编入英军第 22 特别空勤团(SAS),在马来亚服役两年,参与了对马来亚民族解放运动的镇压。1957 年 8 月 31 日马来亚独立后,同英国签订了《外部防御和互助协定》,英军保留了在马来亚的驻军权,并保留其军事基地。1957 年末,新西兰空军中队奉调回国,另调新西兰第一营进驻马来亚。1960 年,马来亚的紧急状态宣告结束,但原驻马来亚的新西兰军队仍长期驻扎在马来亚和新加坡。

1964 年,新西兰军队进行了重大改组,以适应对东南亚条约组织承担的义务①,成立了一个战斗旅集团和一个战斗后备旅集团。这时,新西兰有常备军 6250 人,地方部队 11000 人。

20 世纪 60 年代,美国发动了侵略越南的战争,新西兰亦派军队参战。1964 年 6 月,新西兰皇家工程兵派了一支分遣队(2 名军官和 20 名其他人员)到越南帮助执行"重建任务"。1965 年 5 月 27 日,新西兰总理基思·霍利约克宣布派皇家炮兵到越南参战。1971 年 5 月,新西兰军队开始从越南撤回,最后一支战斗部队于 10 月撤完,留下的训练部队直

---

① 新西兰是 1954 年《东南亚集体防务条约》签字国之一。

到 1972 年才被新当选的工党政府撤回。

新西兰军队参加了联合国组织的一系列维和行动，它曾将维和部队派往东帝汶、所罗门群岛和汤加等地。在伊拉克战争期间，新西兰派遣了工程和后勤部队。2001 年 9 月 11 日美国入侵阿富汗后，新西兰派遣了空勤部队予以支援。

1979 年，因国际形势发生了变化，新西兰军队为适应新的形势，更有效地执行任务，对军队进行了大规模改组。陆军野战部队司令部和国内司令部进行了合并，组成单一的新西兰陆军司令部，负责执行陆军总参谋部的政策，控制军队调动，组织训练和提供后勤保障。地面部队被分为三个任务部队和一个陆军训练队，北岛分设上下两个任务部队区，南岛设一个任务部队区，各任务部队区设一个司令部。

第二节 国防体制

一 国防政策

2000 年 6 月，新西兰政府发布《国防政策框架》，其要点是：国防政策要建立在对安全环境的评估之上，在国防方面采取的行动必须符合新西兰的最大利益；国防是新西兰外交和安全政策的一个方面，政府相信，全面考虑安全问题是保护新西兰利益和促进地区稳定和全球和平的最好方式；维持国防力量的最根本原因在于确保新西兰免遭外来威胁，保护新西兰的主权；与伙伴国合作，特别是加强与最密切的伙伴澳大利亚的合作，继续履行作为《五国联防安排协定》① 成员国所承担的义务；新西兰对太平洋邻国负有特别的义务，协助维持和平、保护环境和帮助取得经济成就；积极支持和参加联合国组织的维和行动以及其他多边维和行动；继续

---

① 《五国联防安排协定》（*Five-Power Defence Arrangements*）是英国、澳大利亚、新西兰、新加坡和马来西亚缔结的多边军事协议，亦称《五国防务安排协定》。1971 年 4 月 15～16 日在伦敦部长级防务会议期间签订，同年 11 月 1 日生效。

坚持新西兰无核政策和建立南太平洋无核区的主张；根据轻重缓急合理分配国防基金。

2008年国家党执政以后，调整国防政策，2010年11月发布13年以来的首份《国防白皮书》，规划了未来25年国防战略蓝图，明确国防军的主要任务是：保护新西兰领土和太平洋岛国的安全，与澳大利亚共同应对本地区的突发事件；保持并增强在邻近地区的作战能力，为维护亚洲和更大范围的稳定做出贡献；保持与伙伴国共同行动的能力；在维持贸易通道开放、保护海洋资源、实施人道救助及减灾方面发挥作用。

新西兰的国防政策有五个主要目标：（1）捍卫新西兰的独立，保护人民、领土、领海、专属经济区、自然资源和重要基础设施；（2）为了共同的安全利益，维持与澳大利亚的密切伙伴关系，履行对其承担的联盟义务；（3）协助维持南太平洋的安全，对新西兰的太平洋邻国提供帮助；（4）在维护亚太地区安全方面发挥应有的作用，其中包括履行作为《五国联防安排协定》成员国所承担的义务；（5）通过参加联合国和其他适当的维和行动以及人道主义救援行动，为全球安全与和平做出自己的贡献。

新西兰和许多小国一样，并不需要功能齐全的国防军，只需要维持一支能够适应国家安全状况，与国家的人力物力资源相匹配，与可能采取的军事活动相适应的军队。军队的规模和构成，它所承担的任务，都必须根据国家对战略形势的考量做出相应的决定。

新西兰政府认为，在冷战结束以后，国家安全所受到的挑战是有限的、局部的。今后可能面临的主要问题是恐怖主义，对新西兰专属经济区的侵犯，新西兰有重要利益的南太平洋国家发生动乱及开展维和任务等。因此，军队的主要任务是：应对可能发生的恐怖主义；监视和保护新西兰的专属经济区和在南太平洋的利益；支持在南极的活动计划；国内发生紧急情况时向政府和居民提供必要的援助；在发生灾害时进行救援；在国外发生影响到新西兰公民生命安全和健康的事件时，帮助政府紧急撤退在国外的侨民；完成新西兰根据国际条约所承担的军事义务，根据联合国的安排参加维和行动。

第二次世界大战结束以后，太平洋地区成了世界上富有经济活力的地

区之一。随着经济全球化趋势的加强,各国之间的经济联系越来越密切,特别是新西兰经济对外贸的依赖性比较大,因此地区安全成为新西兰特别关心的问题。

受国力的限制,新西兰难以单独承担保卫国家安全和地区安全的任务,因此,它把与美国、澳大利亚和其他合作伙伴的军事合作看作实现国家和地区安全的基本保证。新西兰历届政府均以1951年同澳大利亚和美国签订的《澳新美安全条约》作为其国防政策的基石。

新西兰政府认为,当前不可能遇到严重的安全威胁,但发生突发事件的可能性还是存在的,如破坏活动、恐怖活动、在新西兰港口和航海通道布雷、在新西兰管辖的地区非法掠取自然资源、走私活动、非法闯入新西兰专属经济区和领土等,军队必须对这类低水平的安全挑战做出反应。

新西兰与南太平洋一些岛国的关系特别密切,它非常关注那里发生的一切事情,并对有的国家承担了军事义务。海军不仅要保护自己的专属经济区,还要保护它所承担义务的国家的专属经济区。如果在那些国家发生动乱,新西兰军队也会去"维护法律和秩序"。

当前发生世界大战的可能性不大,但地区冲突和种族冲突不断,联合国的国际维和行动空前增加。二战结束以后,新西兰在国外的军事行动相当频繁,几乎没有哪一年不派军队或军事人员到国外参加战事或从事别的军事活动,当然这些活动都是同英国等盟国和友好国家一起进行的,新西兰几乎没有单独在国外承担过军事义务。新西兰军队把参加国际维和行动当作非常重要的一项任务。

基于以上考虑,新西兰的建军思想是在平时保持一支人数不多,但结构合理、装备现代化的海军、陆军和空军。这支军队要坚持进行训练,随时做好迎战准备。它的任务是应对低水平的威胁和挑战,而不是参加大规模的战争。因受财力的限制,它不可能用最先进的重型武器装备自己,它追求的是常规武器的现代化。

二 国防预算

在和平时期,新西兰在国防开支方面的总原则是,既要维持国防军的战斗力，又要遏制军费的过快增长。国防预算的目标是维持军队的可靠性。

新西兰2003/2004财政年度的军费预算为19.1亿新元，占国家财政预算总支出的3.9%。2001~2005年的国防开支基本维持在占国内生产总值的1.2%。2011年国防开支约占国内生产总值的1.1%，低于20世纪90年代初的1.6%。2011/2012财年，国防总支出为21.63亿新元（见表5-1）。与其他国家相比，新西兰的国防支出在国内生产总值中所占的比例是比较低的。

表5-1 2005/2006财年至2011/2012财年新西兰国防支出
（于6月30日截止的财政年度）

单位：万新元

财政年度	2005/2006	2006/2007	2007/2008	2008/2009	2009/2010	2010/2011	2011/2012
国防总支出	166173.7	191188.4	188695.7	213752.9	220836.1	223633.3	216267.8

资料来源：http://www.stats.govt.nz。

因为新西兰军队的一些耐用武器装备，如飞机、军舰和车辆等，大多是在20世纪60年代采购的，其中一些装备需要更新，因此近年来国防方面的投入有所增加。2001年5月，新西兰出台大幅度整编军队的计划，重点是提升陆军的作战能力，裁减海军力量，并计划在5年之内增加30亿新元的军费开支，其中用1.5亿~2.2亿新元改进"猎户座"侦察机的探测器，用6000万~1.2亿新元更换军用车辆，用5亿新元购置多功能舰艇及巡逻舰，用1亿~1.7亿新元更换或改进C-130运输机，用2亿新元更换空军波音727飞机，用1100万新元更换"苏族"直升机，用1000万新元加强特种部队装备。考虑到经济的增长，国防开支的增加不会导致军费在国内生产总值中比例的增加。军费开支的增加被认为是促进经济增长的因素之一，因为一部分军事开支会转化为社会需求。如新西兰采购两艘澳新军团军舰的2/3的费用返回新西兰，有600家与建造这些军舰有关的公司从中受益。建造军舰是技术要求很高的一个生产部门，在建造过程中可以使国外的先进技术向新西兰转移，从而对本国经济产生促进

作用。

2005年5月,新西兰国防部宣布,新西兰政府计划在未来10年中增拨46亿新元国防开支,用以推动军事现代化。增拨的军费将用于扩充军队数量、提高军人素质、加强国防基础设施建设、补充武器装备、改善军事指挥和管理系统等,以适应未来形势发展的需要,"确保新西兰抵御外来威胁,保卫国家利益"。政府拨款计划得以实施后,自2006年起,新西兰年均国防开支达20亿新元以上,10年后的国防开支将比1999年提高约51%,士兵数量也将增加。

1. 海军建设的投入

根据澳新军团军舰条约增购护卫舰,添置第5架"海怪式"海上直升机,对现有鱼雷进行升级换代,购买更新换代的"海雀式"防空导弹,添置能更好地免遭潜艇袭击的阵列声呐装置,获取遥控的海上扫雷系统。购置多功能船舰,满足维和行动、救灾、紧急情况下撤退侨民、保护国家资源、在专属经济区巡逻等方面的需要,还可以满足完成战术海运任务的需要。增添近海巡逻艇。巡逻艇有多种用途,它可以在沿岸、近海和专属经济区巡逻,满足渔业部、海关、环境保护局、警察、海上安全部门和其他部门的紧急需要。

2. 陆军建设的投入

驻扎在林顿(Linton)和伯纳姆(Burnham)的两个营常规部队,每个营增加一个步兵连的兵力,每个营的兵力从过去的3个连增加到4个连。扩编过程从2001年开始,2005年结束。地方部队继续起重要作用。地方部队集中在大区,努力改进其效能,作为国防军和地区社会联系的重要纽带。

陆军采购基本装备的计划如下:更新现有的M113装甲运兵车队,购置新的战术通信设备、直接火力支援武器系统、多功能车辆、轻型装甲车、陆上侦察和监视装置、中程反装甲导弹,更新严重老化的兰德·路华(Land Rover)轻型汽车。为陆军和特种部队添置现代轻型机动军用车辆。增加中期投入,包括采购新型侦察车,更新夜视系统,购买中程反装甲武器系统和特别空勤服务的通信设备。地面部队很容易遭受坦克、装甲车和

第五章 军事 New Zealand

反装甲武器的攻击，新西兰现有的短程反装甲武器已经难以满足军事需要，购置中程反装甲武器，增加反装甲武器的射程和杀伤力，以保护地面部队免遭敌方装甲部队的攻击。

3. 空军建设的投入

现有的"空中之鹰"战斗机队已经陈旧，进行更新换代以后，空军在完成支援陆军、防御敌舰的使命方面可以发挥更有效的作用。空军采购新式反舰导弹，可以使飞机在更安全的距离开火。政府大力提升海上巡逻机"奥利安"P-3型飞机的监视和执行任务的能力，改造其通信和航行系统。P-3型飞机的传感系统已经老化，缺少便携式防空导弹和红外制导导弹的能力。该种飞机的机架经过改造以后，飞机的使用寿命可以再延长20年。飞机的传感装置已经陈旧，购置先进的雷达跟踪装置，以提高飞机捕捉和识别目标的能力。"奥利安"飞机的陆上侦察能力已经下降，其水下侦察能力已经丧失，空军通过实行"天狼星计划"来克服这些缺陷。现有的5架"大力神"C-130运输机还可以使用若干年，但计划在下一个10年的中期进行更换。新式的J型"大力神"C-130运输机已在美国和英国投入使用，澳大利亚也已购买这种飞机。新西兰决定参加澳大利亚的采购计划。"波音"727飞机的噪音太大，政府已用新型的"波音"757飞机替换了"波音"727飞机。"波音"757飞机续航距离远，载重量大，通信和航行设备先进，适合运送远程旅客和轻型的军用物资，能更好地满足军队空运物资的要求。对现有的14架"易洛魁"式直升机做延长其使用寿命的工作。所有飞机的通信和导航设备都进行更新换代。

三 军队指挥系统

新西兰军队名义上的最高统帅是总督，他担任武装部队总司令。在政府中负责国防事务的最高文职官员是国防部部长，他是国防部的主要执行官。其职责是制定国家的国防政策；在国防建设方面向总理提供建议；安排购置、更新和修理重要军事设备；评估国防力量的职能和活动。国防部秘书长是国防部部长的首席文职顾问；国防参谋长是国防部

部长的首席军事顾问。

军队实际的最高指挥官是国防参谋长,他负责指挥陆、海、空三军,并担任三军参谋长委员会主席。陆军、海军和空军均设参谋部,分别由陆军参谋长、海军参谋长和空军参谋长负责,由国防参谋长负责对各军种的统一指挥和管理。在国防参谋长下还设立了联合部队司令和联合部队参谋部。联合部队司令负责涉及陆、海、空三军的战役和战术行动,担任联合军事演习的指挥。联合部队参谋部的任务是协助联合部队司令制定计划和完成任务。

国防参谋长下设国防副参谋长,负责国防参谋部的具体工作,分担国防参谋长对国防部和议会承担的职责,制定计划、情报和安全政策,接受国防部和议会的质询,协调国防参谋部的工作。

各参谋部和司令部分设负责战略战役计划、人事、资源、发展、后勤、监察、对外军事联络等具体事务的部门。

新西兰指挥和参谋学院是培养新西兰军官和参谋人员的摇篮。该学院成立于1950年,位于新西兰皇家空军基地。它最初是空军低级军官的参谋培训学校。1959年,指挥和参谋学院扩大培训目标,开设了更广泛的军官培训课程。现在学院的学员来自各军和政府各部,在这里学习的还有来自澳大利亚、南太平洋国家以及东南亚和北非地区的军事人员。该学院与政府部门和学术机构有密切联系,经常邀请来自学术机构的学者、外交人员和政府部门的工作人员到学院讲课。指挥和参谋学院与梅西大学有密切的合作关系,学院设立了本科和研究生课程,可以授予文科研究生文凭和哲学硕士学位。

四 兵役与军训制度

新西兰的兵役和军训制度随着国际环境和军事行动的需要多次发生变化。1909年议会通过《国防法》,新西兰开始实行义务征兵制和义务军训制度,规定适龄公民有义务服兵役,18~21岁的青年有义务接受军训。1931年,新西兰政府停止执行《国防法》规定的义务征兵制,服兵役采取自愿原则。

第二次世界大战期间,新西兰恢复了义务征兵制。1958年工党政府废除义务征兵制和义务军训制。1962年当选的国家党政府重新恢复义务军训制,每年有3000名年轻人接受军训。按规定,凡年满20岁的青年男子都要到劳工部登记,被选中的人要进行3个月的脱产军训,然后在3年期限内服业余兵役,实际服役时间累计不少于60天。1972年,工党政府再次停止实行义务军训制,取消义务征兵制,实行志愿兵役制。

第三节 军队构成

新西兰的国防军由海军、陆军和空军三大军种组成。国防军又分正规军和地方部队。军队中还有医疗队、运输队和特种部队,分别完成军队赋予的特殊任务。特种部队的任务是应对可能发生的恐怖主义袭击、拆除爆炸装置、消除生化武器的危险等。截至2010年6月1日,新西兰有正规军共14577人(全脱产军事人员),其中陆军7384人,空军3195人,海军2870人,民兵1128人。另外,新西兰还有非正规军2313人(包括业余人员、预备役人员和地方部队),文职人员801人,其中国防部队司令部和联合部队司令部人员975人。军队的性别构成为男性占84%,女性占16%。

地方部队是非正规军,是正规军的补充力量。它是新西兰军队的重要组成部分。地方部队像正规军一样,也分为海、陆、空三军。在第二次世界大战以前,地方部队一直是新西兰军事力量的基石,但自二战开始后,正规军成了军事力量的主力。现在地方部队共有6个营队,分布在新西兰的6个地区。地方部队根据自愿原则向在海外执行军事任务的新西兰部队提供兵源,为正规军补充军事力量。

地方部队人员一年服役20天,服役期间可以获得报酬。地方部队人员在服役期间进行军事训练,执行夜间巡逻任务,进行周末演习,学习提高军事素质的课程。训练计划通常考虑到受训人员就业、职业技能培训和家务活动的需要,灵活安排。

新西兰

一 海军

新西兰海军的建军历史可以追溯到殖民地时期的英国皇家海军。《怀唐伊条约》签订以后，新西兰的外部安全由英国海军负责。直到1848年，新西兰殖民当局才购置了第一艘小炮舰。1852年，殖民政府出资建立了怀卡托小舰队，该舰队在怀卡托河、塔拉纳基和陶朗加附近活动。1884年，殖民政府又出资购置了4艘鱼雷艇，负责新西兰4个主要港口的海上防卫。1909年，添置了1艘战斗巡洋舰，命名为"新西兰号"，该舰曾参加第一次世界大战。1913年，新西兰通过《海防法》，正式建立新西兰海军部队，1艘三级巡洋舰首次被编入新西兰海军部队服役。第一次世界大战开始以后，新西兰舰队划归英国海军部指挥，曾在地中海、红海和波斯湾地区服役。在第二次世界大战中，新西兰海军迅速扩大。1941年，英国国王乔治六世授予新西兰海军"皇家新西兰海军"称号。在太平洋战场上，新西兰海军与盟军一道参加了对日作战，新西兰的2艘巡洋舰在所罗门群岛战役中受重创，1艘扫雷艇被击沉。1945年，新西兰海军的巡洋舰参加英联邦太平洋舰队，参与日本海域周围的军事行动。二战结束时，有60艘船舰在新西兰海军服役。二战结束后，新西兰海军曾派军舰参加朝鲜战争和英国在马来亚镇压民族起义的战争（1949～1960）。越南战争期间，新西兰海军曾派遣医疗队到越南。除此之外，它还广泛参加了海事救助以及联合国组织的维和行动。

作为一个岛国，海军对新西兰具有特别重要的意义，海军建设受到特别重视。海军的职能是预防水面和水下敌舰的进攻、保护国家的领海和专属经济区，使其不受外来势力侵犯。新西兰是南太平洋防务集团的成员国，而这一地区绝大部分是海洋，海军是集体防务力量的重要组成部分。新西兰对外贸的依赖性特别大，进出口商品的99%靠海上运输。同样，新西兰所在的亚太地区被海洋环绕，这一地区的航线是世界上最繁忙的商路。国家和地区的经济安全依赖太平洋地区的海上航行自由。海上实力是地区安全的关键，若不能控制海洋，就不能保证对外经贸往来的正常进行。海上安全日益成为地区安全的重心。

第五章 军事

截至 2012 年 6 月 30 日，新西兰海军有正规军 1907 人，预备役人员 298 人，文职人员 179 人，合计 2384 人；其中男性占 79%，女性占 21%。海军的主要装备有护卫舰 3 艘，它们是"特·卡哈号"（Te Kaha）、"惠灵顿号"（Wellington）和"坎特伯雷号"（Cantebury）；军事运输船 2 艘，它们是"努力号"（Endeavour）和"查尔斯·厄帕姆号"（Charles Upham）；水文调查船"决心号"（Resolution）和 2 艘海岸调查船；潜水救援艇"曼纳瓦努依号"（Manawanui）和 3 艘海岸巡逻艇，另有训练船和码头服务船各 1 艘。

新西兰拥有配备直升机的 3 艘护卫舰，这可使新西兰海军有能力至少调动 1 艘护卫舰参与维护地区安全的军事行动和联合国的维和行动，如在海湾战争时参加多国部队的军事行动，还可在新西兰的专属经济区和南太平洋海域巡逻。海军在为新西兰军队提供海上补给，保证航道和主要港湾的畅通，为陆军提供军事运输，在南太平洋海域进行人道主义救助和进行水文调查等方面发挥着自己的作用。

新西兰防务政策为海军确定了明确的任务，即从海上维护新西兰的国防，其中包括保护新西兰的专属经济区和在南太平洋海域的利益；对南太平洋一般突发事件做出反应；对本地区的集体安全，包括与新西兰有同盟关系的澳大利亚的安全做出贡献；参加联合国的维和行动。为了实现上述目标，新西兰海军具备以下能力：在海上展示自己的军事和实行海上戒备；对付来犯的水面舰只和实施反潜行动；为陆上部队提供火力支援；保护航运；在海上进行搜索和实施救援；参与维和行动；监视新西兰和其他南太平洋国家的专属经济区；通过对其他国家海港的访问，支持国家外交目标的实现。

为完成这些任务，海军必须具备远航、耐航和控海能力。新西兰有广大的专属经济区。由新西兰承担防务责任的库克群岛与新西兰最远距离为 400 公里，在澳大利亚西北海岸部署、巡逻和返回有 1700 公里，从新西兰到南中国海来回的海路距离相当于航行半个地球。没有上述能力，海军就难以执行所承担的任务。在与其他国家的海军协同执行任务时，要能提供防空、防水面舰只和潜艇威胁的能力，同时还要具有在不给舰队其他舰

新西兰

只增加额外负担的情况下进行自卫的能力。新西兰军方认为,各种型号的近海巡逻艇可以满足新西兰海上防务的基本需要。

新西兰海军的主力是护卫舰。护卫舰适应能力强,可以对新西兰水域实施警戒,并对澳大利亚和东南亚国家联盟(ASEAN)伙伴国的防务和安全做出自己的贡献。它们允许新西兰作为联合国领导下的一个联合体的一部分参与遏制和击退可能发生的侵略。

拥有3艘护卫舰是保持新西兰海军实力的基本条件。如果在本地区发生危机或需要参与维和行动,新西兰需要至少部署1艘军舰参加远海作战并坚持一年。同时国内还要有1艘军舰部署在新西兰领海、专属经济区和南太平洋地区。如果1艘军舰部署在外,并且需持续一年时间的话,一旦在国内和南太平洋海域发生一般性的安全挑战,1艘军舰只能勉强坚持半年。

海上直升机是新西兰海军装备不可分割的一部分。现代护卫舰是不能在没有直升机的情况下行动的。直升机装备有现代雷达和远红外线监视系统,可以在军舰前100海里处做侦察飞行,因此极大地提高了军舰在控制海域及在遭遇危险时的安全性。装载反舰导弹和鱼雷的直升机还可提高水面舰艇对付水上和水下目标的战斗力。经过认真研究,新西兰同澳大利亚一样,选择了"卡曼水怪"SH-2G型直升机装备新西兰军舰。新西兰订购了4架直升机,2架装备现在的澳新军团护卫舰,2架用于训练和维修,另外还需要1架直升机来装备第3艘护卫舰。

海军必须配备足够的后勤力量,要具有海军运输能力、海上布雷能力、反制部队在内的海面能力,海军对航运组织的控制能力,对长期部署在外的军舰的海上补给能力,水文服务和海洋学研究能力。过去新西兰没有足够的军事运输能力,而是依靠联合国或其他国家为其重装备提供运输。海湾战争的经验告诉人们,掌握可靠的运输能力对军事力量快速部署和部署后的坚持能力有非常重要的意义。联合作战意味着每支参战部队都必须关注自己的需要,别人提供运输或迅速获得特许船队运输的机会是不大的。由于这一原因,《五国联防安排协定》的伙伴国都需要有军事运输船。

第五章 军 事

新西兰将"查尔斯·厄帕姆号"商船改为军事运输船,其成为新西兰部署陆军部队的运输工具,并极大地提高了在南太平洋发生海难时新西兰的运输能力,也可对联合国的维和行动做出贡献。新西兰海军拥有的"努力号"运输船具有良好的海上补给能力,可以在20年内满足海军的需要,无须更换。

海上水雷尚不是新西兰目前特别关注的问题,但由于它的对外贸易和经济活动严重依赖几个港口的航运,而海上通道又很容易受到水雷的威胁,防范敌人在这些通道布雷是军事当局不得不考虑的问题。所以,新西兰军事当局认为,维持防雷能力是非常必要的。对新西兰来说,并不需要部署可清除大面积海域水雷的扫雷艇,但需要部署装备有远距离扫雷系统的沿海船舶,以确保港湾进出口航道免受水雷的威胁。这是新西兰海军志愿预备役部队的职责。"曼纳瓦努依号"潜水救援艇可以在21世纪的第二个十年满足新西兰扫雷和潜水救援方面的需要。

新西兰海军从陆军情报部获得了进行水文调查和绘制航海图的合同。为此海军增购了"决心号"船和一些小的海岸调查船。"决心号"可用作与军事有关的海洋学研究。

二 陆军

新西兰陆军是"为新西兰的安全、为捍卫它的人民及其利益贡献力量的地面部队"。陆军的数量和质量必须要确保能有效地完成这一任务,并能得到国际社会的承认。

陆军的最高首脑是总参谋长,由一位少将担任,他从设在首都惠灵顿的指挥部——陆军总参谋部(对陆军实行战略控制的机构)实施对陆军的指挥。总参谋长由一名副总参谋长和四名分别负责发展、行动计划、物资和人事的助理协助。

截至2012年6月30日,新西兰陆军正规军有4288人,预备役人员1824人,文职人员375人,总兵力6487人,其中男性占86%,女性占14%。

地面部队平时的任务是应对一般的突发事件,如保护重要设施,在遇

到较大威胁时,作为实施常规地面战斗的联合力量的一部分参与行动。他们应有能力维护社会的和平与安宁。

新西兰陆军人数少,平时不可能均衡地分布在全国各地,因此要求部队随时处于待命状态,一旦遇到紧急情况,能在短时间内迅速调动到需要的地方去执行任务。除正规军外,新西兰还有一支业余的、经过训练的预备役部队,在必要时可听候调遣。这支预备役部队平时还是军事力量与为之服务的社区之间的重要联系纽带。

根据任务的需要,陆军部队可以按建制部署,也可以以任何数量的个人组成的军事单位进行部署。旅下的营是基本的建制单位。为了具有部署和支持营队规模的兵力,新西兰有两个常备轻步兵营,一个营准备在临时接到通知时立即部署,另一个营准备替换前一个营执行任务。

三 空军

新西兰空军的历史可以追溯到 1912 年,当时有两名新西兰陆军参谋部军官奉命到英国学习飞行。1913 年,伦敦的帝国航空队向新西兰提供了一架"布列塔里亚号"单翼飞机。第一次世界大战期间,新西兰建立的两所飞行学校为皇家海军航空兵、皇家航空队和皇家空军培养了 250 名飞行员,开始了新西兰自己培养飞行员的历史。一战中有多名新西兰飞行员参加英国皇家空军的作战。1919 年,英国把几架退役的飞机赠送给新西兰,这些飞机就是随后成立的新西兰空军最早的一批飞机。1923 年 6 月,建立了"新西兰空军部队",分为"常备空军部队"和"地方空军部队",使用的是 1919 年英国赠送的退役飞机。当时的空军部队还只是空军的雏形。1928 年,新西兰在奥克兰的霍布森维尔建立了一个海军航空兵站,并订购了水上飞机。1930 年,正式征召了 4 个地方空军中队,它们分别驻扎在奥克兰、惠灵顿、克赖斯特彻奇和达尼丁。1934 年,英王乔治六世授予空军"新西兰皇家空军"称号。二战前夕,随着战争的临近,政府增拨军费,扩大空军编制,订购飞机。1937 年 4 月 1 日颁布《空军法》。随后空军的兵员和飞机数量都有较大幅度的增加,并在威鲁阿佩(Whenuapai)和奥哈基建立了空军基地。二战时期,新西兰

第五章 军 事　New Zealand

建立了飞行学校，截至二战结束时，从飞行学校毕业的学员达 131553 名，其中有新西兰飞行员 7000 余名。1941 年，为补充空军人员的不足，成立了"妇女空军辅助队"。二战中，新西兰空军参加了欧洲战场和太平洋战场的作战行动，有 7 个中队参加了瓜达尔卡纳尔岛战役，并在新赫布里底群岛、斐济和诺福克岛等地作战。战争结束后，空军人数从战时的 4.2 万人缩编到 1946 年 3 月的 7145 人。此后人数进一步减少。

空军作为国防力量的一部分，应对来自空中、海上和陆上的军事威胁，对地面和海上部队提供空中支援，或作为盟国联合空军部队的一部分参与集体防务。空军的远程巡逻飞机负责监视新西兰的专属经济区和南太平洋，帮助南太平洋邻国控制其专属经济区，维护亚洲和太平洋地区的和平和安全。

新西兰空军的战斗力还是加强同澳大利亚的防务关系的关键部分。澳大利亚在舰队防空训练方面依靠新西兰的海上和地面攻击力量。对东盟伙伴国马来西亚和新加坡来说，新西兰的空军是它参与这一地区防务的重要标志之一。

截至 2012 年 6 月 30 日，新西兰空军有正规军人 2336 人，预备役人员 191 人，文职人员 247 人，合计 2774 人，其中男性占 83%，女性占 17%。空军的装备如下：基地设在奥克兰的新西兰皇家空军有用于海上巡逻的"奥利安"飞机 6 架，"波音 757"飞机 2 架，"大力神"运输机 5 架，"比奇空中国王"（Beech King Air）3 架，由新西兰海军使用的"海怪式"飞机 4 架，另有直升机 16 架。驻扎在克赖斯特彻奇的第三飞行队有"易洛魁式"直升机 2 架。有 6 架"空中之鹰"战斗机驻扎在澳大利亚的瑙拉（Nowra）。基地设在奥哈基的新西兰皇家空军有 13 架"空中之鹰"战斗机和 32 架教练机。

新西兰空军有 19 架美制"空中之鹰"A-4K 型飞机，它们组成一个空军中队，平时分成两个分队，一个分队驻扎在澳大利亚新南威尔士的瑙拉，协同澳大利亚皇家海军执行任务。

在保留现有"空中之鹰"中队的同时，新西兰为加强空军的战斗力，增强了直升机的攻击作用。为使过去对"空中之鹰"的投资充分发挥作

167

用，确保在以后数年的效能，新西兰空军对其做进一步改进，对飞机的中央处理系统进行更新换代，以增强空军的战斗力。安装激光瞄准器将为武器发射提供准确的导向装置。而购买射程更大的反舰导弹可使飞机在离目标较远的距离发射导弹，从而使飞机获得更大的攻击力和安全保障。

空中运输能力在南太平洋起着战术性作用，是区域性安全保障的后勤力量。现在的空军运输力量由5架"大力神"C-130H运输机和2架"波音"757飞机组成。战略和战术运输力量的结合提供了满足国家需要的有弹性的空中运力。"大力神"运输机已接近30年役龄，前些年已改装新的机翼，估计尚可继续使用到21世纪第二个十年中期。新西兰国防部选择购买5架新的"大力神"T型运输机。军事当局认为，适时获取5架新式"大力神"运输机对保持高效的运输能力是必要的。

直升机可对陆军部队提供战术运输，也用于提供搜索和救援服务。新西兰有14架"易洛魁"UH-1H型直升机，这些飞机可以在陆军调动时提供空军支持，满足陆军快速部署的要求，还有一些直升机可用于执行地方性非军事任务。

空军设有情报和安全机构，其职能是收集、对照和评估有关情报，向负责安全事务的部长提供建议。直接交给负责安全情报局工作的部长的情报应受总监察长和由议员组成的情报和安全委员会的监察，后面这两个机构是由1996年议会通过的法律设立的。

第四节　对外军事关系

新西兰国家小，人口少，军事力量相对薄弱，单独依靠自己的力量不足以进行自卫，因此它的战略构想是建立集体安全体系，与军事伙伴国一起保卫自己国家和所在地区的安全。

与新西兰军事关系比较密切的国家是澳大利亚、美国、英国、马来西亚和新加坡。

新西兰与英国的军事关系历史悠久。在殖民地时期，英国军队长期驻扎在新西兰。新西兰独立以后，一直与英国保持密切的军事关系，因为新

第五章 军 事

西兰本身并没有遇到严重的军事威胁。两国在军事上的合作主要表现为新西兰派军队参加英国进行的或英国参加的一系列重要战争，如布尔战争、第一次世界大战、第二次世界大战、在马来亚的殖民战争等。在这方面，新西兰表现了对英帝国（英联邦）的高度忠诚，每次参战派兵数量之多，做出牺牲之大，在英联邦国家中都是很突出的。

新西兰政府认为，太平洋地区主要大国之间的力量平衡是保持地区稳定和安全的重要条件，它密切关注这一地区事态的发展。在冷战时期，新西兰受美、英等大国的影响，对社会主义国家不信任，并怀着一定的"恐共"心理，对苏联、中国、越南、朝鲜等社会主义国家的态度至少是不信任的。但在冷战结束以后，情况有了明显的变化，美国成为世界上唯一的超级大国，原来的力量平衡被打破，新的力量平衡关系尚未建立。中国等社会主义国家执行的和平外交政策日益深入人心。最近30多年来，中国在经济建设方面所取得的令人瞩目的成就提高了中国的国际地位。中国执行的对外开放及和平外交政策，在世界上赢得了众多的朋友。中国实力的增强使许多国家都认识到改善同中国的关系，其中包括军事关系的重要性，新西兰也不例外。

一 军事条约

第二次世界大战结束以后，新西兰和美国、英国、澳大利亚、马来西亚和新加坡签订了一系列军事同盟条约。

1.《澳新条约》

1944年1月21日，新西兰和澳大利亚两国在堪培拉签订具有军事同盟性质的《澳新条约》，又称《堪培拉条约》。两国约定，把新西兰和澳大利亚及两国北部和东北部岛屿划为一个防御地区，声明太平洋国家有权维护太平洋地区的主权和控制权，凡将太平洋上的敌国领土移交给其他国家，必须得到新西兰和澳大利亚的同意。条约还就美国在巴布亚新几内亚以北的马努斯岛建立大型军事基地问题取得一致意见。两国主张，任何国家均不得对战时占领并建有军事基地的岛屿提出主权要求。《澳新条约》表明了两国对外部势力入侵南太平洋地区的警惕和奉行独立外交政策的强烈愿望。

新西兰

2.《澳新美安全条约》

第二次世界大战期间,新西兰与澳大利亚和美国建立了同盟关系,在二战中进行密切的合作。战后,新西兰和澳大利亚为应对新的外来威胁,想用军事协定把这种同盟关系巩固下来,以加强自己的国际地位。最初,美国没有对新、澳的建议做出积极响应。但在朝鲜战争爆发以后,美国加快了在亚太地区建立军事同盟体系的步伐,开始与新西兰和澳大利亚谈判建立亚太地区的集体防务问题。经过协商,三国代表于1951年9月1日在美国的旧金山签订了《澳新美安全条约》,条约于1952年4月29日生效。该条约共11条,主要内容是:三国将以自助和互助的方式保持及发展单独或集体抵抗武装攻击的能力;当缔约国任何一方认为缔约国任何一国的领土完整、政治独立或安全在太平洋受到威胁时,缔约国应共同进行协商;每一缔约国认为,在太平洋地区对任何一个缔约国的武装进攻,都将危及自己的和平与安全,并宣布它将按自己国家的宪法程序采取共同行动,以应对面临的共同危险。根据该条约第七条,三国于1952年8月4日成立澳新美理事会。理事会每年举行一次,由三国外长参加,就亚太地区的政治、军事形势和集体防务方面的问题进行讨论,并做出相应的安排。理事会还不定期地举行理事会助理会议和军事代表会议。20世纪80年代以来,新西兰坚决主张建立南太平洋无核区,反对在该地区进行核试验和部署核武器,也反对美国核动力潜艇访问新西兰。

3.《东南亚集体防务条约》

新西兰是东南亚条约组织成员国。该组织是在美国一手策划下于1954年9月成立的军事同盟组织。1954年9月6~8日,美国、英国、法国、澳大利亚、新西兰、菲律宾、泰国和巴基斯坦在马尼拉开会,签订了《东南亚集体防务条约》及其附件《东南亚集体防务条约议定书》和《太平洋宪章》,该条约又称为《马尼拉条约》。1955年该条约生效时,成立了总部设在泰国首都曼谷的东南亚条约组织。该条约规定,缔约国有责任以本国的力量和互助的方式"抵抗武装进攻",美国在条约文本所附加的《美国谅解备忘录》中说明,"武装进攻"的意义"只适用于共产党的侵略";在出现"武装进攻以外任何方式的威胁时",缔约国应采取措施立即磋商;条约区域指东南亚的一般地区，包括缔约国的全部领土及西太平洋的一般地区，不包括北纬21度30分以北的太平洋地区。条约的名称前冠以"东南亚"，其实成员国中有5个国家并不是亚洲国家。该条约公然违反《日内瓦协议》，不顾当事国的意愿，把柬埔寨、老挝和越南南部也纳入该条约的保护范围。该条约最高权力机构是理事会。美国建立东南亚条约组织的主要目的是对包括中国在内的亚洲社会主义国家实行军事包围。一些国家统治集团存在的"恐共"心理是美国意图得以实现的重要原因。

在社会主义国家和平外交政策的感召下，东南亚条约组织逐渐分崩离析。从1967年起，法国拒绝派代表参加理事会。1972年11月，巴基斯坦退出该组织。1975年9月，在纽约召开的东南亚条约组织第20届年会上决定分阶段解散这一组织。1977年6月30日，东南亚条约组织正式解散。

4.《五国联防安排协定》

1971年11月1日《英马防务协定》期满，在英决定从新加坡、马来西亚撤军的情况下，以英国为首的几个国家为继续维护其在东南亚的利益，决定继续在新、马驻军，英国、澳大利亚、新西兰、马来西亚和新加坡遂签订了《五国联防安排协定》。根据协定，五国在防务方面进行合作；英、澳、新（西兰）在1971年底之后继续在新（加坡）、马驻军；如发生由外部组织或其支持的对新（加坡）、马任何形式的武装攻击或武力威胁，五国政府将立即进行磋商，以决定集体或单独地采取措施应对这种攻击或威胁；建立新（加坡）、马两国统一的空防体系；设立联合磋商委员会、联合空防委员会和英、澳、新（西兰）联合部队司令部，司令部下辖一支由以上三国陆、海、空军组成的联合部队。新西兰派遣了一支军队驻扎在新加坡参加联防，并在新加坡设立了一个军事联络小组，处理与"五国联防"有关的事务。后因澳、新（西兰）陆续从新加坡撤军，联合部队司令部于1976年4月宣布解散。但英、澳、新（西兰）对新（加坡）、马的防务承担仍保持不变。《五国联防安排协定》主要针对的是社会主义国家，冷战结束以后，它失去了存在的理由，其影响力日渐下降。但"9·11"事件以后，五国联防增加了反恐的内容，2004年五国举行海上演习，首次将反恐列入联合演练。马来西亚、新加坡是借五国联防

新西兰

反恐应对美国对东南亚特别是马六甲海峡的渗透,这使五国联防获得了新的存在意义。

二 双边和多边军事关系

1. 同澳大利亚的防务合作

新西兰和澳大利亚两国间的防务合作已有很长的历史。还在第一次世界大战期间,两国就组织"澳新军团",在地中海和欧洲战场上共同作战。在第二次世界大战期间,两国军队都站在同盟国一边作战,它们在欧洲战场和太平洋战场上并肩战斗,为世界反法西斯战争的胜利做出了贡献。二战结束以后,两国更加强了防务方面的合作,在《澳新条约》、《澳新美安全条约》、《东南亚集体防务条约》和《五国联防安排协定》等地区性军事合作中,两国都是重要的伙伴。近年来,两国更加强了彼此间的合作关系。新西兰在1987年和1991年《国防白皮书》以及2004年国防政策框架中,都特别强调这种合作的重要性。这些文件一再声明,澳大利亚的防务能力对新西兰的安全和加强双边的防务合作关系有重要价值。澳大利亚的国防政策同样承认加强与新西兰防务合作关系的重要性,并确认《澳新密切防务关系协定》是两国防务合作及进行联合训练和演习的重要基础。澳大利亚1997年11月发布的防务白皮书《澳大利亚战略评论》表示,要继续执行历届政府的国防政策,特别强调加强地区联系的重要性,把与美国和新西兰的联盟看作澳大利亚国防政策的基石。

澳、新两国在1991年签订的《澳新密切防务关系协定》包含如下义务:就战略和军队的结构发展问题进行磋商;从塔斯曼海两岸的角度对军队发展选择进行考察;寻求达到共同采取行动的最高水平;加强长期计划方面的协调,其中包括应急计划、资源安排和物资采购。

澳新军团护卫舰计划和新西兰皇家空军的"空中之鹰"战机部署在澳大利亚新南威尔士瑙拉的海军基地,是两国根据《澳新密切防务关系协定》而加强合作的两个范例。1998年3月,两国国防部部长签署了为《澳新密切防务关系协定》注入新的活力的联合声明,该文件确定了一系

第五章 军事

列加强两国防务关系的领域。两国都对加强亚太地区的防务和安全合作感兴趣，对在亚太经济合作组织和东南亚国家联盟内开展多边对话都持积极支持的态度。两国再度确认了与美国密切的军事关系，并与印度尼西亚开展安全合作方面的谈判。此外，两国还就加强与东亚国家的安全与防务联系开展工作。两国在加强双方的军事力量和实现军事现代化方面进行合作，如在军事采购方面进行合作。

20世纪80年代，新西兰和美国间的军事关系因新西兰工党政府在1984年拒绝美国核潜艇访问新西兰港口，1985年又两次拒绝美国军舰访问而变得冷淡，这使新西兰更加看重与澳大利亚的军事合作关系。

澳、新两国根据《澳新密切防务关系协定》，安排了一系列合作计划，主要的合作项目有：举行高级别例行会议，其中包括澳、新国防部长的协商会议；根据19项协定和安排，继续采取联合行动；对地区紧急情况做出联合反应，协调在南太平洋的海上侦察和后勤支援；来自澳大利亚和新西兰国防军和国防部的军事和文职人员一年至少交流一次，在一年以内还有多达100名军事人员进行交流；澳、新的军事人员参加两国军事院校100种以上的军事训练课程，新西兰军事人员例行观察澳大利亚陆军的活动和演习；在澳大利亚和新西兰进行两国军队参加的重大演习；两国国防军间开展科学技术合作项目；此外，两国加强合作的活动还有在澳大利亚进行潜艇试验时的潜水支援，两国空军参谋学院在训练时利用彼此设施等。

2. 同美国的军事关系

在第二次世界大战期间和战后，美国都是太平洋地区的重要军事大国。冷战结束以后，原来大国之间的平衡关系被打破，新的平衡关系尚未建立，美国在这一地区的军事大国地位更加突出，而且美国在太平洋地区的军事主宰地位将持续很长时间。在这种情况下，新西兰和澳大利亚两个南太平洋的重要国家都把本国和本地区的安全建立在与美国的防务合作上。美国在这一地区的军事存在受到南太平洋国家的欢迎。澳新两国所需要的飞机、导弹等军事设备大多来自美国。美国的军事理论对两国的军队建设也产生了很大的影响。

新西兰工党1984年执政后，采取反核立场，1984年和1985年，新西

新西兰

兰三次拒绝美国核潜艇的访问，为此，美国取消了原定的联合军事演习和1985年的澳新美理事会年会，中断了与新西兰的防务合作。1990年11月，新西兰国家党执政以后，致力于改善与美国的关系。1994年2月，美国宣布恢复美新两国在政治、军事方面的高层往来，两国恢复军事关系。此后，两国军界领导人频繁互访：1994年4月，美国太平洋舰队司令拉森访新；10月，新西兰国防参谋长蒂格尔访美；8月，新西兰应邀派军舰和军用飞机到夏威夷参加太平洋战争结束50周年庆祝活动，在此期间，两国国防部部长进行了会晤。1998年2月伊拉克武器核查危机期间，新西兰政府支持美国对伊拉克采取军事行动，并派兵参加海湾战争中以美、英为首的多国部队。1998年4月，美国空军参谋长麦克尔·赖恩访新。但是，新西兰仍然坚持反核政策，新西兰立法机关禁止美国核潜艇到新西兰港口进行访问，或限制美国军队到新西兰进行演习和美国某些军事技术进入新西兰，这给两国间的军事合作造成了一些困难。新西兰仍被排斥于《澳新美安全条约》理事会年会之外，两国在联合军事演习和情报交换等方面的合作尚未恢复。美方表示，只有新西兰取消反核立场，才能全面恢复澳新美军事联盟。

新、澳两国对美国寄予很大的期望。但美国不想做这一地区安全的唯一保证国，它希望其他国家分担相应的军事负担。新西兰继续在这一地区安全事务方面发挥有益作用的能力对加强与美国的军事关系具有重要作用。

3. 与英国和法国的军事关系

20世纪末期，英国在这一地区的军事存在大为减弱。但是，因为英国是这一地区中一系列军事条约的参加国，而且是英、澳、新西兰、新加坡和马来西亚五国联防安排的重要成员国，对这一地区的安全承担了重大义务。《五国联防安排协定》对加强新西兰与自己的老盟友之间的接触与合作提供了很好的机会。新西兰军队参加了在波斯尼亚的英国营，英国军队给予了他们很多的帮助，体现了与新西兰军人的友谊。新西兰政府对此非常重视。

法国在新西兰的近邻新喀里多尼亚和法属波利尼西亚驻扎有军队，所以仍然是在南太平洋地区有影响力的大国。尽管新、法间没有正式的军事合作安排，但法国停止在这一地区进行核武器试验，使两国在诸如海上侦察和灾难救助方面的合作得以恢复。

4. 与南太平洋岛国的军事关系

南太平洋岛国主要关注的问题是非军事性的挑战，如经济的脆弱性、环境威胁、人口的高速增长、种族间的紧张关系和社会稳定问题。国家间发生军事冲突的可能性不大，但发生国内冲突和危机的潜在危险对地区安全和稳定构成了威胁。

新西兰和南太平洋岛国是由地理位置邻近，种族、家庭、历史和文化方面的强有力的纽带关系联系起来的。新西兰的居民中，有相当一部分人是来自这些岛国的移民。新西兰强烈关注这一地区的稳定、繁荣、国家的治理状况、灾难救助和自然资源的保护等，因为这些问题关系到新西兰的利益。每当这些国家发生内部冲突，新西兰都会动用自己的一切力量和影响去进行调解和干预。

新西兰与这些岛国有密切的军事关系。新西兰承担着保护托克劳、纽埃和库克群岛的宪法义务；同萨摩亚签订友好条约，还和斐济、汤加、所罗门群岛和瓦努阿图的军队进行联合军事演习；并对其他国家提供一系列军事和开发援助。

因为这些岛国的军事实力非常有限，对新西兰来讲，保持实力，以便在这些国家发生诸如恐怖主义威胁、灾难和其他意外事件等紧急状况时，提供必要的援助，帮助救灾和抢险等。

由于地区外的其他国家在南太平洋地区争夺渔业资源的事件时有发生，为了保护渔场，对这些岛国的专属经济区进行监控变得越来越重要。完成这一任务主要依靠新西兰和澳大利亚的武装力量。

新西兰还非常重视在南大洋和南极的利益。新西兰的专属经济区延伸到坎贝尔岛以南200海里，那里的大部分资源尚未被开发。监控和保护新西兰管辖下的那些地区的自然资源不受侵犯，是新西兰赋予军队的一项任务。

新西兰离南极比较近，对开发南极怀有浓厚兴趣。南极有丰富的尚未被人类勘探和开发的自然资源，许多国家派出科学考察队到南极考察，新西兰自然也不甘落后，南极的罗斯属地（Ross Dependency）是新西兰开发南极的重要据点。它希望在开发南极自然资源中获得益处，但认为这种开发不应对环境造成破坏，以便使这样的开发能够持续进行。具备监控和

保护能力对保护罗斯海域的自然资源和南极生物资源变得日益重要。在新西兰的南极计划中，空中运输和直升机支持是顺利进行考察和开发的必要条件。海军进行的水文调查也是新西兰南极计划的一部分。

5. 与东南亚国家的军事关系

新西兰与东南亚国家之间的政治和军事关系都非常密切。新西兰出口商品的大约40％进入了东南亚，而且对这一地区的出口量有望持续增加。亚太地区还是新西兰的大多数外国留学生和移民的来源地。来自亚太地区的投资者和旅游者也逐年增加，因此新西兰的持续发展有赖于亚太地区的稳定和繁荣。新西兰政府认为，保持一定的实力和为该地区的安全做出贡献是提高新西兰在该地区地位的必要条件。近年来，新西兰积极参加了东南亚国家联盟的地区论坛和亚太经济合作组织一年一度的地区高级会议，积极与中国、日本等亚太地区国家就加强经济合作和地区稳定开展对话。它把保持东南亚地区的稳定看作仅次于新西兰和澳大利亚共同安全的重要安全目标。

新西兰在与马来西亚、新加坡、澳大利亚、美国和英国的《五国联防安排协定》中承担了军事义务。这几个国家的特殊关系是英国在这些国家实行殖民统治和后来实行非殖民化政策的历史遗产。这种关系因军事协定的签订而获得了新的生命力。通过这一协定，新西兰加强了和东南亚国家的军事联系，获得了与这些国家进行联合军事演习的机会。此外，新西兰还加强了与东南亚国家间的双边军事关系。它与马来西亚和新加坡成立了防务协调小组，和新加坡的军队开始了日益频繁的联合训练。新西兰军队对加强同菲律宾和文莱的合作也感兴趣。新西兰还不时与泰国和印度尼西亚进行联合军事演习。

6. 与东北亚国家的军事关系

东北亚是美国、日本、俄罗斯和中国四大国利益交汇的重要地区，这四国之间的关系是地区安全的核心。这四国又都是新西兰的重要贸易伙伴。因此，新西兰非常重视加强同这些国家的对话与合作关系。尽管新西兰和东北亚国家间的双边军事关系还不密切，但逐渐努力加强军事方面的往来。新西兰向韩国和中国派遣了武官，加强安全方面的对话和高层互访，进行双边军事交流。

第六章

社　会

第一节　国民生活

新西兰的社会保障制度比较健全。如前面所述，早在 19 世纪后期，新西兰已经开始采取一些社会保障措施，20 世纪 30 年代以后，这种制度逐渐完善，使新西兰成为一个福利国家。

根据 2012 年对新西兰居民的生活满意度调查，有约 87% 的 15 岁以上的新西兰人对他们的总体生活感到"满意"或"非常满意"。衡量生活是否满意，他们采用了四个主要衡量标准：健康状况、金钱、人际关系和住房状况。2012 年，有 60% 的新西兰人认为他们的健康状况"很棒"或"非常好"；有 52% 的人认为他们所拥有的金钱在满足其日常需求方面"绰绰有余"或者"足够"；有 69% 的人在最近四个星期不感觉孤独；有 67% 的人认为他们所居住的房屋没有太大问题。只有 5.4% 的新西兰人在这四个方面感觉不好，即便在这些人中，也有 56% 的人对他们的总体生活感到"满意"或"非常满意"。若按年龄来分析，年轻人和老年人对生活感到满意的比例比中年人高一些。在 15～24 岁年龄组中，对生活感到满意的人占 88%；在 45～64 岁年龄组中，这一比例是 84%；在 65 岁以上年龄组中这一比例为 91%。处于盛年的人正经历人生的重要时期，他们要抚养孩子、买房、经受就业和失业的考验，生活压力大，因此对生活的满意度相对低一些。若按家庭收入来分析，收入高者对生活的满意度要高一些，收入低者则满意度较低。例如，家庭年收入在 3 万新元

以下者对生活感到满意的只占 79%，而家庭年收入在 10 万新元以上者对生活感到满意的占 91%。满意度最低的人是失业人员。单亲家庭成员的生活满意度（78%）比双亲家庭成员的满意度（89%）低。受教育程度高、有专业素养者的生活满意度（92%）比受教育程度低、缺乏专业素养者的满意度（81%）高。

根据新西兰统计局公布的数据，新西兰居民中，收入在满足其日常需求方面绰绰有余的占 15.1%，足够花的占 36.5%，刚刚够花的占 33.1%，入不敷出的占 15.3%。感觉住房方面有较大问题的占 33.5%。

2012 年对生活感到满意者的比例与 2010 年相比没有多大变化，但比 2008 年提高了 1.5%。根据经济合作与发展组织的数据，新西兰的生活满意度高于经合组织的平均水平，与澳大利亚、美国和加拿大相当。

新西兰建立了健全的社会保障制度，普通居民的基本生活需求能够得到满足，社会稳定，是世界上较早建立的福利国家之一。现在实行每周工作 5 天、40 小时的工作制度。

多数新西兰人认为社会比较安全，个人夜间在附近地区散步感觉非常安全的占 67.2%，觉得不安全或很不安全的占 32.8%。2012 年，社会登记犯罪案件 376013 起，结案数 176853 起。2012 年种植大麻、非法运输和销售毒品的犯罪案件比往年增加，毒品犯罪成为一个引人关注的社会问题。

据统计，2011/2012 财年，新西兰有外来移民 424213 人，向外移民 389786 人，净移入 34427 人。

一　就业、收入和物价

新西兰人均收入较高，多数人过着小康生活。尽管新西兰属于福利国家，但是收入差别还是很大的，最低收入组（占工薪阶层的 10%）的平均收入不到最高收入组（占工薪阶层的 10%）的 1/57。

如果把工薪阶层平分为 10 个组，每个组占 10%，那么最低收入组的个人年收入在 1400 新元以下，最高收入组个人年收入在 80000 新元以上（见表 6-1）。

表6-1 2012年新西兰按性别划分的个人年收入
（把15岁以上的人十等分）*

单位：千人

收入组（新元）	15岁以上的人数		
	男性	女性	总人数
1400以下	147.2	196.6	343.8
1400~10999	132.5	210.0	342.5
11000~16299	160.7	185.2	345.9
16300~21899	134.6	213.2	347.8
21900~29999	118.1	224.2	342.3
30000~37799	170.7	176.7	347.4
37800~46999	167.8	171.3	339.1
47000~59999	180.0	165.8	345.8
60000~79999	206.0	134.9	340.9
80000以上	259.5	92.5	352.0
总　　数	1677.1	1770.4	3447.5

* 注：表中的数据不含投资和自我雇佣者及没有收入的人。

从表6-1我们可以看出以下几点：（1）高收入组的年收入是低收入组的57.14倍；（2）低收入组中女性多于男性，高收入组中男性多于女性；中等年收入在3万新元至7万新元之间。2012年4月至2013年3月，个人年收入在3万新元以下者占51.1%，年收入3万~7万新元的占35.4%，在7万新元以上者占13.4%。

新西兰工资水平较高，凡有工作的人都可以衣食无忧。新西兰薪酬情况见表6-2。

表6-2 新西兰2012年和2007年薪酬对照

单位：新西兰元

	2012年6月	2007年6月
平均小时薪酬	25.07	21.33
中等小时薪酬	20.86	18.00
平均周薪酬	922	793
中等周薪酬	806	709

新西兰

薪酬水平因年龄和性别不同而存在差异,29岁以下的青年人和59岁以上的老年人和女性劳动力薪酬水平要比壮年男劳动力的薪酬水平低一些。

2012年,新西兰充分就业人数为170.52万人(占总就业人数的近77%),部分就业人数为51.9万人(约占总就业人数的23%),总就业人数为222.42万人,占有劳动能力人口的72.3%。2013年9月,失业人数为14.83万人,失业率为6.2%。充分就业者有稳定的收入,能过上衣食无忧的生活。失业者可以获得国家给予的失业救济金,在危机时期可以获得救济者的比例占失业总人数的96.2%。一般居民住着舒适的住房,出门有汽车代步,家里有各种电器,环境优雅舒适,可以享受清新的空气,节假日可以外出旅游,进行各种户外活动和锻炼身体,享受闲暇时光。

新西兰工薪阶层工作稳定性不是很高,经常更换工作。据统计,有25万人以上的工薪阶层人员平均每三个月就要更换一次工作。2011年,约1/7的工薪人员在一个工作岗位上工作不超过三个月。年轻人(15~24岁年龄组)工作更换率更高,约1/4的年轻人每三个月就要换一个工作岗位。工作更换频繁表示工作的稳定性差,经常更换工作的人对他们所从事的工作满意度低。从总体上看,年轻人、在小企业工作的人更换工作更频繁一些。年纪大一点的人(40岁以上者)、在大企业工作的人工作相对稳定一些。

新西兰的通货膨胀不算很严重,以食品为例,2006年6月至2011年6月,食品价格指数上涨了27.3%,其中,水果上涨30.0%,蔬菜上涨27.7%,牛肉上涨29.4%,面包上涨40.9%,鲜奶上涨24.1%,奶酪上涨51.3%,食品成品上涨24.3%。2011年,新西兰的物价指数上升了5.3%。另外,新西兰2012年6月与2007年6月消费价格比较见表6-3。

表6-3 新西兰2012年6月与2007年6月消费价格比较

价格单位:新西兰元

	2012年6月	2007年6月
1个白切片面包(700克)	1.97	1.21
牛奶(2升)	3.39	2.61
炸鱼和炸薯条(1份)	5.71	4.59

续表

	2012年6月	2007年6月
苹果(1公斤)	2.35	1.93
1杯啤酒(400毫升)	5.66	1.54
1升91号汽油	2.11	1.54
看一次普通医生	37.18	34.97

资料来源：新西兰统计局。

二 住房

新西兰因人口密度不大，居住条件很好，大部分城市居民都住一层或两层结构的住宅。多层住宅楼是进入21世纪后才逐渐开发的，主要集中在奥克兰和惠灵顿等几个大城市中。私人住宅大多为别墅式建筑。许多住宅是木质结构，因新西兰地震灾害频发，木质建筑有利于抗震。住宅多为英国风格，近年来建筑风格的国际化趋势有所加强。住房的建筑密度较低，一般占地都超过150平方米。住宅区环境宁静幽雅。大多数新西兰家庭都在自己的房前屋后开垦一小块土地作为花园、果园和菜园，种植花草，以点缀环境，种植一些蔬菜或果树，供自己食用。

20世纪90年代后期，全国有123万户家庭拥有自己的私宅，大约平均每3个人就有一套住宅，其中66%的家庭是一家一宅，两家人合住一套住宅的仅占2%。2006年，被占用的、离家外出而空置的和在建的住宅共有161.5万套。现在因单身家庭数量增多，一人住一套住宅的占了21%，2~3人住一套住宅的比较多，2人一宅的占32%，3人一宅的占17%，4人一宅的占16%，5人一宅的占8%，6人一宅的占3%。在大城市，公寓建筑有增多的趋势。公寓房的价格相对便宜，而且住公寓可以减少打扫庭院和修剪花草的劳累，物业管理和安全保卫工作也比较好，可以减少许多别墅式住宅的烦恼。

居民住宅一般有两间或多间卧室。如果是两层楼房建筑，楼上是卧室，楼下是客厅、餐厅和厨房。卧室一般面积不大，陈设简单，但壁橱必

不可少，那是挂放衣物的地方。客厅宽敞，正面墙上装有壁炉，供冬天取暖之用。客厅里面安放沙发、酒柜和装饰性摆件，是主人度过闲暇时光和接待客人的地方。餐厅与厨房相连。新西兰人做饭油烟很少，厨房整洁卫生。每家有一间储藏室，放置割草机和杂物等，每家还有1~2个车库。

自建和购买住宅是新西兰人的主要投资项目。39%的家庭拥有自建的住房，34%的家庭用贷款购买住房，24%的家庭租房居住，3%的家庭无偿居住不属于自己的房子。年薪不到4.1万新元的家庭，可以住国家补贴的公房。政府通过国有的新西兰住房公司向低收入家庭提供住房补助，对鳏寡老人的住房也给予特别照顾，丧失劳动能力的老人还可以住进养老院。房屋的价格因地区而异，一般来说，大城市房价高，小城市房价低，农村最低。2008年11月，全国房屋的均价为33.75万新元。当然，同一城市的房屋会因面积的大小、建筑质量的好坏、所处地理位置的优劣，价格差别会非常悬殊。房屋的价格会随着经济形势的波动而波动，例如，2001~2007年，房屋名义价格上涨了约94%，扣除货币贬值因素，实际上涨了66%。富有家庭的住宅多建在依山傍水、风景优美的地方。富人区人口密度小，空气清新，没有市区的喧嚣，治安状况较好。富人的住宅宽敞豁亮，摆放高级家具，铺设名贵地毯，摆放钢琴，室外有网球场和游泳池。

第二节 社会福利和社会管理

一 社会福利

随着工业化的向前推进和城市人口的增加，许多社会问题变得突出起来。周期性的失业成了社会生活的常态。人们逐渐认识到，贫困有深刻的社会根源，经济制度本身的缺陷、经常发生的生产过剩和经济危机及与其相伴出现的失业是造成贫困的重要原因。这在经济大萧条时期表现得尤其明显，老人、儿童、疾病、身体缺陷等都会成为贫困的根源。对于这些问题，国家必须采取救治措施。新西兰早在1898年就开始发放养老金,从 1926 年开始实行家庭津贴。工党政府继续进行社会改革。1937 年政府开始实行住房计划,以改善一些家庭住房过于拥挤的状况。国家按计划建设住房,以低廉的租金提供给中低等家庭收入的住户。但是,这项计划的实施受到二战的干扰,到 1948 年才建成房屋 29540 套。1938 年,新西兰通过了《社会保障法》,形成了系统全面的社会福利政策,弥补了过去养老金和补贴制度的不足,并对免费医疗和医疗补助制度做了新的规定。该法承认了人们在失业情况下维持生活的权利,向依靠丈夫生活的妻子发放津贴,此外还对因疾病而失去工作的人提供生活补助。有关社会保障的大部分条款从 1941 年开始执行。从 1947 年起,开始对 16 岁以下的孩子免费治疗牙齿。此外还实行了普遍的老年退休金和家庭津贴制度。工党政府将老年退休金改为老年福利金,并增加了发放的金额。1949 年的老年福利金金额为每周 2 镑 10 先令。凡年满 65 岁的人每年还可以领取老年退休金,1941 年开始时为 10 镑,以后每年增加 2 镑 10 先令,直到其金额达到同老年福利金金额一样为止。从 1946 年起,对 16 周岁以下的少年和在校学生,按每人每周 10 先令的补贴发给其母亲。

社会保障金的来源是个人按收入的多少缴纳的社会保障税和国家从岁入中拿出的款项。一般说来,富人缴的税多,而穷人得到的补贴比富人多。因此,这一社会保障制度实际上是社会收入的一次再分配。

1. 社会福利的行政管理机构

新西兰政府的社会福利部负责对社会福利的行政领导。它主要有两项职能:对儿童、青年和他们的家庭提供社会服务;向社会福利组织提供资金。

除上述两项主要职能以外,社会福利部还要就新西兰社会福利发展问题向政府提供建议;向公众公示社会福利服务的方针和措施;保持与从事社会福利活动的机构和个人的密切联系,加强在这些组织之间开展合作和进行协调;促进社会福利事业的发展;对各种从事社会福利活动的委员会、理事会和有关局、处进行行政领导。

在 1998 年 10 月以前,社会福利部负责低收入家庭或个人的补助工

作，后来这一工作被独立的"新西兰就业和收入局"（Work and Income New Zealand）接管。

近年来，由于自愿成立的福利组织增加了很多，社区组织也越来越多地参加到提供社会福利的工作中来，政府支持它们的工作。现在，新西兰政府倾向于将本身承担的提供社会福利的责任下放到地方一级去做。

2. 社会福利的内容

社会福利主要是解决低收入者、未成年人、孤儿、老年人、寡妇、病人、残疾人、失业者等社会特殊群体的生活问题，帮助他们解决困难。免费教育和医疗也是社会福利的重要内容。

新西兰社会福利的资金来源于一般税收，这是它与其他许多国家不同的地方。这一办法的好处是，那些无力缴纳福利基金的人也可以像工资和薪金收入者那样领取福利补助。对那些符合补助标准的人来说，接受补助并非是政府对他们的恩赐，而是他们应该享有的一种权利。

属于下列情况之一者，可以获得低收入补助：正在找工作的人，因病不能工作的人，因需照顾其他人而陷入生活困境的人，因低收入需要额外帮助的人。低收入补助还包括儿童抚养补助，例如维持家庭生活的补助（资助独自抚养孩子的单身父母）、给予孤儿和丧偶者的补助。

低收入补助的主要形式是对那些已经退休和无工作能力的人提供补助。大部分补助用来帮助他们支付日常生活开支。这种福利支付的时间一般来说是短期的，一旦他们获得经济上的自立，补助即会停止。

除上述低收入补助的主要形式以外，还有一种额外的低收入补助，是针对那些低收入人群的。他们虽获得主要形式的低收入补助，但仍然不能满足最基本的生活需要，必须得到额外的补助来渡过难关，如住房开支。

对失业人员的补助包括失业补助以及为寻找新工作所必需的培训补助，另外还有一种在找工作期间所给予的补助。

此外还有丧葬津贴及残疾人康复补助。

救济金数额每年调整一次，主要根据收入的多少进行调整。有些受益人在得到救济金之前要等一段时间。

第六章 社 会

在2011/2012财年,政府用于社会福利的支出约为137.38亿新元,其中约71%用于养老金,7%用于失业救济,14%用于家庭福利计划,其余用于疾病补助和残疾补助。社会福利的受益人达80万人,平均每个社会福利受益者一年可领取1万多新元。

3. 低收入补助的主要形式

社区工资 从1998年10月1日起,获得失业补助、疾病补助、培训补助、55岁以上老人补助、年轻人寻找工作补助的人所得到的福利补助通称为"社区工资"(The Community Wage)。获得社区工资的人必须承担下列义务:努力寻找工作;在就业和收入局要求见面时,应前去会见;接受提供给他们的合适工作;参加有助于他们寻找工作的活动。

1997/1998财年,有154774人获得失业补助(1998年10月1日后称为"社区工资")。2011/2012财年,这项补助的总金额达7270.7万新元。

养老金 养老金是给达到退休年龄(在63岁和65岁之间,依出生时间而定)的人的退休金。随着人均寿命的延长和人口的老龄化,领取养老金的年龄在2001年提高到65岁。养老金的金额要看他个人工作时的工资和工作年限等情况而定。对超过一定数额的其他收入要征收附加税,但对于从私人养老保险机构或保险公司领取的保险金可以免征一半的附加税。

在2011/2012财年,养老金支出总额是98.55亿新元。基本养老金的金额为单身独居者每人每周348.92新元,已婚者每人每周268.4新元。

退伍军人养老金 对在战争中受伤退役的老兵给予退伍军人养老金。退伍军人养老金是对他们服役受伤的一种补偿。他们领取退伍军人养老金而不领取一般养老金。退伍军人养老金由国家按统一标准发放。2012年,退伍军人养老金标准为单身独居者每人每周348.92新元,已婚者每人每周268.4新元。2011/2012财年,退伍军人养老金支出总金额为16223.9万新元。

失业和疾病补贴 失业或患病不能工作者可以获得失业或疾病补贴。补助标准根据年龄、婚姻状况和是否单身父母而有所区别。2012年获得失业补助的人数为57783人,每人每周补助标准从136.64新元到293.58

新元不等，年龄大者和单身父母获得补助多一些。2011/2012 财年，失业补助总金额为 94587.6 万新元，疾病补贴为 92454.6 万新元。

自立青年补贴 16 岁和 17 岁的青年不能得到其父母或其他人支持的，给予"自立青年补贴"。获得此项补贴的条件是，他们必须寻找工作或因生病或残疾而不能工作，或因上学或接受经批准的全日制培训而没有收入。

残疾人补贴 16 岁以上（含 16 岁）因常年患病或残疾而不能工作或很难工作者，可以领取残疾人补贴。残疾人还可以申请贷款用于搬家、修理房屋和购买汽车等。

1997/1998 财年，新西兰领取残疾人补贴的有 49419 人。2011/2012 财年，领取残疾人补贴的人增加到 60361 人，残疾人补助金额为 143490.4 万新元。补助标准每人每周从 207.32 新元到 336.55 新元不等，年龄大者和单身父母的补助金额多一些。

寡妇补贴 丈夫或共同生活的伙伴死亡的妇女可以获得寡妇补贴。这项补贴是专为帮助那些单独抚养子女和在婚姻生活期间抚养子女的寡居妇女而设立的。没有子女的寡居妇女须年满 50 岁才能获得补贴。寡妇补贴的获得者再婚以后即失去获得补贴的资格。在 1998 年，新西兰获得这项补助的人数为 9361 人，总支出为 9393.1 万新元。2011/2012 财年，领取这项补贴的人数为 6082 人，补助总金额为 8177.8 万新元。寡妇每人每周补贴 213.49 新元，单身母亲补贴为 293.58 新元。

家庭补贴 家庭补贴的对象是在抚育子女时没有得到妻子或丈夫的支持，因而存在困难的父亲或母亲，家里有需要照顾的病人和残疾者的生活困难者，以及家庭生活困难的老年妇女。补贴的金额由获得补贴者的年龄、需要抚养子女的数量（如果他们已经结婚或有性伙伴）以及其他收入的多少而定。2012 年领取家庭补贴的人数达 112828 人，每人每周补助金额为：16~17 岁的人 207.32 新元，18 岁以上者 256.19 新元，已婚夫妇每人 213.49 新元，单身父母 336.55 新元，全国补助总金额为 210392.2 万新元。

住宿关怀补贴 住宿关怀补贴是对支付住房或医院住院费存在困难的

人提供的财政补助。

孤儿也可以获得国家补贴。

4. 国际社会保障协定

为了吸引其他国家的劳工和技术人员到新西兰工作,新西兰和一些国家签订了双边社会保障协定。签订这样的协定以后,就可以使在新西兰工作的外国(协定签字国)人在需要社会保障时,其补助金由新西兰政府和签字国的政府合理负担。领取新西兰养老金或退伍军人养老金的新西兰人在其他协定签字国居住期间可以得到其养老金的一半;如居住在库克群岛、纽埃和托克劳,则可以领取全部的养老金。根据协定,允许某些救济金从签字国的一国转到另一国。这样的协定促进了劳动力的自由流动。同新西兰签有这类协定的国家有英国、荷兰、希腊、爱尔兰、澳大利亚、丹麦、加拿大和意大利等。签订这样的协定以后,新西兰可以更好地利用外国人的技能和专业知识。

国家向公民提供的社会保障服务是由相关社会保障机构来实现的。这类机构中有政府机构,也有非政府机构。社会福利部对这类向社会提供社会保障服务的各种机构和团体提供财政支持和其他帮助。

提供社会保障服务的政府机构有社会政策局、儿童、青年及其家庭局和退休问题专员公署;非政府机构有新西兰社会服务理事会、妇女庇护所、社区基金会、公民咨询局。

社会政策局 社会政策局是社会福利部的下属机构。它就社会和福利方面的广泛问题接受政府咨询并向政府提出建议,该局有约100名工作人员。社会政策局的主要工作是就完善家庭和儿童政策、福利改革、政府的就业战略和积极的老年政策向政府提供政策建议。从1999年10月1日起,社会政策局改为新成立的社会政策部的一个政策小组。

儿童、青年及其家庭局 儿童、青年及其家庭局围绕受保险的儿童、青年及其家庭开展工作。它的职责是关心和保护儿童,负责青少年法院和收养等方面的事务。

关心和保护儿童的内容包括提供适当的家庭抚养补助;社区公益人员对青少年犯罪案进行评估和调查;对受虐待儿童进行监护和提供保护,并

对此进行调查。

在该局向受保护对象直接提供保险服务时，它负责提供资金和高质量的保险服务，同时还与从事对儿童、青年及其家庭提供保护和补助的社区组织签订合同，通过后者开展工作。

青少年法院与犯罪的青少年（16岁以下）家庭一起开展工作，对青少年进行教育，要他们对自己的行为负责，鼓励他们成为具有责任感并被社会认同的人。

退休问题专员公署 退休问题专员公署主要有三项职能：推动退休收入问题的公众教育，监控退休收入政策的运作，就退休收入问题向社会福利部部长提供建议。

新西兰社会服务理事会 新西兰社会服务理事会是各地社会服务理事会的联合会。每个地方社会服务理事会都是很多志愿组织的联合体。它们包括有关就业、教会、青年和服务、学校、卫生和福利等方面的组织。它是一个为公民提供服务的辩护性组织，可以就有关的问题提起法律诉讼、书写咨询文书、组织议会院外集团和提供培训。

妇女庇护所 妇女和儿童有时会遭受家庭暴力的摧残，需要向他们提供紧急庇护，妇女庇护所就是为满足这种需要而建立的。妇女庇护运动的目的是："支持独立的妇女过上免遭暴力威胁的生活，使未能很好保护妇女平安生活权的社会改变其态度、信念和做法。"

新西兰妇女庇护所包括毛利人和太平洋岛民的庇护所，它们向要求庇护的妇女和儿童提供安全住所。庇护所的24小时紧急热线一年收到了29.5万个要求提供庇护服务的电话。

社区基金会 它是以社区为基础的社会福利和保障机构。由它集资建造的社区房屋用来收留女性难民、处境困难的青少年、精神病患者和残疾人。

公民咨询局 公民咨询局的主要目的是确保公民不因他们的权利和责任或应该得到的服务受到忽视而受伤害。该局向所有个人提供公正的、值得信赖的免费服务，包括提供信息、指导和支持。公民咨询局处理各种关于地区的卫生和福利问题、司法和移民问题、家庭和亲友问题及消费者关心的问题等方面的询问。

公民咨询局设有连接各地方分局的免费热线电话。普通居民，包括农村居民都可通过电话与离得最近的咨询局联系，获得所需要的服务。

二　社会管理

新西兰是实行地方自治的国家，由地方政府对本地区实行管理并提供社会服务。地方政府的权力来源于议会，其所需经费来源于中央政府拨款和地方税收。对土地财产征收的地方税、受地方政府控制的商业活动收入和其他收入是地方政府的重要收入来源。地方政府的一切重大决定都必须向纳税人公开，并征求他们的意见。

新西兰政权由大区、地方和社区三级组成。三级地方议会由本地区居民选举产生，每3年选举一次。三级地方议会的选举在同一天举行。

社区委员会在推动社区的发展方面起着突出作用。它们在本社区内组织文化娱乐和居民联谊活动，维护社区治安，改善社区卫生环境，协助政府有关部门落实社会福利计划。它们代表社区居民的利益，并为地方政府与社区居民提供联系渠道。

社区委员会与社区居民保持着非常密切的联系，常常处理一些与百姓日常生活相关的事务。社区有自己的管理委员会，负责社区的环境保护和社区安全等事务。每个社区都有公民咨询局，免费为社区居民提供咨询服务。社区内的购物中心都有图书馆，居民可以免费借阅图书资料。这类图书馆还提供复印资料的服务，并出租儿童玩具。

很多新西兰人热衷于社会服务工作，不少人自愿从事没有报酬的社会服务工作。据统计，2012年从事志愿工作的人占18岁以上人口的30.6%，从事无报酬工作的人占62.2%。

第四节　医疗卫生

作为一个福利国家，新西兰有健全的医疗卫生服务系统。公民在一定程度上享受国家的医疗补助。国家在药物管理、生产安全、事故预防等方面

都有规章可循，对可能出现的事故都采取了一定的防范措施。

新西兰人民的健康状况总体良好，预期寿命比较长。据统计，新西兰15岁以上的人对总体健康状况感觉"很棒"（excellent）的占22.8%，感觉"很好"（very good）的占37.6%，感觉"良好"（good）的占26.3%，感觉勉强或差（fair/poor）的占13.3%。新西兰人对自己健康状况的满意度与年龄、就业状况、收入水平、受教育水平、族群和拥有住房情况有关，年龄大的、收入低的、失业人群、受教育程度低的、毛利人和太平洋岛国人、没有自有房屋而是靠租房生活的人一般对自己健康状况的满意度要低一些。

一 医疗卫生管理机构

新西兰医疗卫生系统的最高行政机构是卫生部。卫生部向政府提供有关医疗卫生和残疾人扶助方面的政策建议，执行有关法律法规，促进医疗服务机构的合作与协调，收集卫生信息，制定卫生工作和残疾人扶助计划并提供资金，监督地区卫生局的工作。它与下属的卫生基金管理局和医疗服务提供者协商卫生基金的安排，负责对其进行管理和监督，并向卫生部部长提供政策建议。

政府在医疗卫生方面的政策是：努力改善居民的健康状况，提高居民生活质量；减少在医疗卫生领域的不平等现象，使处于不利地位的毛利人、太平洋岛民和低收入人群能平等地享有医疗服务和卫生资源，增强他们的安全感和信心，避免因疾病而陷入困境；提高医疗服务质量，合理利用医疗卫生资源，提高服务效率。2000年12月，新西兰政府发布的卫生战略提出7条基本原则：根据《怀唐伊条约》，承认毛利人的特殊地位；使新西兰人一生享有良好的健康和福利；改善那些处于不利地位的新西兰人的身体状况；所有部门通力合作，增进人们健康，减少疾病和伤残；不论支付能力如何，人们都能及时平等地享有医疗卫生服务；建立高效的卫生系统，让人们对其充满信心；让所有消费者都能积极参与医疗卫生工作。

卫生部下属的机构有卫生情报局、卫生基金管理局、药品管理处、监督咨询局、医院和医疗服务局、国家卫生和残疾人咨询委员会、卫生运动发起委员会、卫生和残疾人问题专员等。

卫生情报局是收集和分发与医疗卫生有关的情报的机构，主要有3个情报系统：国家卫生资料索引、卫生警报系统、全国医疗卫生基本数据库。这些系统包含医院和医疗卫生服务机构的二级和三级医疗事件。卫生情报局还收集医疗卫生方面的人力资源信息。

卫生基金管理局是新西兰在医疗卫生方面唯一的全国性基金提供者，它对个人医疗、残疾人扶助和公共卫生服务提供资助。卫生基金管理局有3项主要职能：评估个人医疗、残疾人扶助和公共卫生服务方面的需要，为人们提供医疗卫生资助和残疾人扶助服务，对有权提供医疗服务的机构执行协议情况进行监督。

药品管理处是卫生基金管理局所辖的全国最高药品管理机构，它负责管理国家的药品清单，这个清单含有新西兰可以获得并得到政府补助的近3000种处方药品和有关产品名称。新西兰人有权根据全科医生、内科医生、妇产科医生和牙医开出的处方，以极少的费用获得药品目录中的药品、器具和材料。药品目录是获得政府补助的药品和服务的清单。

监督咨询局就医院和医疗卫生服务机构的财产监督问题向卫生部部长和财政部部长提供建议。它还对医疗卫生服务情况进行监察。

医院和医疗服务局有独立的医疗服务体系，它依靠技术精良的医院，每天24小时提供医疗服务和对残疾人提供扶助。

国家卫生和残疾人咨询委员会就获取公共基金资助的公共卫生、个人卫生和残疾人扶助方面的内容、质量和条件以及公共卫生政策等问题向政府提供建议。

卫生运动发起委员会根据《不吸烟环境法》于1990年建立。该委员会在市场框架内工作，以改变人们在各种社会和个人问题上的不良态度和行为方式。该委员会特别在三个方面开展工作：规劝新西兰人，特别是年轻女性和毛利人不要吸烟；提醒人们外出时不要过度暴晒在阳光下，以防止紫外线对皮肤的有害影响；告诫年轻人在街上骑自行车要注意交通安全，以防止意外伤害。

卫生和残疾人问题专员的职责是保护卫生用品和残疾人用品消费者的权益。一旦这些权益受到侵犯，要促进公平合理和高效快速地解决有关投诉。为了使保护消费者权益的目标得以实现，国家在公众和卫生用品及残疾人用品提供者中开展宣传教育活动，使大家知道消费者的权利，对受损害的一方提供法律支持，强化执法，做好政策制定和咨询方面的工作。

政府对从事医疗卫生工作的人员制定了明确的法律规范，其中包括从事各种职业的标准、注册办法和职业道德等。

新西兰地方的医疗卫生工作由地区卫生局负责。根据2000年的《公共卫生和残疾人法》，新西兰成立了21个地区卫生局。地区卫生局由11个成员组成，其中7个由社区选举产生，4个由卫生部指定。地区卫生局的职能是为本地区居民提供医疗卫生服务和残疾人扶助服务，评估本地区医疗卫生和残疾人扶助方面的需要，利用一切医疗资源满足这种需要。地区卫生局拨款为医院和残疾人康复中心购买医疗和康复设备。公立医院、私立医院和由志愿人员组成的医疗机构向公众提供高质量的医疗保健服务。

二 医疗服务及其从业人员的管理

新西兰的医疗费用大部分是由政府支付的。近年来，医疗费用逐年增加。地区卫生局承担所有住院病人的治疗、妇女生育和化验服务等各项费用，但药费和医院门诊费要由个人支付。对老年人实行长期家庭护理所需费用的分担，视老年人的收入和财产情况而定。

除公共医疗以外，新西兰人可以办理私人医疗保险。如果参保者患病，保险公司为参保人员报销医疗和手术费用。多数新西兰人参加了医疗保险，投保率最高的是45～64岁年龄段的人，他们的投保率达55%。

从以上可以看出，国家对国民的医疗保障不是全面的，而是部分的。国家的医疗补助份额与收入多少有关，对低收入者的补助要多一些。16岁以下的青少年和16～18岁的在校学生可以享受免费的牙科治疗。

全国有2万多张病床，平均每1000人有病床6张，病床的平均使用周期为5天。全国有12家公立精神病医院，其中有5家是治疗智力发育

第六章 社 会

不良的。还有16家公立医院附设有精神病科。

新西兰居民患病时，大部分人能够及时得到治疗。

新西兰颁布了一系列法律法规，对医疗卫生领域的从业人员进行严格管理。各个专业的医生都有自己的专业委员会，如医疗委员会、牙科委员会、护理委员会、精神病医生委员会、理疗师委员会等，这些委员会负责对本专业的医务人员进行注册登记，并对本专业行医者的业务素质、职业道德和职业规范等做出规定。

医生的管理机构是新西兰医疗委员会，它是根据1995年《执业医生法》建立的法人团体。该法的目的在于确立一种机制，使所有执业医生都必须具备从医的资格，以保护公众的健康和安全。该委员会负责对所有执业医生进行注册登记。登记的条件是，必须完成医学院的学业并达到合格水平，还要有一定的实习和见习期。若申请注册者是在新西兰和澳大利亚以外的国家完成的学业，还必须接受医疗委员会的考试和评估，在达到委员会的要求以后，方可进行注册登记。委员会对职业标准和行医的纪律做出了明确规定。

牙科医生的主管机构是牙科委员会，它是根据1988年的《牙科法》成立的，负责对牙科医生进行注册登记，促进高水平的牙科职业教育，在牙科医生中开展活动，对牙医纪律裁判所提供管理服务。牙科医生的摇篮是奥塔戈大学牙科学院。

护士的管理机构是新西兰护理委员会。它是根据1977年的《护士法》成立的。其最初的职能是对护士进行注册登记并登记在编的护士。该委员会制定护士的最低注册标准，对达到注册登记标准的护士进行监督，批准建立护士学校，发放年度职业证书，行使监督权力。护士分为综合护士、一般护士、一般助产护士、精神病护士、心理病护士和助产士。

一个人要获得综合护士和助产士资格需要经过3年的学位课程学习。有些高等学校向毕业生和注册护士提供短期课程教学，经过学习后，可以登记为综合护士和助产士。注册后教育包括在职培训和短期临床课，一直可以学到颁发毕业证书或转到学位课程学习。梅西大学和维多利亚大学可以授予护理学博士学位证书。

精神病医生有自己的管理组织精神病医生委员会。它根据1981年《精神病法》成立。该委员会负责对精神病医生进行注册登记，并规范他们的行为。根据1992年的《精神健康（强制诊断和治疗）法》，只要求在公立医疗机构和特许的医疗机构行医的精神病医生进行注册登记。

理疗医生的主管机构是理疗师委员会，它根据1949年的《理疗法》建立。它负责对申请从事理疗的医生进行注册，规范依法注册医生的行为，发放超声波治疗执照。

从事理疗必须经过大学4年全日制理疗课程的学习，达到合格水平后方可注册登记。奥塔戈大学和奥克兰技术学院设有这一专业。

职业治疗师由根据1949年《职业治疗法》成立的职业治疗委员会管理。该委员会负责治疗师的教育、注册和行为规范。只有在奥克兰技术学院和奥塔戈工学院完成3年全日制学习的人才可以取得注册资格。该委员会还对在海外学成归来的申请者进行审查，对合乎条件者进行注册登记。

营养学家由根据1950年《营养学家法》成立的营养学家委员会管理。奥塔戈大学设有营养学研究生课程。

除上述医务人员以外，新西兰还有注册配镜师和持年度执照的配镜师，注册眼镜分销商和持年度执照的眼镜分销商；注册足病医生和持年度执照的足病医生；注册按摩脊柱治疗师和持年度执照的按摩脊柱治疗师；此外还有注册药剂师、注册放射医疗技师、注册医疗实验室技术人员和牙科技师等。以上医疗专业人员都有自己的专业管理委员会，每个管理委员会都有自己的规范和准则，如违反有关规定，将被取消注册和执业资格。

三　公共卫生

维护全国和各个社区的环境卫生，保障居民的健康，是卫生行政部门和各级政府的职责。它们必须定期检查自来水管道和排污系统、环境卫生和住房状况，负责供水、食品安全、污水和垃圾处理及其他相关的卫生服务。

吸烟和过度饮酒影响居民的健康，新西兰重视减少吸烟和饮酒的宣传，并取得一定的成效。1990年议会通过专门的《禁烟环境法》，卫生部

第六章 社　会

成立了卫生运动发起委员会，提倡人们改变不良生活习惯，号召人们不吸烟，不要在室外环境中过多地暴晒在太阳光下，在街上骑自行车时要注意交通安全，加强自我保护。

新西兰成人的烟草消费量的减少，除宣传的效果外，还与国家的税收政策有关。增加烟草税是遏制烟草消费的措施之一。新西兰女性吸烟的人数比较多。但在全部人口中，还是男性吸烟者的比例大一些。毛利人吸烟人数的比例很高，在成年毛利人中，有44%的人吸烟；毛利妇女吸烟的比例高达47%。

根据调查，新西兰成年人口中大多数的人饮用含酒精的饮料。过度饮用含酒精的饮料，一直是影响公众健康的一个大问题。在很长一段时期里，大量饮酒与许多疾病的发生有关系，酒精对肝脏和心脏造成损害，会引起高血压和某些癌症。酗酒还造成重大交通事故和伤害事故，还在很大程度上增加了暴力事件的发生率，例如造成坠落死亡、溺毙和自杀等。

酒精劝诫委员会大力提倡少饮酒，并开展减少饮酒的战略。这个委员会还与卫生研究会和奥克兰大学医学院合作，资助多个学科的酒精研究单位，并支持独立的研究课题。

酒精劝诫委员会资助传媒刊登广告，提高公众对与酒精相关问题的认知水平，鼓励特许出售酒精饮料的销售商与消费者增强责任意识，避免造成酗酒现象。全国各地的社区工作者和团体都为减少酒精饮料影响人身健康做出了贡献。由于大量的宣传教育和其他措施的配合，新西兰酒精饮料的消费量逐年下降。

根据新西兰的法律，堕胎在某些条件下是许可的。允许堕胎的主要条件是，如果让妊娠继续下去，将对孕妇的生命（不是正常情况下与生孩子有关的危险），或对她们的身体和精神健康带来严重危害；或者如果让孩子生下来，婴儿的身体或智力将不正常，甚至严重残疾。对堕胎的怀孕时间没有最高限制，但对怀孕20周以上孕妇的堕胎规定要严格一些，只有在为了拯救母亲的生命或防止对她的身体或精神造成严重伤害的情况下才允许堕胎。1961年的《刑法》对非法堕胎做了严格的界定。1977年的

《避孕、绝育和堕胎法》规定了妇女寻求堕胎的程序和条件。当妇女提出堕胎申请以后,要依法对其合法性进行审查。若有两名专门指定的专家认为符合堕胎的条件,才发给堕胎批准书。监督堕胎法执行情况的机构是根据该法成立的由3人组成的堕胎监督委员会。

第五节 公共安全与环境保护

一 公共安全

这里说的公共安全是指防止各种意外事故和不健康的工作环境给人们身体健康造成的伤害,包括交通和道路事故、水上事故、自然灾害事故、火灾和职业病等。

新西兰是世界上第一个建立涵盖事故造成伤害和残疾的全面的、无过错保险体系的国家。

事故赔偿计划在1974年生效,它取代了法定的工伤赔偿计划及强制性的第三方汽车事故保险和刑事伤害赔偿计划。这一计划也废除了普通法中不管过错,要求对受伤害者进行扶助的损害赔偿诉讼权。1996年修改的法律确立了由社会负责因事故造成的伤害的治疗、康复和扶助的原则。

原来事故伤害赔偿的唯一提供者是事故赔偿部(ACC)。1998年12月通过的法案免去了ACC在工作地点发生的伤害事故的赔偿义务,但ACC仍是个人伤害保险、包括非工作地点伤害保险的唯一提供者。那些从事个体经营的人也由ACC担负保险责任。

ACC的责任:研究制定防止事故发生的计划,并评估和执行该计划;一旦发生事故,要及时有效地进行干预,以确保受伤害者能得到及时的治疗;帮助受伤者尽快康复,使其能过上正常的生活和尽早回到工作中去。通过以上努力,减少因伤害对个人和社会造成的影响。

意外事故保险是一种强制性保险,一旦发生意外事故,保险公司负责向受害人提供事故赔偿和康复服务。保险金由指定的部门支付。汽油税和机动车执照费用于车祸事故的赔偿。雇员缴纳的保险金用于对工余时间发生在家里、运动场所的非车祸造成的伤害保险。雇主缴纳的保险金用于在工作中发生的伤害保险。

ACC积极参加防止事故、对事故受伤人员的治疗和康复等方面的工作。如发生事故伤害，赔偿范围包括：事故现场救援、必要的救护车或空中交通的费用；身体康复的费用，其中含公立医院和私立医院的治疗费用、轻微伤害的治疗及治疗时往返的交通费用；对受伤期间不能工作而损失的工资收入的赔偿，其数额相当于伤者受伤前每周工资的80%，在受伤人员恢复工作，但收入减少期间，赔偿数额酌情减少；对受伤人员进行再培训的费用，使其恢复原来从事工作的能力或从事另外一种工作的能力。对那些因事故而失去工作能力的人，ACC要对其进行扶助，使他们的生活尽可能得到满足，这种扶助包括个人补助、对失去正常生活能力的人的房屋进行改装和提供车辆，对没有帮助不能过正常生活的人提供一系列的关怀服务。

如果发生引起死亡和人员伤害的汽车交通事故，法律要求立即报告公路交通安全局或警察。公路安全的行政管理机关是交通部，执法机关是警察局。

国家通过报纸、广播、电视、宣传画和广告引起公众对交通安全的重视。学校也把交通安全纳入教学的内容。警察、教师和社会上的其他人员都参加交通安全的宣传教育工作。

作为一个岛国，新西兰极易发生水上事故，因此对防范此类事故特别重视。专门从事水上安全活动的全国性组织是新西兰水上安全协会(Water Safety New Zealand)。它的职责是保证水上活动的安全，其中包括在家庭游泳池、海滩、湖泊、河流等地活动的安全和出海活动的安全。新西兰水上安全协会是由新西兰彩票委员会资助建立的，它代表了自愿的和专业的从事水上运动和娱乐的全国性组织的利益。

根据新西兰水上安全协会的统计，家庭游泳池是学龄前儿童发生溺水事故的危险地。对成人来说，河流是发生水上事故最多的地方，其次是大海。溺水事故的高发人群是25~29岁年龄段的人，其次是0~5岁年龄段的儿童。

新西兰

负责防灾减灾（如地震、洪水和其他重大灾害）的专门行政机构是民防部。一旦发生灾害性紧急情况，民防部立即做出反应，进行抢险救灾和灾后恢复工作。民防部平时对可能发生的灾害及其可能对社会造成的危害进行预测，尽可能减少损失。在校学生经常进行地震演习和防火演习。社区有防灾志愿人员组织，在发生诸如地震和洪水等自然灾害时进行紧急救援。

防火涉及用火安全和灭火两个方面。全国负责防火工作的组织是代表新西兰消防委员会的消防局。消防委员会负责使1975年《消防法》各条款得到执行，还负责采购消防设施和制定消防政策。根据1977年的《森林和农村防火法》成立的全国农村消防局负责协调112个农村消防分局的工作。

一旦发生火灾，消防局必须立即做出反应，以减少火灾造成的损失。消防局的高级管理者专门负责研究防火安全和提高防火安全技术与立法方面的问题。

全国分为349个防火区，其中19个防火区主要由付薪的消防队员负责，同时得到志愿人员的帮助。其余大部分防火区都由防火志愿人员负责。

职业安全和职业卫生是卫生工作的一个重要方面。负责此项工作的机构是劳动部下属的职业安全和卫生局。事故赔偿部也在工作场所的事故预防方面起着重大作用。

1992年《就业法》中关于卫生与安全的一章中对职业安全和职业卫生做了明确规定。该法的主要目的是防止工伤和在工作中危害健康的事情发生。它要求企业加强卫生和安全管理，雇主必须承担防止发生损害雇员身体健康的义务；雇员也必须对工作场所的安全承担责任，不允许做危害自己及他人健康和安全的事。根据法律，雇主必须承担确保雇员工作安全的义务，为此，他们必须提供安全和健康的工作环境，对可能发生的危害要能及时发现和有效地进行控制，对雇员进行安全方面的培训和监督，让雇员掌握发生危险和紧急情况时的应对方法，对已发生的事故进行记录和调查，以便以后采取有效的预防措施。

劳动部职业安全和卫生局负责向政府和产业部门提供政策和技术建议，推进卫生和安全方面的管理，在工作场所和社会上执行一系列安全职能。

职业安全和卫生局有风险管理、工业流程、工程和职业病防治方面的专业知识，坚持收集职业安全和卫生方面的情报。

二　环境保护

一个国家的一切经济活动都是在其自然环境下进行的，保护自然环境是顺利地、可持续地开展经济活动必不可少的条件。新西兰人重视环境保护，高度珍惜其赖以生存的河流、湖泊、海滩、森林、大山及土地。

为了很好地维持人和自然界之间的平衡，新西兰注意防止对土地的过度开发，防止水土流失。主管农牧业的行政部门农业部、林业部制定专项政策并采取有力措施，以保证本国农牧业生产的安全。新西兰的农业科学家注意到，一些外来的动植物可能严重破坏本国的生态平衡，所以采取了特别措施，防止引进那些有害的动植物，如兔子、负鼠、欧洲蕨、大蓟和金雀花。

新西兰的资源得到了比较好的利用。土地和牧场是最好最重要的资源，为了使牧场得到充分利用而又不至于载畜过量，牧场主们把草场分为若干块，轮流在各块草场上放牧，使空出的草地能休养生息，重新恢复生机。

新西兰森林资源比较丰富，在发展木材加工业的同时，国家大力发展人造林，使被砍伐的森林得到补充。新西兰有180万公顷人造林，有世界上最大的人工林场。国家为鼓励私人公司投资造林，实行《造林补助计划》和《东海岸造林计划》，使林地面积迅速增加，仅2012年就造林11300公顷，比2011年造林增加了4100公顷。在1998年底以前国家对发展造林方面的开支给予45%的补助。许多人工林场都是政府投资兴建的，但现在80%的人工林场已经实现了私有化。

新西兰有上千种特有的动植物，为使这些珍稀动植物不被灭绝，新西兰建立了多处国家公园和森林公园。

新西兰全国的土地被草地、森林、灌木丛、苔藓和各类植物覆盖着，很少有裸露的地面，空气中尘埃很少，空气清新，人居环境极其良好，可

以说，新西兰是世界上环境保护较好的国家之一。

新西兰在使用可再生能源方面做得比较好。新西兰水力资源丰富，水力发电在电力开发中占有特别重要的地位。2011年，新西兰全国发电总量为431.38亿度，其中水力发电为248.31亿度，占发电总量的57.6%，此外地热发电为57.7亿度，占13.4%，煤炭发电为20.26亿度，仅占4.7%。新西兰的电能多半是利用可再生能源生产的。新西兰特别重视利用丰富的地热资源，在北岛地热区有世界第二大地热发电厂。此外还利用生物质、风能和废热作燃料发电。

新西兰在大力发展工业的同时非常注意环境保护。新西兰是联合国环境与发展大会的积极参加国，特别关注对工业废物和废气的控制，防止空气和水的污染对人类生存环境的破坏。生产的产品要符合国际标准组织（ISO）制定的ISO14000的环境管理系列标准，符合这一标准的产品无疑在国际市场上具有更大的竞争力，有利于增加出口。

新西兰每年为保护环境提供专项资金，中央政府用于环保方面的开支，2009年为8.26亿新元，2010年为10.11亿新元，2011年为8.28亿新元，2012年为8.37亿新元。

2013年，政府制定的《环境领域计划》涵盖了各个领域的环保问题，其中包括减少各种风险、保护生态系统和生物多样性、加强资源管理、防止空气污染对生态系统的破坏和对身体健康的影响、影响气候变化的各种因素，能源的生产、分配和利用对环境的影响，饮水卫生、土地保护、废弃物的产生和处理，人类活动和资源利用对滩涂和海洋的影响，矿物资源的开发、加工冶炼对环境的影响和环保开支等问题。该计划对每一个领域的环保问题都有具体措施。

第七章

文　化

第一节　教育

新西兰的教育相当发达，人民受教育的程度比较高，它的教育体制被认为是世界上较好的体制之一。小学的入学年龄为 5 岁，5~15 岁阶段为义务教育阶段。2011 年，新西兰初级教育阶段学生人数为 43.6 万人，中等教育阶段学生人数为 32.39 万人，大学生人数为 17.5 万人，理工学院学生为 15.7 万人。以上四类学校学生人数计 109.198 万人。全国有 7467 个各种类型的教育机构，其中 4227 个属幼儿教育机构，全国有中小学校 2699 所，高等学校 35 所（其中大学 8 所），另有 506 个提供高等教育的机构。有 4 万多名外国留学生在新西兰上中学和大学，近年来外国留学生人数迅速增长。政府非常重视发展教育，用于教育的财政支出逐年增加。新西兰各级学校数和在校学生人数见表 7-1。

表 7-1　新西兰各级学校数和在校学生人数*

年份	小学		综合学校★		中学		高等教育	
	学校数	学生数	学校数	学生数	学校数	学生数	学校数	学生数
2007	2047	439287	147	47735	351	270085	262	483438
2009	2029	434857	151	49259	354	273872	242	468289
2011	2007	433524	155	50753	362	275524	232	431573

* 表中数字与正文的数字略有出入，原因是综合学校属小学和中学混编学校，统计上与中学生人数和小学生人数有交叉。高等教育包含所有提供高等教育的机构，不仅是大学和理工学院，还有高等技术学校、毛利人高等教育机构等，其学生人数高于大学和理工学院学生人数之和。

★综合学校属义务教育阶段，是小学和中学混编的学校。

新西兰

一 教育发展简史

在发明文字以前的毛利人社会，新西兰有自己的学习处所，如司教房和培养未来酋长的类似于学校的地方，在那里学生被授以部落密传的学问。欧洲人到来以后，白人传教士为使毛利人更好地接受欧洲人的文化，帮助他们创立了文字。第一批识字的毛利人就是毛利传教士。第一所教会学校成立于1816年。到19世纪30年代，毛利人的农村学校兴盛起来。在1840年签订《怀唐伊条约》时，已经有相当一部分毛利人可以用自己掌握的文字阅读和书写了。但殖民化阻碍了毛利人教育的发展，在19世纪60年代毛利人战争时期，几乎没有毛利人的子女能够上学。

英国式的学校教育是英国殖民者大批来到新西兰后才兴起的。最早的学校基本上都是教会创办的。殖民者在新西兰开办的第一所教会学校是1842年在纳尔逊省建立的"主日学校"。1842年，在惠灵顿和奥克兰还建立了技工学校，在纳尔逊省成立了文学和科学堂。这类学校和学术机构的建立表明，新来的殖民者已经开始注意成人教育。1847年，新西兰颁布了第一个教育条例，它规定向兴办学校的教会提供补助，以使对殖民者子女的教育维持下去。但有些殖民区并不欢迎这种通过教会机构提供补助的方式，而在另一些殖民区，这一做法甚至引起教派间的争执，也引起世俗学校的不满。

根据1852年的《宪法法》，新西兰实行分省治理，教育管理成了省议会的职能之一。教育的分省管理造成各省教育发展不平衡。各地社会经济发展的不平衡，是教育发展不平衡的根本原因。纳尔逊省因经济比较发达，在教育方面遥遥领先，到1864年，该省已有近70%的儿童能够上学。而在奥克兰省，成千的儿童完全没有机会接受学校教育。由于对政府资助教会办学的制度所存在缺陷的不满，奥克兰省在1869年建立了完全世俗的公立学校制度。

1848年建立的奥塔戈殖民区最初只有小学，在1863年开办了中学，并在1871年开办了大学。1850年建立的坎特伯雷殖民区在第二年就创立了英国模式的中等教育学校。在给教会组织提供补助的体制下零散发展起

第七章 文　化

来的小学教育经常引起教派纷争和不满，政府成立了调查委员会，专门研究教育中存在的问题，成立了公共教育委员会来管理小学教育。坎特伯雷不甘在大学教育方面落后于奥塔戈，在1875年也建立了大学教育机构，但它一成立就和奥塔戈大学一起被置于新建立的"新西兰大学"的控制之下。后者仅是一个考试机构，并不具有教学功能。这一做法预示着中央管理教育的来临。

1870年英国颁布教育法令，为新西兰树立了榜样。1875年，省议会被撤销，这为建立全国性的教育制度创造了条件。1877年，新西兰议会仿效英国，也通过了一部《教育法》，建立了世俗的、强制性的全国小学教育制度，并建立了中央教育部。1879年，新成立的教育部从毛利人事务部手中接过了57所毛利村学校的直接管理权，但其他小学仍然控制在地区教育委员会的手中。根据1877年的《教育法》，每个学校成立了由所在地区的户主选举产生的校委会，负责对学校的一般管理。校委会选举地区的教育委员会。在实行全国教育制度的早期，校委会在决定是否实行1877年《教育法》条款方面起着重要作用。该法规定的强制上学者是7~13岁的儿童，但在某些情况下，可以有例外，如学校离家的距离太远，上学年龄可以放宽。教育委员会通过督学（inspector）对学校的教学进行管理和监督。督学每年到学校视察和主持考试，考试成绩是学生升级的依据，教师无权决定学生是否升级。教师的任职前景也在很大程度上由督学的视察结果来决定。教育委员会决定学校的课程设置和学生的等级制度，后者基本上采用英国小学的评分方法。这样的管理制度在教师中引起了强烈的不满。

1877年《教育法》的基本条款是把宗教教育和教规排除在小学教育的课程之外。这一条款遭到教会人士的反对，在议会辩论时曾引起激烈的争论。1897年，反对世俗主义的一些人想出了一个巧妙的方法，来规避《教育法》中关于世俗教育的条款，后来这一办法被称作"纳尔逊制度"。它的核心是把宗教教育纳入世俗小学中。在1877年《教育法》通过以后，有些教会，特别是罗马天主教会继续办教会学校，到19世纪末，约有1.5万名儿童，即占在校小学生人数10%的学生上私

新西兰

立学校，其中大多数私立学校是罗马天主教会主办的。国家拒绝给私立学校任何经济上的帮助，其理由是，公立学校完全可以满足全体儿童受教育的需要。

毛利人有自己单独的学校，除毛利人的子女以外，住在学校附近的白人子女也有上毛利学校的。毛利学校用毛利语教学，学校特别注重用毛利人的文化传统和价值观教育学生。但这种学校也非常重视英语教学，同时也教卫生和农业常识之类的实用课程。当时毛利学校的课程与其他公立学校基本上是一样的。在高年级的学生中也用英语教学，这一做法因忽视毛利语曾引发广泛的批评。

新西兰最初的中学教育产生于奥塔戈省，中学仿效苏格兰的文法学校。这种学校在小学内加办一个中学部，称地区高级学校，学校位于某一乡村的中心。因有条件上中学的学生人数有限，还不能建立单独的中学。19世纪末，全国共有14所这样的地区学校，而且主要分布在奥塔戈省。到1945年，这样的学校在全国增加到100所。

中学教育不是免费的。通常称作"高级学校"的地方中学是由议会通过的单独法令建立的。1903年，议会通过了《中学法》，把这类学校交给地区教育委员会管理，基本上不受中央政府的控制，但有时教育委员会会派人去视察。地区教育委员会的收入部分来自学生家长缴纳的款项，部分来源于政府划拨给学校的土地收入。中学收费一般要高于小学附属中学部的收费。所以，如果没有助学金，穷人的子女上中学是很困难的。19世纪末，新西兰有25所中学。这类学校一般采用英国公学和文法学校的教程和传统，不少教师是从英国这类学校毕业的学生。

少数成绩优秀和家境好的学生可以升大学。新西兰最早的大学是奥塔戈大学，其他较早的还有坎特伯雷大学学院、奥克兰大学学院和维多利亚大学学院。这些大学和大学学院还不是独立的大学。它们统归"新西兰大学"管辖，后者控制着这4所大学和大学学院的课程。大学学位试卷的出题和评分交由"新西兰大学"聘任的考官在英国进行。中学教育受大学入学考试的支配，而大学教育则受国外考官的影响。但是，新西兰的大学还是持续不断地努力满足社会对科学技术的需要。19世纪末，奥塔戈大学

第七章 文化

建立了一所医学院和一所矿山学院，坎特伯雷大学建立了一所工程学院和一所农业学院。奥塔戈大学还是英帝国内第一所招收女生的大学。

19 世纪末，新西兰已奠定了全国教育制度的基础，形成了小学、中学和大学三级教育体系。19 世纪末 20 世纪初，政府对教育制度又进行了一系列改革，教育部的权力扩大，地区教育委员会的权力缩小，教师组织的影响增强。1902 年，在全国实行了统一的教育人员编制和薪金标准。教师的培训形成了良好的制度，建立了 4 所教师进修学院。

1903 年，政府在中学中提供了由政府资助的免费学习的机会。凡通过小学熟练程度结业考试的所有学生，都可以获得这样的机会，这一办法为更多的学生上中学提供了条件。1928 年，已有 56% 的小学毕业生获得了免费上中学的机会。私立中学的数量也迅速增加，从 1908 年的大约 10 所增加到 1930 年的 54 所。在乡村地区的私立学校通过向学生提供食宿来吸引学生，因一般公立中学不提供这样的条件。

早期的中学教育课程主要偏重数学和语言，其他学科不受重视。20 世纪初，情况有所改变，开始在学校教授物理和化学。1902 年后，中小学加强了对手工和技能的教育，成立了手工培训中心，小学最后 2 年的学生每周都要到这类中心学习。但很少有学校开设技术和商业课程。1905 年，教育部建立了单设的中等技术学校，校内设立诸如木工、铁工、打字、簿记、家务活计等课程，同时也要学一般中学的课程。这样，在新西兰就形成了小学后的两类中学，一类是为大学培养后备生的中学，所学的主要是基础性课程；另一类是技术学校，重点是职业培训。后来在一些城市建立了既开设基础性课程也进行技术教育的综合学校，在一定程度上淡化了两类学校的区别。1945 年，在小学后的学校开设新的综合课程，使两类学校的区别进一步缩小。

1914 年，新西兰颁布新的教育法，对小学教育和小学后教育进行了规范。法律条款把对小学督学的控制权从地区教育委员会转交给教育部，这使建立小学教师的分级制度成为可能。校委会建议任免教师的权力被取消。颁布新的教育法是将教育行政管理权集中到中央的重要步骤。

20 世纪初，在幼儿教育和成人教育方面也取得了一些进展，这方面

的活动主要是通过志愿行动进行的。20世纪初，志愿者在达尼丁建立了第一批免费幼儿园，后来政府给予了一定的补助。

成人教育基本上是在自愿的基础上进行的。成人教育一般通过各种协会主办的技工学校、技工夜校进行。1915年成立的"新西兰工人教育协会"是仿照英国的模式，在大学学院和劳工运动的联合倡导下建立的。工人教育协会在全国各大城市开办工人讲习班，后来这种讲习班得到政府的资助。

与此同时，大学教育在教师的争取下也进行了一系列改革，提高了教师的薪金，图书馆条件得到改善，到第二次世界大战期间，聘请海外考官的做法被停止。

中小学教育的衔接问题一直困扰着新西兰教育界。小学、中学、技校三种学校并存，它们受不同的教育委员会管理，教师分属三种不同的职业协会，教育当局希望把这三种不同的体系连接起来。20世纪20年代初，在城市中心建立了一种"过渡学校"（Intermediate Schools），以前称作"初级中学"，对小学最后两个年级的学生（约11~13岁）提供教育。多数这样的学校都附属于中学。但经过20年的争论和摇摆以后，这些学校最后完全纳入了小学教育体系。到了40年代，这种过渡学校已被广泛接受，1945~1970年，这类学校由26所增加到109所。

主要分布在农村地区的毛利学校不在学校体制的这一改组范围以内。在20世纪30年代，毛利学校在加强学生学习毛利传统和技艺方面做了一些努力，并加强了对学生在木工技术和家政方面的培训。从1941年起，有几所毛利小学转为地区性中学，并在1944年把离校年龄提高到15岁以上。从此，毛利人的子女开始获得接受中学教育的机会。

1935年工党执政以后，新西兰教育进入了一个新的繁荣时期。1936年废除了阻碍学生自动转入中学的"熟练程度"考试。

受教育被认为是每个新西兰人享有的权利，1939年教育部部长弗雷泽所说的话代表了当时的正统观念。他说："政府的目的是，每一个人，不管他的学习能力如何，不管贫富，不管居住在城市或乡村，他作为一个公民，都有权享受最适合于他的免费教育形式，有权最大限度地发挥

第七章 文　化

他的能力。"① 这一声明宣示了教育平等，尽管有些大学和成人教育并没有实现免费教育。

中学的数量和学生人数增加以后，关于中学课程的设置问题变得突出起来。大学升学考试主宰了中学教育的内容，这非常不利于中学教育的发展，因为能升入大学的毕竟是少数。20 世纪 40 年代初，大学同意让所有通过中学毕业考试，并在学校至少补学 1 年以后得到大学承认及中学认为合格的后备生注册入学；而那些没有获得这种资格的学生，则可选择通过大学入学考试获得升大学的机会。中学课程被大学入学考试牵着鼻子走的情况不再存在以后，中学课程的改革就比较容易进行了。1942 年成立的一个专门委员会（托马斯委员会）建议，中学课程应由基础课程和各种活动组成，它们包括英语、一般的自然科学、社会科学、基础数学、音乐、工艺或技艺、体育和各种选修科目。托马斯委员会还建议，在中学毕业考试中，要求学生通过英语和从不少于 31 个科目清单中选择的另外 3 门学科的考试。这一建议得到教育部的批准，并在 1945 年开始实行。由于所有中学广泛设立了共同科目，以升大学为目的的普通中学增加了技术和商业科目，而技术学校也扩大了基础课程的内容，这样就使各类学校之间的差别缩小。现在，新西兰已不存在技术中学，它们已被技术学院所取代，所有中学都是综合性的或多学科的。

1943 年，新西兰有大约 14% 的小学生在 302 所私立小学上学，这些学校大部分是罗马天主教会主办的。同年，有 61 所注册的私立中学，在这类学校上学的中学生占中学生人数的 21%。根据 1922 年对 1914 年教育法的修正案，私立小学必须注册登记并接受政府的监督；中学也必须登记，但只有在它们想利用政府提供的一些优惠条件时才接受政府的监督，这些优惠条件包括免费出版政府教科书和《学校杂志》，免费给学生分发牛奶和苹果，以及提供某些补助和奖学金，以帮助学生解决住宿和交通问题。

30 年代以后，成人教育得到了很大的发展。1938 年，新西兰议会通过《教育法修正案》，成立了成人教育委员会，其职能是协调成人教育组

---

① J. C. 达金：《新西兰教育》（*Education in New Zealand*），新阿伯特，1973，第 32 页。

织的活动，建议教育部部长通过新西兰大学对成人教育提供资助。主要的成人教育组织有工人教育协会和各种与大学学院有关系的乡村组织。1938年，教育部在费尔丁（Feilding）建立了与高级中学有联系的社区中心，这是进行成人教育和社区教育的一次有益的尝试，但这一做法没有在其他社区推广。1947年颁布的《成人教育法》，把协调成人教育和分发政府补助的责任交给了全国成人教育委员会，同时还成立了与大学学院有联系的地区委员会。1961年撤销"新西兰大学"以后，大学学院更接近于大学了。1963年颁布的新成人教育法废除了地区委员会，允许各大学将地区成人教育机构纳入各学校体系，将其附属于大学系。

在20世纪50年代，教育部向中学提供资金，让它们扩大成人夜校的规模。到1962年，已有3.4万人登记参加这一项目的学习。与此同时，登记参加各种地区委员会组织的学习班的人还有近3万人，此外还有许多人参加地区委员会组织的戏剧、音乐和各种社区艺术活动。

另一类中学后教育是技术教育。技校通常在假期为青年人和成人提供各种晚间学习班，他们中的许多人通过学习获得专业证书。1946年，成立了函授技术学校（现称学院）。根据1948年的《学徒法》，学徒必须到技校参加晚间或白天举办的技术学习班，或通过函授学习技术课程。根据1948年的《职业证书法》，成立了职业证书委员会，目的是确定职业技术等级和组织考试。在这些学习班的基础上，新西兰的现代高等技术教育体系建立起来。后来在学习班的基础上又增加了其他技术课程，其中包括培养技术员的高级班。1955年，新西兰开设了颁发工程证书的5年业余学习班。在50~60年代，职业学徒教育、技术员培训和其他高等技术教育逐渐从技校进行的中等教育中分离出来，形成了单独的工学院，1960年，新西兰建立了第一所工学院——中央工学院。以后又陆续建立了其他一些工学院。1958年，政府还成立了技术员证书局，负责协调为了获取各种专业证书的技术学习班。1968年，成立了职业培训局，促进和组织各行各业进行专业技术培训。

新西兰的教师必须经过专门的职业培训。从事幼儿教育的工作者和教师要在师范学院培训3年。小学教师的培训也是3年，培训结束以后必须在公立小学进行两年教学实习。大学毕业生、学过学位课程者和有相关工作经验的成熟受训者的培训时间可以缩短到 1~2 年。中学教师的培养途径有两种：大学毕业生和其他有高级资格证书的人可以通过一年的课程培训获得中学教师资格；获得大学入学资格或获得中学六级证书的人可以经过 6 年的连续学习获得中学教师资格。经过职业培训的教师在政府的注册登记机关注册后才能在新西兰的各类学校执教。

为了提高教育质量，新西兰特别重视对教师的培训。这一工作早在 19 世纪末就开始了。到 1905 年，在 4 个大学中心设有小学教师培训学院。这些学院由地区教育局管理，教育部负责政策和课程方面的事务。到 1964 年，教师培训学院的数目增加到 9 个。1911 年开设了培养中学教师的培训班，1943 年开设了为期一年的单独的中学教师培训班，这一培训计划吸引了越来越多的有志于中学教育的年轻人。

20 世纪五六十年代，新西兰对大学的管理体制进行了改革。随着二战后生育高峰期出生的孩子年龄的增大，上大学的人数增加，原来大学的管理模式已不能适应这一需要。1959 年成立的大学委员会（又称"帕里委员会"）建议撤销"新西兰大学"和建立大学拨款委员会，以协调全国大学的政策，向政府反映大学的需要，向大学分配政府拨款。这时，原来的大学学院已获得很大程度的自治权，1957 年，每所大学学院都获得了大学的称号。1961 年，"新西兰大学"解散。1965 年，原来的两个大学分部取得了完全的大学地位，它们是新西兰的第 5 所和第 6 所大学——北帕默斯顿的梅西大学和哈密尔顿的怀卡托大学。

二　初级教育

新西兰 1989 年的《教育法》规定，6~16 岁的孩子必须上学，这是法定的义务教育阶段，6~19 岁的孩子都可以在公立学校接受免费教育。

1. 学前教育

6 岁以前的学前教育不属于义务教育，从事学前教育的机构是得到政府帮助的志愿性机构。在上小学之前，家长可以自行决定对孩子的教育方式。在新西兰从事学前教育的机构有幼儿园、娱乐中心、幼儿看护中心、

语言中心和社区娱乐小组。幼儿园通常接收 3~5 岁的幼儿，其作用是促进幼儿的学习和智力开发，让幼儿接受早期语言教育。新西兰 3~5 岁孩子上幼儿园的人数占这个年龄段人数的 90% 以上。语言中心是毛利人的早期幼儿教育中心，目的在于鼓励幼儿学习毛利语。有一些幼儿教育机构接收包括刚出生婴儿在内的学前儿童。正式的幼儿教育机构必须领取执照，方可得到政府资助，若需要建立校舍，可以得到政府的资助和贷款。

政府在 1989 年成立了幼儿发展局（Early Childhood Development Unit），支持从婴儿到 5 岁孩子的教育。它在个人和团体的基础上对从事幼儿教育或建立早期幼教中心的人给以帮助和提供建议。

2. 小学教育

2012 年，新西兰全国有各类小学 2039 所，小学在校学生为 43.6 万人，小学各类教师总数为 2.5 万人。小学课程一般要 8 年才能学完。从 5 岁开始上学，通常要到 13 岁才能升入中学。小学 8 年课程中，包括初级班 2 年（the infant division）、中级班 4 年（Standards 1-4）、高级班 2 年（Forms Ⅰ~Ⅱ）。高级班称作过渡班（Intermediate Division），即从小学过渡到中学的年级，高级班的 Forms Ⅱ 相当于中国的初中一年级。高级班的学生，即七年级和八年级的学生可以在中学单独开设的班级或小学的高级班学习。而在农村地区，经常把小学、过渡学校和中学集中在一个地方。

现在，小学高年级学生中有一半学生上单独的过渡学校，教育部的政策是鼓励减少完全小学，而把越来越多的小学高年级学生集中到过渡学校。过渡学校的学生年龄大多在 11~13 岁。在孩子们成长的这一阶段，兴趣广泛。单独的过渡学校可以向他们提供实验室、图书馆、画室及具有各类专业知识的教师，来满足他们的需要，而一般的完全小学是不具备这些条件的。在过渡学校，学生可以发展他们自己的特殊才能，从而为准备进入中学提供广阔的发展空间。在这类学校可望渡过小学和中学之间的鸿沟。过渡学校一般建在紧靠中学的地方。在农村地区，小学的过渡班已纳入新建的中学中。

在过去，新西兰存在大量由一个老师负责的学校，这些学校主要分布

第七章 文 化

在乡村。在这样的学校里，教师在教学中遇到了难以想象的困难，所取得的成就引起了新西兰国内外的重视。但这种学校毕竟教学水平不高，不可能长久存在下去。随着时间的流逝，由一个教师负责的学校逐渐减少，1927年，这类学校占学校总数的60%，现在仅占13%。在学校合并过程中，农村社区进行了顽强抵制。但随着农村人口向城市迁移和交通条件的改善，学校合并的困难减少。

公立学校学生的升级一般是随着年龄调整的，但这也不是固定不变的。成绩优秀的学生比成绩一般或成绩差的学生要升得快，大部分同一班级学生的年龄差别不到2岁。智力迟钝的学生被安排到数量有限的特教班，由经过专门训练的教师给他们上课。教育部有心理学家对这类孩子进行评估。这种特教班的学生约占学生总数的2%。

在小学阶段，大部分学生不经过考试就升级，小学毕业后升入中学。

新西兰小学课程包括英语（含书面语言和口头表达、演讲、拼写、阅读和写作）、算术、社会科目（地理和历史）、美术和工艺、自然和自然科学、音乐、体育和卫生。教育部发行涵盖这些科目的教学大纲和教师辅导材料，也发行教科书，通过教育部的学校出版局向各年级的孩子提供富有吸引力的学习材料，出版局还发行《学校杂志》和系列小学通报。教学大纲含有教学建议，例如，自然课教学大纲强调引导学生在学校和家庭中进行观察，并推荐走向大自然和到儿童园地去进行实地观察。健康教育大纲建议教师与家长密切合作。现在，教师通过他们的职业组织参与教学大纲的制定。除教学大纲的指导外，教师们在美术和工艺、体育、自然科学、音乐和幼儿教育等方面，还从校长、督学及巡回专家的建议和指导中得到帮助。

影响教学质量的一个重要因素是班级的大小。一直到1960年，在有4个或4个以上年级的小学中，30%以上的班级都有40名以上学生。这一状况被认为是不能令人满意的，因为若一个班人数太多，老师就不能很好地注意到每个学生的特殊需要。到1970年，这类学校中大班数目减少了约8%，这比以前任何时候都更接近于实现教育委员会规定的一个班不超过35人（幼儿班不超过30人）的目标，许多教学班已经达到这一目

标，1970年，约有37%的班人数在31人以下。1972年，教育部确定教师和学生之间的比例应为1∶30，并开始坚决执行。小学的总人数在一个教师负责的学校可以少到9人，而在过渡学校可以多至900人。

每个学校都设有一个由该地区业主选举产生的校委会。校委会负责管理学校的校舍和控制学校的基金及在筹集资金方面开展活动。校委会筹集的资金可以为学校增建游泳池等设施。校委会的这种活动常常和家长—教师协会协同进行，政府有时也给予补助。家长—教师协会在许多地区都存在，这类组织为教师向家长解释教学目的和教学实践，并为家长向学校提出要求和建议提供了机会。在全国有校委会联合会，后者经常向教育部提出全国性的问题。家长—教师协会是一种志愿组织，它们也有自己的家长—教师协会全国理事会，据称它得到了20万名家长和教师的支持。

小学、过渡学校和地区中学由地区教育局管理。教育局受教育部管辖，它们所需要的资金由教育部提供，而不从地方政府的税收中获取。教育局的成员由本地区的校委会选举产生。教育局不像校委会，它们有自己的行政和技术人员。它们向校委会分配拨款，聘请教师，取得地基，建筑校舍，为学生提供交通工具，管理和发展本地区的学校体系。地区教育局组成教育局协会，这个协会在制定初级教育政策方面发挥着重要作用，有时还可抵消小学教师组织的影响。如果考虑到新西兰议会和政府成员特别容易受到影响，这些教育局和校委会的作用就不难理解了。

所有小学和过渡学校的教师都由教育局根据代表教育局、教育部和新西兰教育学会（New Zealand Educational Institute）的三人委员会推荐聘任。教育部官员督学在全国范围内定期对教师进行评估和分级。只要获得合格证书并注册登记，他就可以在国内任何地方平等地竞争教师职位。只有教师在道德上犯了严重过错，或者教学效果很差，或有其他与教师职业不相称的行为，教师才有可能被解雇。

三　中学教育

2012年，新西兰有中学519所，在校中学生人数为32.39万人。另有特教学校46所，学生2379人。从小学毕业到进入中学，学生的年龄一

第七章 文　化

般在 13 岁。多数学生是走读，只有少数条件好的学校才有向学生提供住宿的设施。在大城市，公立学校可以男女同校，也可以男女分校，而在小城市，男女生一般在同一所学校学习。

中小学一年分为 4 个学期，每学期 10 个星期。第一学期从 2 月至 4 月，第二学期从 4 月至 6 月，第三学期从 7 月至 9 月，第四学期从 10 月至 12 月。12 月至来年的 2 月有 6 个星期的暑假，其余每个学期结束后都有 2 个星期的假期，它们分别在 4 月、7 月、9 月和 10 月。政府规定，小学一年的上课时间不少于 394 个半天，中学不少于 380 个半天。

在假期，学生会参加旅游、体育运动、做志愿者等多种多样的活动，以愉悦身心，增强体质，获得社会知识，陶冶情操。

公立中学接受地方教育委员会的行政管理，校长管理学校的业务。教学条件好的学校模仿英国的文法学校和公学，主要招收有钱人家的子女，学习氛围比较浓，毕业生大量升入大学。多数教学条件相对差一些的学校，主要面向一般家庭的子女。

新西兰的每一个孩子都可以获得中等教育。因住地遥远或因身体残疾而不能上中学的人可以上函授学校。中学课程从中三年级（Form Ⅲ）到中七年级（Form Ⅶ）。新西兰中小学年级的叫法与中国有很大的不同，小学低年级称 standards，而将小学高年级和中学的年级称作 forms。在翻译成中文时，表达上有一些困难，为了准确反映原意，我们暂且把 standards 译作"年级"，而把 forms 译作"中×年级"，如中一年级、中二年级，共 5 年。中学生进校时一般 13 岁，离校时 18 岁，这时，他们一般已获得大学的入学资格。公立学校的中学教育是免费的，教科书也是免费提供的。

从 1962 年开始，政府在农村地区建立小学和中学混编的学校（Composite Schools）。最常见的形式是将小学高年级和中学各年级都纳入混编学校（从 Form Ⅰ 到 Form Ⅶ）。新西兰有二十多所这类学校。1969 年，在小乡村中心建立了另一类混编学校——地区学校。地区学校提供从低年级到高年级的小学和中学教育。由于农村地区这类混编学校的增多，地区高级学校（由教育局主管）的数量逐渐减少。

中学毕业证书分为以下几类：

中学毕业证书（School Certificate）。这一类证书发给那些在单科学习基础上完成相当于中国初级中学学习的学生。他们在中学学习3年，达到中五年级或上完11年学以后，须参加5~6门学科的考试。每科的评分分为5级——A、B、C、D、E。A级是最好的成绩。

中六级毕业证书（Sixth Form Certificate）。这一类证书发给中六级（上学12年）毕业学生。大部分学生须参加5~6门学科的考试。这些学科的评分标准分为9级，A级是最好的成绩。

高级中学毕业证书（Higher School Certificate）。这类证书发给很好地完成5年（从中三年级开始）全日制中学学习的学生。他们必须在获得中六级毕业证书之后再学3门课程，成绩合格后方可获得此类毕业证书。

中学三年级和最后一年的考试是全国统一考试，目的在于以全国统一试题测试学生的学习成绩和学校的教学质量。统考合格者可以获得相应的毕业证书。第二次统考获得3个C或更好成绩的高级中学毕业生可以获得大学入学资格。成绩优秀的学生可以获得助学金和奖学金。

助学金分A级和B级，A级助学金发给总成绩在300分以上的学生，B级助学金发给总成绩在250~299分的学生。单科成绩特别优秀的学生也发给奖学金。

除上述毕业证书以外，对那些经过职业教育，获得专门职业技能的人还发给专门的职业证书。

1962年，只有13.8%的学生在离开国立中学时获得进入大学的资格，而69.1%的学生未获得任何正式毕业证书。1970年，离校时获得大学入学资格或高级中学毕业证书的人增加到23.7%，只有41.7%的人离校时未获得正式毕业证书。由于学生自愿延长了在校学习时间，学生的离校年龄从15岁提高到16岁，导致教师短缺，教师的教学质量有待进一步提高。在20世纪50~60年代，合格的中学教师周期性缺乏，在70年代，全体中学教师中只有一半多一点的人是大学毕业生。为解决教师短缺的问题，政府用助学金资助那些有志于在毕业后从事教育工作的大学生，他们毕业后经过培训到中学任教。此外，还从英国和美国招募教师前来新西兰任教。

第七章 文　化

1944年，新西兰确立了大学入学资格以后，大学入学考试已不再是束缚中学生的紧箍咒。学校普遍采取了比较自由和宽泛的教学课程，但学校毕业证书考试对中学教学以及社会对学校的影响，仍受到教育家的批评。这一考试通常在中学三年级进行，它成了大部分学生的主要目标和社会评判青少年在学校表现的准绳。学生把过多的注意力放在四五门考试科目上，而忽视了其他重要课程的学习，因而影响了学校总的教学质量。不仅如此，在参加毕业证书考试的人中，约有一半的人注定通不过。这种考试会对那些不成功的参考人在心理上造成伤害。新西兰的教育家们认识到证书考试的缺点，提出了各种改进的方案。

过去，中六年级（Form Ⅵ）是学生准备获取大学入学资格的年级，但现在这一目的已经不再是主要的了。进入中六年级的学生，只有大约30%的学生最终可以进入大学。中六年级学生的另一目的是获取中六年级毕业证书，现在通过单科考试就可以获得这样的证书了。大部分想上大学的学生可以自行准备参加获取大学奖学金的考试。现在中六年级和中七年级课程趋向于留出更多的时间让学生在图书馆或其他地方自习。学校鼓励开展讨论和课外学习活动。

许多学校都组织"社会教育"课。每个学校可以自行决定是否开设这样的课程，这种决定经常是在社区的压力下做出的。课程开发局（Curriculum Development Unit）在通报中标明了社会教育课的范围，它为学生提供了学习了解他们所处的社会，了解他们现在和将来在社会上的地位的一个很好的机会。社会教育课通常在中六年级和中七年级进行，只是到后来才有限地扩大到较低的年级。社会教育课的指导教师经常是本地区的职业人士和志愿工作者，他们被邀请来进行指导和参加讨论。中学中这类活动的增加说明，有些学校和它们所在的社区之间的联系日益密切。在中学组织成人夜校和建立家长—教师协会，也促进了学校和社区间密切关系的发展。

教育部课程开发局自1963年成立以来，在与由教师、督学、大学教师和师范学院教师组成的委员会的密切协商下，对中学教育课程进行了大量的修改。中学教师在这方面发挥了一定的作用。

新西兰

中学的管理工作由学校管理委员会负责。根据1964年的《教育法》，学校管委会由5～11名成员组成，其中至少有5名成员要由学生家长选举产生。学生家长在参加学校管理方面的作用得到加强，并进一步加强了学校和本地社区的联系。学校管委会对教育部负责。学校管委会任命教师和其他职员，但它必须听取校长的专业性建议。在有几所中学的城区，政府建立了中学教育委员会，它负责协调几个管委会的工作。学校管委会组成管委会联合会，后者经常协调各学校的意见，并向教育部反映。在教育部和管委会联合会之间存在定期协商机制，协商制定改善教学和管理之间复杂机制的运作方式。新西兰的公立中学中，教师和年级长对学生的专横态度，对落后学生或不典型学生的漠视，过分强调统一（如穿校服），根据学生表现出的能力来划分优劣并偏向于能干学生的精英化倾向，体罚学生等，经常受到社会各界的批评。中学教育中存在的上述问题，与学校数量增长过快、合格师资不足、学生不适应传统的学校纪律等有密切关系。

从20世纪50年代后期起，政府向存在特殊问题的学校派遣了指导顾问，约有50名指导顾问主要在毛利学生多的学校工作。在社会教育方面的主动性及在年级教学计划中的更大灵活性，都说明学校在努力适应年轻一代的需求。有些学校放宽了对学生在穿着方面的要求，使高年级学生能够享受较宽松的环境。学校对社会变化的挑战所做出的反应受到了年轻人的好评，他们愿意在中学学习更长的时间就是证明。

四 大学教育

2011年，新西兰有8所公立大学，它们是奥克兰大学、奥克兰理工大学、坎特伯雷大学（位于克赖斯特彻奇）、林肯大学（位于克赖斯特彻奇附近）、梅西大学（位于北帕默斯顿和奥尔巴尼）、奥塔戈大学（位于达尼丁）、惠灵顿维多利亚大学和怀卡托大学（位于哈密尔顿）。此外还有工学院20所、师范学院4所，提供高等教育的私人教育机构506个。还有3所毛利人自己管理的高等学校，它们重点教授毛利传统和习俗。在公立高等学校上学的学生占大学生总数的83%。

第七章 文　化

大学属于综合性高等学府,办学时间长,经验丰富,专业基础雄厚,师资力量强。8所大学均可授予学士、硕士和博士学位。在2011年《泰晤士报》世界名校排行榜上,新西兰的8所大学中有6所大学进入世界大学500强,它们是奥克兰大学（第65名）、奥塔戈大学（第124名）、坎特伯雷大学（第186名）、惠灵顿维多利亚大学（第227名）、梅西大学（第283名）和怀卡托大学（第378名）。可见新西兰的大学教育质量是很不错的。除基础课和专业课外,一般大学都有专门的研究机构、实验室和图书馆。在教学和研究力量方面,各大学各有侧重。

工学院偏重于面向社会需要的工程和技术学科,着重培养学生的实际工作技能。工学院设置的课程范围广泛,有农业、林业、渔业、海洋研究、航海、建筑设计、工业设计、商业、工程学、金属学、计算机、通信、旅游和服务业等。

师范学院的任务是为中小学培养合格教师并对在职教师进行继续教育,以提高他们的教学水平。师范学院开设幼儿、小学和中学师范教育课程。有些大学也和师范院校一起承担某些培养教师的任务。师范学院颁发各类学历证书：学习期满3年,成绩合格者发给教育学文凭；学习期满4年,成绩合格者发给教育学学士学位文凭；对培训一年的研究生颁发研究生文凭,向短期进修的教师颁发高级教学文凭。

私立高等教育机构开设各种专业课程,向结业学员颁发专业证书、专科文凭和各类学位文凭。私立高等教育机构是对公立高等学校的补充,它们所设的专业课程由新西兰学术资格审定局批准,其教学质量要接受评审。

2011年,新西兰接受高等教育的学生人数达33万人,8所大学共有学生18万人,在正式注册的高等学校学生中,研究生占7.9%。近年来,到新西兰留学的外国留学生人数迅速增加。

下面对新西兰的8所国立大学做一简单介绍。

奥克兰理工大学（Auckland University of Technology） 其前身是1895年成立的奥克兰理工学院,2000年正式升级为国立大学,是新西兰最年轻的大学。学生人数为2.6万人。该大学分三个校区——威尔斯利校

区（奥克兰市中心）、阿克兰卡校区（位于北岸市）和麦卢卡校区（奥克兰南部）。学校开设学位、文凭和证书课程 211 种，其中学士学位、研究生文凭和证书 64 种，硕士学位 33 种，博士学位 4 种。学校根据现代化需要设置课程。该校教学和研究比较强的领域有人文科学、商务与法律、设计与创新技术、健康与环境科学和毛利人发展等。奥克兰理工大学与中国、美国、墨西哥、英国和智利等国的大学建立了合作关系。

梅西大学（Massey University） 成立于 1927 年，是新西兰最大的综合研究性大学，唯一一所真正的全国性大学。其校名是为纪念新西兰杰出的政治家、前总理威廉·弗格森·梅西（William Ferguson Massey）。主校区位于北帕默斯顿，还有两个分校区在惠灵顿和奥克兰。学生人数为 3.6 万人。该大学在商学、兽医、农业科学、工程、航空和艺术等的教学和科研方面具有优势。梅西大学商学院是新西兰最早获得 EQUIS（欧洲商学教育质量监控协会）和 AACSB（美国商学精英协会）认证的学府，被称为新西兰第一商学院。梅西大学飞行学院是新西兰唯一提供飞行培训的机构。其兽医学院的教学水平亦获得国际承认，并代表了新西兰的最高水平。该大学还合并了新西兰国家音乐学院，是南半球培养音乐人才的最大摇篮。

奥克兰大学（University of Auckland） 创立于 1883 年，是新西兰比较古老的大学之一。它位于新西兰最大的城市奥克兰，目前有学生 4 万人，其中有来自世界各国的留学生 5000 余名。其综合素质在新西兰大学排名中居首位。在 2011 年《泰晤士报》世界名校排行榜上，奥克兰大学排在第 65 位，在国际上享有较高的知名度。它是新西兰唯一一所入围"21 所大学联盟"（University 21）和"环太平洋大学联盟"（Association of Pacific Rim Universities）的大学，这两个组织仅吸收那些各学科在国际上领先的科研型大学。该大学有文科系、商学院、国际创作艺术系、教育系、工程系、法律系、医学和健康科学系以及科学系，另有 50 个跨学科的研究机构和团体。奥克兰大学的学历得到国际社会普遍的认可，其毕业生在世界各国展示自己的才华，取得了良好的业绩。

坎特伯雷大学（University of Canterbury） 成立于 1873 年，位于

第七章 文　化

坎特伯雷省省会城市克赖斯特彻奇市。该校现有学生12000余人，其中本科生10000人、硕士生1800人、外国留学生420人，教职员工1200人。学校设有艺术、贸易、工程设计、法学、音乐和美术、林业和科学等学院，各学院下共设有39个系。学校注重教学和科研相结合，特别重视学术研究，有专门的研究场所和实验站，在木材技术、生物、数学、医疗卫生、太平洋事务研究方面有较好的基础，该校图书馆收藏了太平洋岛屿事务的翔实资料。

怀卡托大学（University of Waikato） 创立于1964年的国立大学，位于哈密尔顿市和陶朗加地区，有学生1.4万人，其中有来自世界约70个国家的2000多名留学生。该大学设有7个学院：人文和社会科学学院、管理学院、教育学院、科学与技术学院、计算机和数学科学学院、法律学院、毛利文化和太平洋发展学院。其中计算机和数学科学学院、管理学院、毛利文化和太平洋发展学院在新西兰享有较高的声望。怀卡托大学在教育学、计算机科学、管理学等领域的教学和研究水平居新西兰前沿。怀卡托大学图书馆藏书丰富，可为教师和学生提供较好的研究资料。

惠灵顿维多利亚大学（Victoria University of Wellington） 成立于1897年，位于惠灵顿，为纪念英国女王维多利亚登基60周年而命名。1961年以前与奥克兰大学、坎特伯雷大学和奥塔戈大学共同是新西兰大学的组成学院，1961年新西兰大学解散之后，变为独立大学。该大学有学生2万余名，其中有外国留学生3000余名，有教职员工1900名。2004年新西兰政府承认惠灵顿维多利亚大学为新西兰三大研究性大学之一，2001年《亚洲周刊》把该大学列为新西兰最好的四所大学之一。该大学由六个学院组成，它们是建筑学院、教育学院、人文社会学院、商业和管理学院、法学院、管理学院，它们分布在惠灵顿的四个校区。法学院在亚太地区享有盛名，其毕业生在新西兰和澳大利亚法学界表现出色。

奥塔戈大学（University of Otago） 创立于1869年的国立大学，位于奥塔戈省达尼丁市市中心。2010年，该校有学生2.2万名，其中有来自世界81个国家的2800余名外国留学生，博士生1300余人，教职员工

3751人。该校最早在新西兰开办医学院，是南岛的医学研究中心，它在试管婴儿研究和实践方面享有国际名望，奥塔戈大学设有新西兰唯一的牙科学院，它在国际上排在前十名以内，在大洋洲位居榜首。2007年，奥塔戈大学被评为新西兰最好的大学。学校设有商学、健康科学、人文科学、理学四个学院。学校在生物科学、医学、心理学、人类学、工商管理、历史和艺术史等专业领域的教学和科研方面具有优势。在2011年《泰晤士报》世界名校排行榜上居第124位。

林肯大学（Lincoln University） 前身是一所成立于1878年的农业学校，1896年更名为坎特伯雷农学院，后成为新西兰大学的一所分院，1961年新西兰大学解散后，该学院变为坎特伯雷大学林肯农学院。1990年，改名为林肯大学，被授予自主办学权。学校离克赖斯特彻奇市中心约20公里，学校校园占地50公顷，濒海环山，景色优美。有学生1.5万人。它是南半球最有名的农业大学，有730公顷的农场。学校以农业、园艺和商科为主，设有学士、硕士和博士学位。所设专业涵盖经济管理、农业科学、酒店管理、旅游、计算机应用、应用科学、社会科学、机械工程、自然资源等，在景观设计、农业、林业、生物、旅游管理、生物资源管理等方面具有优势。学校教学和研究并重，在农业新技术、品种改良、农作物和动物的病虫害防治研究方面为新西兰农牧业发展做出了突出贡献。学校在工商管理、自然资源、自然科学等领域的教学和研究方面具有优势。

新西兰各大学都开设本科和研究生学位课程，分别授予学士、硕士和博士学位。读学士学位只需要3年，硕士学位一般需要2年，博士学位一般要3年以上。

新西兰大学生在相应年龄段人口中的比例不断提高。据估计，1969年全国18~21岁年龄组的人口中，约有9%的人在大学学习。同年，11.6%的中学毕业生继续到全日制大学深造。2002年，在18~24岁年龄组人口中，大学入学率达到了36%。一部分获得大学入学资格但没有上全日制大学的人，可以在职业培训或工作过程中（如当教师）学习业余大学课程。实际上，在新西兰大学的本科生中，约有1/4是业余学习的。

第七章 文化

此外，还有约2000名大学生根据梅西大学的校外学习计划，自修学士学位。根据这一计划，学生在大学老师的指导下学习，老师通过函授进行指导，学生要在校内上短期的强化课，此外还要在校内听一学年的课才能完成学位课程。

新西兰大学采用多种方式录用学生。大多数学生进入大学的资格是由经过批准的中学来认定的，有关大学通过联络官员来控制这一认定工作，联络官员与有关学校保持联系并报告该系统的运转情况。1970年，在总数328所公立和私立学校中，只有45所学校得到大学入学委员会授予的入学资格认定权。大学入学委员会有权增加或减少有认定资格的学校。后来有人对这样一种学生选拔制度提出疑义，但经过专门委员会考察，这一制度得到肯定。没有获得免试上大学资格的中学毕业生可以通过入学考试获得大学入学资格。

新西兰大学对成人学生的录取是很灵活的。一个没有获得大学入学资格的人，只要他年龄在21岁以上，如果教授委员会或类似的权威机构相信他能以适当的成绩学完他准备学习的课程，他就可以有条件地被允许入学。在他修完部分课程（通常是修完9个单元中的3个单元）后，他的入学资格就会得到确认。

大学生入学后，可以从学校获得助学金和奖学金资助，其资金来自政府拨款和私人捐赠。奖学金基金受教育部和大学奖学金委员会的控制。每一个有大学入学资格的学生或被大学录取的学生都有权得到相当于学费9/10的助学金。对于本科生来说，这一金额一般一年不超过200新元（1970年）。奖学金一般提供给在中学结业考试中成绩优异的全日制学生。这样奖学金获得者不仅可以得到相当于学费9/10的资助，而且每年还可以得到现金奖励。被要求离家居住的奖学金获得者还可申请住房补助。在新西兰只有约18%的大学生住在大学校舍，大部分大学生都住在自己选择的私人住房。在上述基本奖学金之外，在每年的大学考试中成绩优异的大学生还可获得额外的奖学金。对那些进行硕士学位学习或其他优等成绩的学生给予硕士奖学金。对少数在新西兰或海外从事研究工作或进修的成绩杰出的学生给予其他奖学金。

那些家庭经济困难、难以靠自己的力量完成学业的学生，可以根据1992年开始实行的学生贷款计划从政府获得贷款，这些贷款可以用来支付学费、设备费、教科书费等相关的费用以及生活费。贷款的金额受到一定限制，而且要支付利息，利率每年由政府审查制定。

大部分大学生在学校的生活来源主要是父母供给以及靠勤工俭学获取的收入。假期打工是新西兰大学生早已形成的传统，不仅是为了缓解经济压力，而且也是大学生接触社会，与社会上各行业的人建立关系和感情的一种宝贵机会。

新西兰公立大学的活动经费和开发费用的80%依靠中央政府提供；另外20%来自大学的日常收入，其来源是学生的学费、学校所有的土地收入及馈赠和遗赠。政府提前5年批准给予大学的总拨款，这一拨款是大学活动基金的主要来源。这样一种提前拨款的制度使大学在支配经费方面有一定的灵活性。据统计，新西兰大学培养大学生每年的人均经费要比澳大利亚少。

代表大学与政府谈判拨款问题的中间机构是"大学拨款委员会"。这个委员会是根据1961年的《大学法》建立的，由8名成员组成。该委员会设主席、首席执行官和若干名委员。首席执行官由总督在与教育部部长和各大学的校长及副校长协商后任命。大学拨款委员会中的4名成员来自大学，余下的成员是大学教授或其他大学教师的代表。各大学的自治权受到一些限制，如它们必须通过大学拨款委员会同政府谈判拨款的数额，此外还受到其他一些机构的限制，如规范大学入学资格的大学入学委员会、控制某些研究经费的委员会、决定入学奖学金的全国考试委员会及决定大学课程设置和变动的课程委员会等。

新西兰的8所大学都是由议会通过立法建立的。大学的管理由校务委员会负责，其主席是校长。校务委员会的一般成员中有教师和学生代表、政府指定的委员和毕业生代表。新西兰大学校务委员会的第一位学生代表是1938年维多利亚大学学院选派的。今天，大学生不仅管理他们自己的非常活跃的学生会，而且学生代表还广泛参加学校的各个重要委员会的工作。

第七章 文化

大学的高级学术管理者副校长既是大学校务委员会的成员，也是教授委员会或主要由教授和某些其他教学人员组成的校评议会（Senate）的主席。根据大学法令，校务委员会将所有教学事务交由教授委员会讨论。校务委员会不干涉教授委员会在教学事务上做出的决定。这已经形成传统，若有疑义，也需返回教授委员会重新审议。在教授委员会的领导下，大学的教学工作通常由院系组织实施。为了消除在院系制度下学科过于分散的弊端，怀卡托大学将同类学科的教学工作交由"学院"（Schools of Studies）负责，如社会科学学院，而省去了学科系。

新西兰大学的相当一部分教师是从英语世界的其他国家特别是从英国聘请来的。很多有较高学术造诣的新西兰人在海外进行过深造，他们可以自由地到英联邦其他国家或美国工作。高素质人才的外流每年都给大学带来聘请教师和轮换教师的困难。这促使新西兰大学不断提高教师的工资水平，改善图书馆和科研设施。新西兰大学教师的工资水平仍然低于澳大利亚和英国，但新西兰大学教师享有较多的带薪学术出差机会，通常可以到北半球的学术中心去进修或从事科研工作。"新西兰大学教师联合会"计划使学生与教师的比例达到10∶1，这一比例与澳大利亚差不多，但比英国的8∶1低。70年代初，新西兰大学学生与教师的比例，梅西大学大约是12∶1，奥克兰大学是16∶1。

在以前的新西兰大学中，文学士或理学士的课程至少要3年才能完成，它分成8个或9个单元，每个单元代表一个学科一整年的课程。这一制度适合于业余学习的学生，他们可以在不同的学校一科一科地积累。自治大学逐步摆脱这一严格的课程结构。1966年，怀卡托大学引进新的文学士课程，它要求攻读文学士的学生在最少3年里至少学完24门课程。1971年，惠灵顿维多利亚大学决定将9个单元的文学士课程改为108个学分的课程，这些学分可以通过学习课时不一的课程来获得，一个课程4学分、6学分或12学分不等。学生对学年末的考试已不那么看重，而是把更多的注意力放在完成课外作业和学年期间的测试上。

第二次世界大战以后，新西兰大学的科研工作有所加强，出版的学术论著大量增加，社会对大学的研究职能以及社会与大学教学的联系逐

渐重视,主要受公共基金支持的研究活动扩大,这是因读硕士和博士学位的研究生人数的增加及教师更多地在自己的专业领域开展学术研究的结果。大学里专门做研究工作的工作岗位和研究机构的数量都不断增加。

因新西兰农牧业发达,大学把农牧业研究放在优先的地位。坎特伯雷大学林肯农学院有3个研究所,梅西大学有4个研究所,它们在医学和相关的研究中,包括人类遗传学研究方面,已有很好的基础。一些大学在生物学和地球科学的研究方面有很强的实力,地球研究的范围已扩大到南极洲。新西兰大学在社会科学的研究方面比较弱,但也逐步加强。随着城市化和种族集团的融合而产生的社会问题,需要社会科学工作者做出回答。

新西兰的8所大学都开设学位课程,其中既有人文社会科学,也有自然科学。4所成立较早的大学不仅有基础很好的法学院,近年还在商学和管理学方面开设越来越多的课程。惠灵顿维多利亚大学有很强的商学和行政管理学院,它的法学院在这些领域中是比较突出的。各个大学为满足各种职业教育和职业培训的需要,建立了各具特色的学院。第一所这类学院是1874年在奥塔戈大学建立的医学院。几年以后,又建立了牙科学院、家政学学院和体育师范学院。坎特伯雷大学有附属于它的林肯农学院和新西兰第一所工程学院。经过多年曲折发展,它的林学院最终于1968年建立起来。惠灵顿维多利亚大学有政治科学和公共行政学院,以及培养专业社会工作者的社会管理学院。在奥克兰大学,除了早先建立的建筑学院和工程学院以外,又新增了一所医学院。梅西大学在1928年建立的农学院的基础上,新建了兽医学院及食品技术和生物技术学院。最年轻的怀卡托大学还没有建立专门的学院,但在几个领域,譬如在教育学方面取得了成绩。除怀卡托大学以外,每个大学的学科系还为大学毕业生和社会上的其他人员提供受教育的机会。这些系的教学人员包括在本系上课的大学教师,但在扩大教育计划方面主要的教学工作是由其他系的大学教师或有较好专业资格的其他人来进行的。怀卡托大学近年来也在扩展大学教育计划方面做了一些工作。

那些希望继续接受技术教育而又不能到学校上课的人，可以报名参加函授技术学校的学习。函授技术学校是新西兰最大的学府。它有350多名教师和120多名员工，每年有3万多名学生入学。其中75%左右的人属自我进修。学校共开设了700多门课程，学科门类齐全，涉及面广。学生学习的方法多种多样，广泛采用书本、电话会议、研讨会、计算机互联网、实习培训、学习小组和强化课程等方式进行学习。

五 继续教育

继续教育包含结束大学和中等正规教育后的所有形式的有组织的业余教育，它是对学习者的一种补充教育。政府鼓励人们在结束正规教育后继续学习，不断补充新的知识，以跟上社会发展的步伐。在不同学校和教育机构接受继续教育的学员可能是受雇的工程技术人员、工人、私营业主或家庭主妇。他们继续学习或许是为了适应工作的需要，或许是出于某种兴趣。大多数成人职业教育工作者也在这个意义上用"成人教育"一词，但有些教育工作者也把成人教育限制于非职业的、有组织的教育活动。新西兰在1947年和1963年的《成人教育法》中没有对成人教育下定义，但新西兰的教育家一般把它作为"继续教育"的同义语。

一个国家继续教育的状况可以看作正式教育系统健康状况的指示器。新西兰学校教学成绩的衡量标准之一，是那些离开学校的人在多大程度上继续学习，把学习作为他们生活的一部分。

为提高公民的职业素质和促进就业，除学校教育以外，国家还大力推进各种形式的培训，其中有职业培训、青年培训和提高技术等级的培训等。

在成人生活中，学习主要以自修或其他方式进行。由于当今社会知识更新的速度特别快，知识量大，国家尽可能利用手中的资源去满足公民提高个人能力的学习愿望，给他们提供接受继续教育的机会。1947年，新西兰颁布《成人教育法》，并成立"全国成人教育委员会"，在发展成人教育方面采取协调行动，为继续教育的发展奠定了基础。

如果把学徒和技术员培训看作小学、中学和大学三级教育体系的一部

新西兰

分,那么继续教育的最大部分则是在晚上进行的非职业教育。这样的夜校在约200所中学和一些机构(例如监狱)内开设,可以说遍及全国各地。这类学习班包括家庭艺术班,如学习服装制作和木工;艺术和工艺班,如学习陶艺;另外还有演讲班,还有一些学习班涉及社会、体育、生物学、数学等广泛领域。

由中学创立的学习班得到主要由教育部提供的基金的资助。在每一个学校,夜校工作由中学老师兼职组织,这只是他们工作的一小部分,他们只获取很少的报酬。

成人一般是在本地区的中学接受继续教育。如果他所在的地区没有中学或那里的中学没有开设他想学习的课程,他可以在学科多的学校或函授技术学校登记学习。

绝大多数职业成人教育家受雇从事的继续教育是大学的附设教育。在8所大学中,有40多名教学人员专门从事成人教育和成人教育计划的开发。他们中的大部分人到其他国家考察研究过海外成人教育发展情况,对新西兰的成人教育也进行了一些研究。进修班和为大学毕业生以及有类似教育背景的其他人开设的专业班的数量也不断增加。学校开设的暑期课程有的是为学习者获得学位而设的。有些业余学习班可以颁发结业证书。

新西兰的工人教育协会是在新西兰开展继续教育的志愿者组织,它通过设在原来的4个大学中心和其他两个城市的地区协会开展活动。地区协会通过大学从公共基金获得少量的补助,它们不再与工会运动发生密切联系,但全国协会和新西兰劳工联合会是一项工会会员函授学习计划的联合发起者。地区协会在组织大众关心的热点问题以及诸如航海和家庭装饰等实用技术课程方面发挥了积极作用。

成人参加继续教育学习班,一般要缴纳少量的费用,参加专业班和管理班的学费比较高。

还有大量的志愿性协会也在继续教育方面开展活动。有些教会设有自己的教育委员会,倡议实行继续教育计划。像游戏中心协会等组织也组织一些相当杰出的教育计划,主要是学习幼儿和青年教育问题。基督教青年会、乡村妇女组织、婚姻指导委员会和与艺术、音乐、戏剧有关的组织，为它们的成员和其他人举办学习班。

新西兰有大量的职业协会和专业机构，不管是公共的还是私立的，为了提高其成员的知识水平和工作效率，都会举办各种形式的继续教育。例如，"新西兰会计师协会"有它的继续教育计划。政府各部门的人员培训部都会积极提供程度不同的专业培训。如农业部在这方面做得非常突出，它为社会的各个特定集团提供教育服务。

新西兰的少数民族毛利人更需要基础教育。这样的需要可以由得到公共基金资助的公共教育机构或由有关的志愿者组织来满足。

六 教育行政管理和教育经费

新西兰全国教育的最高行政主管机构是教育部。它负责在有关教育的所有问题上向教育部部长提供政策建议，监督既定政策的执行，确保教育资源的有效利用。教育部向幼教中心和中小学提供资金，协商资助高等学校的金额，管理国家所有的财产，从事研究工作和搜集教育统计材料。教育部在协调全国教育、满足各地特殊教育需要方面开展工作。1938年，在当时流行的新思想的影响下，教育部为发展和协调学校教学的特殊领域、为丰富学校的教学内容提供特殊服务，选派了一些具有专业知识的官员。1938年为重振体育训练计划而选派的体育教育督导官就是第一个这样的官员。1941年，教育部指派了教学辅导督学，成立了一个优秀电影图书馆，其资料供所有学校和其他教育机构借用。1942年，建立了图书馆服务部，在其成立后的第一年就向500多所学校发行了近3万本图书。在艺术、工艺和音乐领域也委派了专家。

教育部在其成立初期就在智障和残疾儿童的教育方面承担了特别的责任。聋哑学校早在1880年就成立了。1917年在奥克兰建立了智障儿童特教班。1922年为住在边远地区的孩子建立了函授学校，这种学校也为行动不便的残疾儿童提供服务。1953年，教育部任命了特殊教育官员，专门协调和发展这一领域的工作，全国共有243个特教班和25个语言诊所。2002年，全国有特教学校46所，学生2379名。

新西兰

1946年，教育部任命了学前教育督导官，并建立了一个学前教育协商委员会。有两种志愿者机构提供学前教育，它们是受资助的免费幼儿园协会（Free Kindergarten Associations，成立于20世纪初）和游戏中心协会。后者是1941年产生于惠灵顿的土生土长的机构，它是家长指导儿童玩耍及对父母进行继续教育的合作性组织。1947年，政府对上述两个组织进行资助，以便更好地发挥它们的作用。在政府的推动下，学前教育得到了较大的发展，幼儿园的数量从1945年的62个增加到2002年的606个，游戏中心从十几个增加到492个。

新西兰2001/2002财年用在教育方面的开支占国内生产总值的5.3%，高于经济合作与发展组织4.9%的平均水平。2002/2003财年政府用于教育方面的经费为71.52亿新元，占政府财政支出的17.3%。2009~2012年，新西兰中央政府每财年的教育支出保持在124亿新元左右，占政府财政支出的比重也相对稳定（见表7-2）。

表7-2 2009~2012年新西兰中央政府的教育支出

财政年度	教育支出（亿新元）	教育支出在中央政府财政支出中的比重(%)
2009/2010	124.40	15.35
2011/2012	124.07	13.38

资料来源：新西兰政府网站。

政府的教育基金资助的范围包括学前教育、小学、中学、大学和继续教育。只有经过注册的教育机构才可能得到政府的资助。公立学校的财产由教育部交给财产管理处管理。

对中学资助的金额主要依据学生的数量、学校的类别、教学水平和学校的财产状况等因素来确定。学校的财务要接受审计局的审查。特殊教育、住宿和学校的交通设施都可以得到学校基金的资助。

新的高等教育拨款制度是1991年开始实行的。政府根据工学院、师范学院、大学和毛利学校等全日制大学学生人数和他们所在学校每种课程的费用类别来决定拨款的数额。

第二节 科学技术

一 科研政策和科研管理

新西兰非常重视科学技术的研究和开发利用,特别重视实用技术的开发。政府的研究、科学和技术部主管科学研究和技术开发工作。近年来,政府加强了对学术研究和科学技术方面的财政投入,科研经费逐年增加。除了国家资助的专门研究所以外,大学也是一支重要的研究力量,各大学设立了各种各样的研究中心,政府和企业设立了工业和畜牧业研究部门,它们还资助私人研究机构。1989~1992年,新西兰对科学管理体制进行了改革。改革的要点是把政府制定科技政策、科技发展战略和资金分配的职能从具体科研活动中分离出来,让科学研究机构更多地发挥能动作用。改革的目的还在于加强对科研机构的协调和管理,改变多头管理的混乱状况,明确科研投资的优先顺序。

政府在科研投入方面特别重视以下四个方面:支持基础和战略研究;提高科研成果转化为生产力的比率和研究机构适应市场需要的能力;在新领域支持科研人员主导的创新活动;支持有潜力的研究人员,加强环境、社会和医疗卫生方面的研究。政府把科学技术看作经济发展的驱动器,促使科研关注环境,增强经济发展活力,提高居民的健康水平,改善民众的生活和工作方式。

研究和技术系统提出了知识、经济、环境和社会四个方面的目标。知识目标是加强知识的积累和传播,提高公民的科学素养,增强新西兰经济的比较优势;经济目标是提高科学技术在增强企业竞争力方面的贡献;环境目标是增进人们对影响环境的因素的认识,建立和维护有利于健康的环境,促使人们以新的思维方式来对待环境问题,把经济和社会发展与环境有机地结合起来;社会目标是提高人们对福利的决定因素的认识,使所有新西兰人都具有归属感、认同感和良好的伙伴关系,享有健康和独立的生活。

新西兰

科学研究和技术开发机构在培育新的羊种、发明地震减震装置、设计和制造世界一流的摩托艇和摩托车、开发新的软件和通信技术、研制农业机械、从事园艺研究和开发等方面取得了骄人的成就。新西兰学术界在生物学、地质学、海洋学、气象学、医学等学科以及生物技术和高温超导技术等方面有扎实的研究基础和比较优势。在生物医药方面，新西兰有在世界上处于领先地位的研究小组。各大学和皇家研究所成立了生物技术公司，并与全球生物技术市场有密切联系。新西兰因其特殊的地理条件，在研究南太平洋和南极洲方面有得天独厚的条件。新西兰科学家在研究臭氧层减少与紫外线辐射的关系方面居于世界领先水平。

新西兰主管科学研究和技术革新的最高机构是研究、科学和技术部。它是在1989年10月根据政府有关科研系统的改革计划建立的。其职责是研究和制定有关科研和技术开发方面的政策（包括科学研究优先顺序和科研基金的安排），向政府提出建议。它负责科研和技术活动情报及统计资料的收集和分发，代表政府管理科研和技术系统的公共基金，代表国家发展政府间的科学技术交流，与国际上的科学研究机构建立密切联系。为此，新西兰分别向华盛顿和布鲁塞尔派出了科学技术参赞，以加深与美国和欧盟在科技方面的联系。研究、科学和技术部还在协调科研基金分配和组织全国重要的课题研究活动方面发挥作用。

政府在分配用于科学技术的资金时，非常注意经济、社会和环境研究项目与基础研究项目之间的平衡，既注重实用技术的开发利用，也不忽视基础研究，使应用研究和基础研究都能得到发展。

二 科研经费的来源

新西兰的科研工作得到政府、大学和私营部门的资助。政府是科学研究和技术开发的主要投资者，近年来，政府加大了对科研和技术开发方面的投入。政府除加大对科研和技术方面的财政投入外，还通过教育基金和政府各部门向各个科学技术开发机构投入大量资金。

新西兰主管科研和技术开发基金的法定机构是研究、科学和技术基金会。它直属于研究、科学和技术部，负责掌管国家科研和开发总开支近一半的经费。它根据政府确定的优先顺序和更具体的部门研究战略，进行资金分配。基金会的主要职能：在研究、开发和人力资源方面投入公共资金；在发展科学和技术问题上向政府提供建议；促进工业的技术创新。

研究、科学和技术基金会资助的主要对象为国家的9个皇家研究所、各个大学的科学研究中心、各种研究会、国有企业和私立的研究机构。所有进行科学研究和技术开发的机构和个人都可以通过竞争得到科学基金的资助。基金会资金使用的主要方向是工业研究、技术新西兰计划（Technology New Zealand Scheme）、新西兰经济研究基金、国际投资机会基金、支持有希望的个人、毛利文化的研究和开发、社会研究和环境研究。

基金会负责三种基金的工作，它们是公益科学基金（Public Good Science Fund）、技术新西兰基金（Technology New Zealand Fund）和研究员基金（Fellowships Fund）。

公益科学基金是政府对具有战略意义的科学和技术研究项目的投资。它由研究、科学和技术基金会管理。公益科学基金支持物理、生物或社会环境方面的研究工作；提高研究技能或开展对新西兰有重要意义的科学研究；支持有利于国家而又不大可能得到非政府基金资助的研究项目。所有从事研究和开发的机构及个人，都可以通过竞争性投标获得公益科学基金的资助。政府在与科学家和最终使用者广泛协商后，按研究课题的重要性和先后顺序来分配研究基金。

技术新西兰计划帮助实业界开发和采用新技术，它通过以下三方面计划开展工作：

实业发展技术——通过部分资助研究计划，鼓励在产品开发和生产流程方面的技术创新，提高管理技巧。

技术网——向有关单位和个人提供全国和国际上的技术信息资料和咨询服务。

工业中的大学毕业生研究基金——资助从事新技术研究和开发的人员。

政府分配科研基金的渠道还有新西兰皇家学会和卫生研究理事会。

新西兰皇家学会资助马斯登基金（Marsden Fund），支持有希望的独立研究者，促进创新文化的发展，加强与国际科学研究机构的联系。马斯登基金用于支持特别优秀的科学和技术研究项目，无论这些项目属于什么专题或研究领域。

卫生研究理事会是一个实体，它负责采购和协调卫生研究工作，资助卫生研究和毛利文化的研究及开发，建立国际投资机会基金和支持有希望的独立研究者。

三 科学研究机构

1. 政府科研机构

新西兰的国家科学和技术研究所、各种科学技术协会、地区协会、研究员组成一个法人团体——新西兰皇家学会。皇家学会研究的范围包括生物学、地球科学、工程学、数学、物理学、社会科学和技术科学等基础性、应用性和人文范围的广泛领域。皇家学会在发现人才、促进科学技术发展方面起着非常重要的作用，而且它还是联系全国科学家的纽带，代表科技人员向政府献言献策。

1992年7月1日，政府对它资助的科研组织进行了改组，形成了9个国家所有的研究所，取代了过去部属的科学研究机构。

9个研究所注册为公司。每个研究所由政府任命的董事会履行管理职责。研究所的所有权属于政府，由两个分管皇家研究所的部长和财政部部长代表政府实行管理。以下简单地介绍9个研究所的情况。

接穗研究所（Sion Research Institute） 原名林业研究所，在生物科学和林业科学研究方面有很强的实力，有能力向有关部门提供新一代的生物材料技术，提供研究和开发服务，向用可再生性植物资源制造产品的企业提供科学和技术服务。它是向新西兰林业部门提供研究和技术服务的主要单位，专门从事植物和森林研究；致力于扩大人工林的种植面积；在保护环境的前提下，提高高附加值产品的盈利能力。

农业研究所（Agriculture Research Institute） 向食品、纤维、生物技术和基于农牧业的相关产业提供科学研究的创新性成果，为生产过程中存在的问题提供解决方法,开发特别的动植物产品和附加值高的生物技术产品,以提高新西兰农牧业的竞争力。

园艺研究所(Hort Research) 与新西兰园艺和食品工业部门密切合作,开发和提高其产业在国内外市场上的竞争优势,培育新的水果品种,增加园艺生产的附加值。该研究所是以植物为基础的生物技术的世界知名研究中心。

农作物和食品研究所(Crop and Food Research) 在提高新西兰高质量的大田作物和温室作物产量以及海洋产品的生产能力方面从事研究、开发和提供服务。主要研究提高满足市场需要的农作物、留种作物、花卉、观赏植物、油料作物、药用植物和海产品的产量和质量的技术。该研究所在生物技术、可持续的环境管理、营养和卫生、创新性生物材料的研究方面有较强的科研力量,可以为食品和新生物材料的生产提供科研支持。

土地保护研究所(Landcare Research) 调查本国的动植物、病虫害、土壤和植物生长过程以及土地管理情况,以实现土地资源的持续利用和管理。该研究所的研究主要集中在以下几个领域:生物多样性和生态系统变化过程;温室气体和碳化物的集聚;生物安全和病虫害防治;农村土壤利用和城市环境管理。

地质与核科学研究所(Geological & Nuclear Science) 主要从事地区性地质情况、碳氢化合物资源、地震、自然灾害、火山、地热资源、土地利用、经济发展所需要的大地和海洋资源以及核科学研究,并在这方面提供咨询服务。

工业研究所(Industrial Research) 在生产流程、制造业和能源工业方面进行科学技术研究,开发具有高附加值和国际竞争力的产品。该研究所特别重视通信、信息、电子技术、精密仪表、能源技术、生物化学技术等方面的开发及其成果的商品化。

国家水和大气研究所(National Institute of Water and Atmospheric Research) 主要致力于研究新西兰及其领海的自然变化和人类对大气、海洋和淡水系统的影响,为这方面的持续管理和开发提供科学依据

和服务。

环境科学研究所（Institute of Environmental Science & Research）
在公共卫生、环境卫生、法医学、食品、药理学、传染病、公众健康、执法及有关规章等方面进行研究与分析，向新西兰和亚太地区的公共和私人部门提供分析研究和咨询服务。

2. 其他科研组织

卡特天文台 1938年根据一项议会法建立，以惠灵顿和怀拉拉帕的杰出开拓者查尔斯·卡特（Charles Carter）的名字命名，位于惠灵顿。天文台的职能有四项：从事天文研究，进行天文学教学，向公众传播天文学知识和保护天文遗产。天文台还对科学课程中的天文学部分提供支持，向学校参观团体开放并进行讲解，向社会发放资料性小册子，给教师提供特别的工作室和其他面向社会的计划。1998年，天文台将其工作重点定为开展对星系、星团和星球形成及其演变的研究。天文台所需资金通过多种渠道筹集。

考思仑研究所（Cathron Institute） 新西兰私人研究机构，根据1924年的托马斯·考思仑信托法建立，位于纳尔逊。该研究所从事对海洋和淡水微生物学及生态学的研究，对海产品加工业提供商业性服务，对资源的管理者和使用者提供环境咨询服务，并对广泛的顾客群在质量监控方面提供分析和微生物学实验服务。考思仑研究所的经费来源于通过竞争获取的公益科学基金。

马拉干医学研究所（Malaghan Institute of Medical Research） 一家独立的私人医学研究组织，以前称惠灵顿癌症和医学研究基金会，1986年为纪念莱恩和安·马拉干在医学方面所做出的杰出贡献而改为现名。该研究所为慈善机构，设在奥塔戈大学医学院。研究所主要探索疾病的成因、性质和治疗。它在哮喘病、癌症和肺结核研究方面成绩卓著，并通过奥塔戈大学惠灵顿医学院培养博士研究生，在研究工作中与国内外医学家进行合作。研究所的经费来自通过竞争从政府部门获得的研究资助及共同创办人、私人慈善家和馈赠人的出资。

除以上专门研究机构以外，政府各部门也设有研究机构，研究自己所

第七章 文　化

管辖领域的业务问题，以促进本部门工作的开展和更有效地执行政策。

高等学府是一支重要的研究力量。各个大学和工学院在对大学生提供各种基础课程教育的同时，还在一系列科学技术领域进行广泛的研究工作，大学的教师和学生都积极参加研究活动。新西兰的 8 所大学都进行基础和战略性研究，并在应用科学和技术领域中做出了重要贡献。各大学的研究机构涵盖了科学研究的各个方面。8 所大学和皇家研究所有密切的联系。另外，新西兰还有 20 所工学院，它们在建筑、工程、制造业、软件工程、农业、园艺业、林业和葡萄种植业等广泛的科学技术领域提供专业课程教育，向学生颁发毕业和专业证书。国家公共科研经费的大约 30% 投入大学的研究机构。大学比较重要的研究中心有梅西大学的分子生态学与进化研究中心、奥克兰大学的生物多样性研究中心、奥克兰大学的数学及其应用研究中心、林肯大学生物保护技术研究中心、惠灵顿大学的高级材料和纳米技术研究中心等。

新西兰还有各种各样的研究会，它们是非政府性的行业联系机构。它们在研究工作和技术转让方面提供帮助，这种工作是一个行业中的个别公司难以做到的。那些专门从事农牧业产品出口的研究会在提高产品的市场竞争力和农、牧、林产品的附加值方面做了有益的工作。研究会多数由工业企业资助。新西兰的研究会很多，其中比较重要的有新西兰建筑研究组织、为羊毛和纺织工业提供技术支持的卡内斯网络有限公司（Canesis Network Ltd.）、新西兰混凝土和水泥研究协会、新西兰肥料制造商研究会、重型工程研究会、新西兰皮革和鞋研究会等。

在新西兰从事社会科学研究的主要有以下一些机构：大学中的研究机构；中央政府部门和一些地方政府的研究部门；独立的社会科学研究团体，如新西兰教育研究理事会和新西兰经济研究所；设在私营企业的市场研究部、咨询部或分析部；志愿研究机构。

新西兰经济研究所由政府和合伙出资的团体成员合作建立，现在是非营利的合作研究机构，由独立的董事会进行管理。经费来源完全依靠咨询工作的收入和会员的捐款。研究所进行的研究项目都是政府和实业界当前或未来关注的迫切经济问题。自 20 世纪 80 年代以来，研究所研究了政府

放宽调控措施和实行改革对经济带来的影响。其他研究领域有国际商业、能源、自然资源和环境问题、劳工市场和海外直接投资等。从1964年起，经济研究所出版了新西兰经济预测刊物《季度预测》。自1961年出版的《季度商情调查》，定期向企业提供它们对商情的评估，该杂志是新西兰出版的此类刊物中历史最长的。

四　技术服务

技术服务主要是指知识产权的管理、生产管理系统的质量管理、产品的质量鉴定和产品的标准管理等。

为鼓励发明和技术创新，新西兰政府重视对知识产权的保护。知识产权管理的官方机构是知识产权局，它是商业部的下属机构。知识产权局的职能是对专利、商标和产品设计的申请进行审查，以确保只向那些符合有关法规要求的专利授予专利权，对符合要求的商标和设计进行注册登记。

专利　任何国家的发明所有人都可以根据新西兰1953年的专利法申请专利权。专利申请人在获得专利权后，在新西兰享有对此项发明进行20年开发的专有权。但在专利权期满以后，任何人都可以对这项发明进行开发。2012年，新西兰注册登记专利7341个。

商标　任何国家的商标所有人对其合法的产品和服务都可以根据新西兰1953年的商标法在新西兰进行商标注册。一旦该商标完成注册，其所有人就可以对已进行注册的产品或服务商标享有独家使用权。2012年，有32728个商标在新西兰注册。

产品设计　任何国家的工业设计（工业制成品的艺术造型或外形设计）都可以根据1953年新西兰的设计法申请注册。经过注册后，可以在15年内保护该项设计在新西兰不被非法盗用。2012年，有1283项设计在新西兰注册。

经过科学研究和辛勤劳动培育出来的新植物品种在新西兰也享有知识产权。负责保护这种权益的机构是隶属于商业部的植物品种权保护局。

其他的知识产权还有产品的布局设计。1994年的布局设计法对集成电路的设计提供了保护。该法保护产品布局设计在15年内不被非法仿制。

在新西兰有一个专门从事管理系统质量评估和认证的机构,即特拉克有限公司(Telarc Ltd.)。它在对企业产品的质量管理系统进行评估后,提供质量管理认证书,其中有ISO9000、QS9000系列标准质量管理系统证书、建立在ISO9000系列标准基础上的基本准入管理系统证书和ISO14001标准环境管理系统证书。

新西兰标准局是负责协调标准开发的全国性团体。它根据1988年的标准法开展活动。其目的是发展与商界和政府的伙伴关系,通过开发高效的、切实可行的产品标准,提高生产的质量和技术,促进国家的繁荣。

第三节 体育和休闲活动

运动、健身和休闲活动在形成新西兰民族形象方面起着重要作用。新西兰人酷爱体育和户外休闲活动,全国85%的人都参加了某种形式体育和娱乐活动,至少有47%的人参加一种体育、健身和休闲俱乐部。温和的气候和独特的海陆风光为人们开展各种体育活动和户外休闲活动提供了良好的场所。

新西兰运动员在许多高水平的国际赛事上多次获得好成绩。在2004年举行的雅典奥运会上,新西兰派出了151名运动员参加了19个项目的比赛,获得女子双人划艇、女子3000米场地自行车、男子铁人三项3项冠军;获得男子铁人三项、男子1000米单人划艇2项亚军。在2008年北京奥运会上,获得男子帆船帆板等项目的金牌3枚、银牌2枚和铜牌4枚。在2012年伦敦奥运会上,获得女子单人皮划艇、女子铅球和男子赛艇等项目的金牌6枚,女子小轮车和帆船帆板项目的银牌2枚,男子场地自行车、女子赛艇和马术等项目的铜牌5枚。对于一个只有400万人口的小国来说,取得这样的成绩是非常难得的。新西兰篮球队在2012年澳大利亚全国篮球联盟比赛中第二次获得冠军。

新西兰最流行的男子集体项目是橄榄球,女子集体项目是落网球。此外,高尔夫球、保龄球、帆船、网球、自行车运动也很流行。新西兰在奥

新西兰

运会和其他国际比赛中经常获胜的优势项目有帆船帆板、划艇、自行车、板球、田径、回力球、独木舟、垒球、游泳和马术。新西兰的橄榄球队、女子落网球队和男女帆船队在一系列国际比赛中名列前茅，在世界上享有很高的声誉。赛马运动也很流行，新西兰产的纯种赛马在国际上享有盛誉，对外国买主有很大的吸引力。

橄榄球是新西兰人最喜欢的运动项目，它早在19世纪下半叶就在新西兰流行，在1870年就进行过比赛。19世纪70年代，新西兰各大城市都成立了橄榄球队，1892年成立新西兰橄榄球联盟。从1893年起，新西兰橄榄球队积极参加国际比赛，遍访了世界各国有名的橄榄球队，同时也邀请其他国家的橄榄球队到新西兰访问。新西兰最有名的橄榄球队"全黑橄榄球队"是一支劲旅，享有很高的国际声誉。球员身着黑色球衫，球衫上印有作为新西兰象征的银蕨，每次出场都要气势高昂地跳毛利人的哈卡舞，既鼓舞士气，又突出表现了新西兰的文化特征。新西兰橄榄球队在世界杯赛和国际比赛中多次获得冠军。在普通人中，从事橄榄球运动的也很多，全国有550多支橄榄球队，有15万人参加这项运动，连新西兰最高国家权力机关议会也组织了橄榄球队，并多次与欧美国家议会的橄榄球队进行比赛，取得优异成绩。新西兰"黑蕨叶"女子橄榄球队在世界高水平的比赛中也不逊色，1998年曾获得世界杯赛冠军。

落网球是新西兰年轻女子特别喜爱的一种运动。落网球又称无网篮球，它没有篮板，只有一个篮圈和篮网，篮圈焊接在一根两米多高的铁杆上。打球时，球直落篮网即算得分。球队由7人组成（20世纪60年代以前由9人组成），在赛场上由两个队进行对抗赛。这项运动兴起于20世纪初，1923年新西兰举行了第一次正式的女子落网球比赛，后来这项运动迅速推广开来。1924年成立了新西兰女子落网球协会，用银蕨叶作为女子落网球队的标志。1926年新西兰在达尼丁举行第一届全国女子落网球比赛，1963年新西兰参加第一届世界女子落网球锦标赛，1967年在世界第二届女子落网球锦标赛上获得冠军。

作为岛国，新西兰的划艇和帆船运动非常流行，在世界上处于领先水平，在奥运会上多次获得金牌。从1937年开始，新西兰每年都举行划艇

第七章 文 化

比赛。在20世纪50年代的英联邦运动会上,新西兰划艇队曾获得单人划金牌。在1968年墨西哥奥运会上,新西兰划艇队获得八人划冠军,在2004年、2008年和2012年的奥运会上也多次获得金牌。新西兰帆船队是一支世界劲旅,它的"黑魔号"帆船多次获得美洲杯帆船赛冠军。

1996年,一个委员会的调查显示,在被调查的3000名18岁以上的成年人中,9/10的人称参加了各种体育活动。散步、跑步、园艺活动、游泳、做操、骑自行车或室内运动是他们的主要运动方式;8/10的被调查者参加了不包括散步和园艺的体育活动;3/10的人参加了运动俱乐部;1/3的人参加竞技体育;大约1/3的人训练时有教练指导。每五个成人中就有一个自愿充当教练、体育官员或行政管理人员,其中只有3%的人获得报酬。在同一调查中,750名被询问的13～17岁学生中,有97%的人说他们参加了体育运动,有47%的人参加了运动俱乐部。在中学中,橄榄球和板球是男生的主要运动项目,而落网球和英式足球则是女生的主要运动项目。

政府的多个部、社团和法定机构都参与组织体育和休闲活动。负责体育运动和倡导积极生活方式的主要政府组织为希拉里委员会(Hillary Commission)。它制定计划和政策,旨在发起、支持和推动更多的人积极参加运动、健身和休闲活动。为积极支持地方体育运动俱乐部和休闲组织,希拉里委员会管理的社区运动基金按平均每人1.23新元向地方当局提供资金。它对各项体育活动都给予积极支持。自然资源保护部是负责户外娱乐活动的主要土地管理者。内政部管理着旨在向地方政府和社区组织提供满足青年人需要的多个计划项目,它管理的社区设施基金对主要运动和娱乐设施提供资金支持。

城市和地区议会是体育活动的最大投资者,负责购买体育设施和提供服务。

新西兰体育联合会(New Zealand Assembly for Sport)代表了100多个全国性体育组织,有150万名集体会员。该联合会提供运动方面的法律保护和信息服务。

新西兰体育基金会是职业体育运动的重要赞助者。基金会的资金来源

于政府部门的资助和私人捐助。它与希拉里委员会、新西兰奥林匹克委员会、全国性的运动组织和运动队合作，帮助有潜力的运动员提高训练水平，使他们能够在国际大赛中获得优异成绩。该基金会向表现优异的运动项目提供补助。它还向多个体育学校提供资金帮助。这些体育学校制定了高水平的发展计划，其中包括聘请教练、从事运动科学和运动医学方面的研究、组建运动队和发现运动人才。基金会还在全国建立了由高水平的体育中心组成的网络。

新西兰奥林匹克委员会选拔参加奥林匹克运动会和英联邦运动会的运动队，并对它们进行管理和提供资金支持。现在有41个体育联合会是新西兰奥林匹克委员会的成员。该委员会的一个重要职能是开展体育教育和体育促进活动。

新西兰人的户外休闲活动种类很多，比较流行的有垂钓、狩猎、滑雪、徒步旅行、爬山、骑车、赛马、赛狗等。

新西兰海水鱼类和淡水鱼类的种类都很多，是垂钓的理想国度。北岛和南岛的河流及湖泊都盛产名贵的鲑鱼和鳟鱼。钓鲑鱼和鳟鱼比赛是新西兰每年举行的赛事之一。钓鲑鱼和鳟鱼需要执照，新西兰垂钓和比赛委员会及其12个地区委员会负责有关问题的管理。新西兰也举行其他鱼类的垂钓比赛活动。

新西兰供狩猎的主要鸟类有野鸭、天鹅、野鸡、鹌鹑、野鹅和石鸡等，但此项活动是受到限制的。主要的狩猎季节一般只有6~8周，依地区而定。按传统，狩猎季节从每年5月的第一个周末开始。

新西兰对比赛性狩猎的限制比较少，一般来讲，对狩猎野兽的数量没有限制。有些种类的野兽，如鹿、岩羚羊、野猪、野山羊等在一些地区数量很多，对这类动物的狩猎全年都可以进行，不需要狩猎执照。若在保护区域进行狩猎，需要由资源保护部发给许可证。对旅游者和没有经验的狩猎者，建议由有经验的导游提供服务。

北岛和南岛滑雪区的雪上运动季节一般在每年的5~10月。全国有12个商业性滑雪区、11个俱乐部滑雪场。为保证滑雪地区雪的厚度和质量，许多地区都有造雪设备。新西兰每年都举办国际滑雪比赛，其中包括

"大陆杯"和国际滑雪联合会级别的比赛。主要的比赛场地是哈特山、瓦卡帕拉和科罗尼特峰等。

新西兰有很多适于徒步旅行的小道，人们穿越风景秀丽的山川和田野，尽享大自然的清新空气和阳光，如果有兴趣，还可以到边远的乡村或静谧的山区去野营，暂时远离城市喧嚣的环境，忘却工作的疲劳。新西兰有很多专供徒步旅行的线路，湖畔、海边、河流、山涧都是游客经常前往的地方。南岛的南阿尔卑斯山和北岛的火山区是登山运动爱好者最喜爱的登山去处。

全国有约2000名有执照的自行车运动员，他们分属全国各地的20个俱乐部。除俱乐部的赛事以外，每年有约150次较大的公开赛事。

寻求刺激的人们还进行高空弹跳（蹦极）、热气球飞行、驾驶汽艇、撑筏、冲浪等运动。

体育和休闲活动除有锻炼身体和愉悦身心的作用以外，还是一个具有商业价值的服务性行业，为国家创造良好的经济和社会效益，可以解决2万多人的就业问题，每年向国家缴纳税金3亿多新元，还可以从义务工作者身上获得2亿新元的收益。新西兰体育和休闲活动每天的营业额可以达到450万新元。

第四节 文化艺术

文化艺术的发展得到国家的有力支持。政府、地方当局、私人赞助人、民间艺术画廊和社会团体都承认艺术和国家文化遗产的重要性，并给予支持。

一 文化管理

中央政府机构对文化艺术部门给予物质上的支持。政府除安排财政拨款以外，还利用发行彩票所得的收入支持画廊、博物馆、文化机构及发展文化艺术的活动。

成立于1991年的主管全国文化事业的最高行政机构——文化事务部，

负责全国文化事业的管理和文化资源的保护。文化事务部的主要职责是向政府提供有关文化政策的建议，推动文化传播和国际文化交流，制定有关文化的法规，倡议文化工程，调查和研究国家优秀文化遗产，用自己管理的政府基金资助新西兰电影委员会、新西兰国家博物馆特帕帕博物馆、新西兰艺术委员会、新西兰交响乐团、新西兰电影档案馆、新西兰皇家芭蕾舞团、奥特亚罗瓦毛利人传统表演艺术协会等机构和团体的活动。

成立于1994年的新西兰艺术委员会从政府和新西兰彩票委员会获得资助。它用所获得的资金对艺术活动进行广泛的赞助。这个委员会有自己的研究和信息计划。它与地方政权和地方艺术委员会的分支机构合作，对社区一级的艺术活动进行支持。

所有文学和艺术作品都根据1994年的《版权法》受到著作权保护。新西兰法律规定，一切文学艺术作品都不得违背公共利益。国家有关当局根据1993年颁布的《电影、录像和出版物分类法》，对文学艺术作品进行检查，看它们是否对公共利益有害，是否要对其发行进行限制，并决定限制的级别。检查的重点是涉及性、恐怖、犯罪和暴力的作品。政府内务部负责执行检查，它雇用出版物视察员，由他们根据该分类法对出版物进行分类。警察和海关也参与此项执法。

数百年以前，毛利人就发展了新西兰最早的、独具特色的艺术。他们精心雕刻的木刻制品和千古流传的史诗作为毛利人传统文化，在毛利人中流传下来，成为新西兰文化的重要组成部分。毛利人的传统文化和艺术成果得到政府的精心保护。

欧洲移民，特别是英国移民来到新西兰后，发展了另一种类型的文化艺术。具有欧洲特色的音乐、绘画、诗歌、小说、戏剧等文化艺术门类发展起来。政府在保护传统文化的同时，也鼓励现代艺术的发展。

二　文学

20世纪初期新西兰最有名的文学家是女作家凯瑟琳·曼斯菲尔德（Katherine Mansfield，1888～1923）。她的代表作有《序幕》、《在海湾》和《花园酒会》等。曼斯菲尔德对人物刻画细腻，对大自然的描写生动而富有生活情趣。短篇小说《在海湾》反映了海湾地区人民的生活，表现了青年男女之间炽热的情感世界，对人物内心世界的刻画细致入微，展现了20世纪新西兰人的生活图景。

恩加约·马什夫人（Dame Ngaio Marsh，1899~1982）是比曼斯菲尔德稍晚一些的侦探小说家。她出生于克赖斯特彻奇，就读于坎特伯雷大学艺术学院。大学毕业后当演员，后从事文学创作，先后发表侦探小说30部，成为世界著名作家。

另外，玛格丽特·梅伊的儿童文学作品得到世界广泛的承认，被翻译成15种文字出版。

20世纪中晚期著名的小说家有西尔维娅·艾什顿－沃纳、珍尼特·弗雷姆、克里·休姆、弗雷克·萨杰森、莫里斯·达根，诗人有比尔·曼哈埃、詹姆斯·K. 巴克斯特和A. D. 费尔伯恩。珍妮特·弗雷姆的短篇小说《天鹅》和《哭叫的猫头鹰》在新西兰文学史中有一定影响力。弗雷克·萨杰森的《杰克挖的洞》和莫里斯·达根的《雇农回忆录》得到读者的广泛好评。克里·休姆曾获得1985年新西兰小说奖。比尔·曼哈埃在诗歌创作上取得了杰出成就，曾4次获得新西兰诗歌奖。

三　电影

1978年新西兰成立电影委员会，致力于发展本国的电影产业。它负责电影的制作、发行和展演，并在经济上和业务上给予支持。该委员会成立以来，新西兰制作了100余部故事片，其中70%以上得到电影委员会的财政支持。仅2012年，政府对影视作品拍摄和后期制作的资助金额就达到2.49亿新元。

新西兰既上映本国摄制的电影，也大量进口外国影片。新西兰人每年平均要看5部电影片，这一数字几乎和美国相当。

新西兰拍摄了一批具有国际先进水平的电影，其中比较有名的有《天堂里的生灵》、《曾是勇士》、《钢琴课》、《脑死》和《金色天气的结束》等。《曾是勇士》在新西兰广受欢迎，创造了新西兰国内最高的票房收入。《钢琴课》则受到国际电影界的好评，片中饰演女配角的安娜·佩

奎恩因其出色的表演而获得奥斯卡最佳女配角奖,她是新西兰第一位获此殊荣的演员。著名女演员露西·罗丽丝因在《姿娜:能干公主》等影片中的精彩表演,受到新西兰电影观众的喜爱,并在国际上赢得了声誉。男演员山姆·尼尔因在《睡狗》中的演出而崭露头角,后来在国际大片《侏罗纪公园》中担任角色,又在《钢琴课》中有出色表演,成为世界级电影明星。

新西兰有一批颇有影响力的导演。《钢琴课》的导演詹恩·凯姆平和《天堂里的生灵》的导演彼得·杰克逊被公认为新西兰具有国际影响力的导演。杰克逊还制作了故事片《庸俗》、《脑死》和《指环王》。《指环王》是新西兰电影史上制作规模最大、耗资最多的影片。

影视产业已经成为国民经济中一个举足轻重的部门,2012年是新西兰银屏产业的丰收年,这一年完成制作故事片40部,创造了10亿新元的产值,比2011年增加了50%。单是彼得·杰克逊的一部电影《霍比特人:意外之旅》就在国内外获得了10亿美元的票房收入,这在新西兰历史上是少有的。此外,新西兰还生产了大量的DVD、蓝光光碟。2012年电视广播收入达到13亿新元,比2011年增加了4%。整个影视产业为国家创造了30亿新元的产值,是这些年业绩最好的一年。

影视产业主要集中在奥克兰和惠灵顿,2012年,影视产业为惠灵顿创造了8.28亿新元的产值。惠灵顿是影片剪接、编辑、复制、录音和特效合成等后期制作的重要基地。2012年新西兰影视作品的60%是在惠灵顿完成的,奥克兰在后期制作中占30%,其余10%是在新西兰的其他地方完成的。

除电影拍摄以外,动漫、数字影像、电视剧等产品也占有很大分量。3D技术的出现为影视产业注入了新的活力。人们欣赏影视节目的方式也变得多样化,利用电脑、手机、iPad等载体观看影视节目已经变得非常普遍。但在影院观看大屏幕电影仍然长盛不衰,去影院看电影已经成为新西兰人生活的一部分。

新西兰对电影实行分级管理,新西兰电影文学分类局负责对电影分类。一般把影片分为8类:G——老少皆宜;GY——除幼龄儿童外,皆可观看；GA——适合成人看的普通片；GP——需由父母陪同观看的影片；R——限制片；R13——13 岁以上的人才能观看；R16——16 岁以上的人才能观看；R18——只有 18 岁以上的成人才能观看。电影院严格执行电影的等级分类，在放映带有暴力镜头和粗俗语言的影片时，要明确告知观众。

新西兰有一个戏剧学校，它建立于 1970 年，该校自成立以后，已经有 300 多名演员从学校毕业。

四 音乐、舞蹈

新西兰交响乐团是国家交响乐团，也是国际知名的乐团。它成立于 1946 年，原属新西兰广播公司，1988 年独立出来，现有演奏员近百名，行政管理人员 20 余名。它以其知名度吸引国际上杰出的艺术家和指挥家到新西兰演出。该乐团每年都要到各地艺术中心作巡回演出，行程达 5 万公里，演出 100 场以上。演出的内容除交响音乐外，也演奏轻音乐和流行音乐，举办室外音乐会，为国际上著名的歌唱家伴奏，为电台和电视台录制音乐节目，制作商业性录音带和光盘。它还资助国家青年交响乐团的活动，后者每年在繁忙的排练和演出季节集中约 100 名年轻的器乐演奏员。新西兰交响乐团得到国家资助，它的资金有一半左右来自文化事务部拨款。2011/2012 财年，政府对新西兰交响乐团拨款 1344.6 万新元。

除国家交响乐团以外，还有一批颇有水平的地方交响乐团，如奥克兰交响乐团、克赖斯特彻奇交响乐团、达尼丁交响乐团、惠灵顿交响乐团等，这些交响乐团除在本地演出外，也到全国各地巡演。新西兰室内乐团是室内音乐会的主要提供者。其主要经济来源是演出收入，不足部分由新西兰艺术委员会和赞助者提供。新西兰有一个四重奏小组也深受音乐爱好者的欢迎。它由两位钢琴家、一位大提琴手和一位小提琴手组成，演奏组人员适应性强，演奏形式活泼，颇富活力。除专业乐团以外，民间还有各种铜管乐队、合唱队和苏格兰管风琴队，苏格兰管风琴被殖民者引入新西兰以后，就逐渐流行起来。

新西兰有一批歌唱家，其中比较有名的有男高音歌唱家佩特里克·伯

厄和克里斯朵夫·道格，女高音歌唱家玛尔维纳·梅杰和佩特里歇·佩内。

全国各地存在大量的合唱团，学校、教堂、青年和儿童团体、社区都有自己的合唱团。它们组建了新西兰合唱团联合会，联合会有335个团体会员，其宗旨是促进各种形式合唱音乐活动的开展。像其他国家一样，20世纪90年代以来，流行歌曲大行其道，特别受到青年人的喜爱。

芭蕾舞是在新西兰特别受欢迎的一种艺术形式。久负盛名的新西兰皇家芭蕾舞团早在1953年就成立了，它是大洋洲成立最早的职业舞蹈团体，也是新西兰较大的艺术演出团体之一，有常年舞蹈演员30余名，另有近30名场外艺术、制作、销售和管理人员。皇家芭蕾舞团频繁到新西兰各地巡回演出，观众人数超过了国内其他艺术团体，一年达到14万人左右。皇家芭蕾舞团演出19世纪和20世纪的古典名剧，也演出本国创作的当代芭蕾舞剧。皇家芭蕾舞团的经费来源于门票收入（大约占一半）、彩票委员会赠款、政府拨款和企业赞助。2011/2012财年，政府对皇家芭蕾舞团的拨款数额为438.4万新元。

新西兰舞蹈学校是培养舞蹈演员和舞蹈教师的摇篮，它提供为期3年的舞蹈表演课和舞蹈教学课，每年培养50余名学生，为专业舞蹈团体培养舞蹈演员和为学校培养舞蹈教师。该校与皇家芭蕾舞团保持着密切关系，所需经费得到教育部的资助。

除专业艺术院校以外，中小学和大学都开设有艺术课，教授学生音乐、绘画、雕塑等艺术课程。

五 博物馆

博物馆在保存和展示文化遗产方面起着特殊作用，所以政府对博物馆事业的发展给予了特别的支持，无论是国家博物馆，还是地方博物馆都得到了中央政府和地方政府的资助。

全国有近600个公共博物馆和画廊，分布在各主要城市和有历史意义的地方。其中许多博物馆规模不大，主要收藏特定地区和具有特殊历史意义的藏品。60%以上的博物馆和画廊得到地方政府的资助，新西兰彩票委员会用出售彩票所获得的收入对它们的基本建设项目提供资金支持。

第七章 文化

新西兰国家博物馆特帕帕博物馆（Museum of New Zealand Te Pa Pa Tongarewa）建成于1998年。它是一座造型别致、设计新颖、内部设施先进的现代建筑物。博物馆建筑面积为3.6万平方米，其中参观游览区为1.4万平方米。该博物馆坐落在惠灵顿皇后湾一个有历史意义的地方，那里是传说中毛利人从南太平洋乘独木舟在新西兰登陆的地方，也是第一批英国殖民者乘船登陆的口岸。1998年4月14日博物馆对公众开放，在开放后的12个月中就接待参观者200万人次。这家博物馆陈列了反映新西兰各族人民的历史、文化和独特自然环境的展品。博物馆有13个长期展厅和1个美术作品收藏厅，其中有海洋地质地貌展厅、生物展厅、毛利人习俗和文化艺术展厅、南太平洋展厅、地质展厅、早期欧洲和亚洲移民展厅、现代艺术展厅等。毛利人习俗和文化艺术展厅在博物馆占有显要位置，那里展出有毛利人到新西兰时乘坐的独木舟、传统和现代的毛利会议厅、造型独特的木雕和其他毛利艺术品。除供游人参观以外，博物馆还举办科学普及活动，供中小学生参观学习，馆内的地震室模拟地震时的情景，传播防震抗震知识；海洋地质地貌展厅用现代科技手段把波涛汹涌的大海展现在参观者面前，让人们领略大海的奥秘。馆里有一个活动室，在那里可以模拟蹦极，观看剪羊毛表演，欣赏新西兰美丽的风光。博物馆经常举行各种各样的展览，如绘画展、工艺品展、摄影作品展等。博物馆还经常举行演讲会、诗歌朗诵会、学术研讨会、文艺演出会等。多种多样的活动使博物馆具有很强的活力和吸引力。

所有重要的历史遗产和遗迹都受到专门机构——新西兰历史遗迹托管局的保护和管理。受到特别保护的文化遗产和遗迹有历史性建筑物、考古发掘遗址、历史性区域、对毛利人有特别意义的及被他们看作是圣地的地方。

国家档案馆是保存新西兰历史文献的资料中心。它保存的纸质文件长度约有68152米，地图和图纸50.7万幅，照片140万张，此外还有大量的电影、录像、美术作品、宣传画、缩微胶片和其他物件。

新西兰电影档案馆建立于1981年，是收集和保存全国影像资料的中心，并向公众开放。它收集的藏品包括从1895年至现在的影视作

品，其数量在3万件以上，大部分是新西兰自己拍摄制作的，其中有文献片、故事片、新闻纪录片、电视节目、广告片和家庭电影等。电影档案馆所需资金来源于新西兰彩票委员会、新西兰电影委员会、文化事务部等单位。除以上档案馆以外，还有新西兰音乐档案馆、新西兰动画档案馆和口述史中心。

六 图书馆

分布在全国各地的图书馆向读者提供了图书借阅服务。图书馆的分布非常广，从中小学到大学，从国家图书馆到地方公共图书馆，完全能够满足大多数居民借阅图书的需求。城市和多数地区的图书馆都向本地区居民提供图书借阅服务。全国还有300家以上的专业图书馆和信息中心，向政府部门、实业机构和其他单位提供服务。8所大学的图书馆藏书超过800万册，地方图书馆的藏书也有850万册以上。由于信息技术的发展，其中包括互联网的普及，使新西兰居民可以比较方便地从国外信息库获取所需要的资料。新西兰国家图书馆和信息协会管理的馆际互借计划，可以在25个参与馆际互借的图书馆共享图书资源。

1966年，根据一项议会法成立的国家图书馆合并了亚历山大·特恩布尔图书馆。国家图书馆的任务是收藏图书和国家的历史文献，并为居民提供借阅服务。它除了提供就地借阅外，还提供馆际互借服务。另有一些藏品可以通过互联网或光盘阅读。它举办的展览可以使广大读者领略亚历山大·特恩布尔图书馆收藏的珍贵文献。图书馆经常举办讲座，帮助读者深入了解这些文化遗产。原来的亚历山大·特恩布尔图书馆珍藏有已出版的和没有出版的资料，并专门收集与新西兰和太平洋岛国有关的文献资料、英国文学作品、早期出版物、探险航行及图书印制工艺方面的史料。这个图书馆是在亚历山大·特恩布尔的收藏品的基础上建立的。特恩布尔是一个富有的商人，他在1918年去世时，将约5.5万册图书、手稿、绘画作品和图稿捐赠给了国家。

位于达尼丁的霍肯图书馆（Hocken Library）藏有大批有关新西兰、太平洋地区和早期澳大利亚的研究性资料。这个图书馆委托奥塔戈大学管理。

第七章 文化

新西兰图书馆和信息服务业及它们的工作人员有一个专业性联合组织——新西兰奥特亚罗瓦图书馆和信息联合会，它有约 900 个个人会员和 500 个团体会员。该组织出版两种杂志——《图书馆生活》月刊和《新西兰图书馆》研究性季刊。它同时还主办以它的名字命名的儿童图书奖和毛利语比赛。

第五节　新闻和出版

一　广播与电视

广播电台和电视台是传播速度最快、最重要的新闻媒体，它们及时向公众提供最新的新闻信息和文化娱乐节目。

广播和电视必须遵循 1987 年颁布的《广播法》。1988 年，新西兰广播公司分成两家国有企业：新西兰电台和新西兰电视台。根据 1989 年的《广播法》，新西兰建立了广播委员会和广播标准局，对电视和广播进行管理，对广播和电视节目的政治干预实行限制。

新西兰公共无线电广播开始于 1925 年，当时政府根据一项为期 5 年的合同，向无线电广播公司提供了一笔数目可观的资金，这些资金来源于向收音机用户收取的许可证费。该公司用这笔钱扩大了已经存在的 4 家广播站，建立了非商业性的广播系统，这就是现在的新西兰国家电台的前身。根据 1931 年的一项立法建立了政府委任的"新西兰广播委员会"。1936 年，第一届工党政府建立了全国广播事业局，它作为政府的一个部门，专门负责对广播电台的管理，把商业台也置于其管理之下。1962 年政府成立新西兰广播公司，全国广播事业局停止存在。1995 年根据《新西兰广播电台法》成立了新西兰广播电台有限公司，下辖 3 个非商业性电台和一个档案馆。这 3 个电台是新西兰国家电台、音乐调频电台和新西兰国际电台。新西兰国家电台全天 24 小时播音，滚动播出新闻、音乐和娱乐节目。高质量的访谈节目占了节目总数的 60% 以上，其中许多节目由著名的节目主持人主持，在听众中颇受欢迎。国家电台的节目覆盖全国

96%的国土面积。音乐调频电台每天播出18个小时，其中立体声音乐节目占85%以上，既有古典音乐，也有当代流行音乐。新西兰国际电台主要向太平洋地区进行短波广播，每天播音19个小时。国际电台得到外交和贸易部资助。国家电台和音乐调频电台由新西兰广播委员会资助。

1995年，商业台同新西兰国家电台分离，成立单独的新西兰商业广播电台公司，并于1996年7月出售给私人。现在与国家电台并存的民营广播电台已经增加到150多家。民营电台可以与国家电台进行竞争，申请用于制作本地节目的经费。

自1988~1989年进行广播改革以后，登记注册的广播频率增加了很多。除新西兰国家电台和音乐调频电台不播放广告以外，多数商业性广播电台都播放内容广泛的产品和服务广告，以此获取收入作为经营费用。

政府以拍卖方式转让电台广播频率的占有权。获得频率使用权后须登记注册并领取执照，电台每年须向外交和贸易部缴纳管理费。

广播电台播出内容广泛，涉及教育、政治、经济和文化娱乐等诸多方面的节目。有20多家广播电台用政府专门保留下来的频率播送促进毛利语言和文化教育发展的节目。根据1993年《广播法》修正案成立的毛利语广播基金处为毛利语节目提供资助。

有些社区也办有自己的广播电台，社区电台利用政府保留的非商用频率，用多种语言播送丰富多彩的节目。

中文调频电台"中文九九零"可以使华人华侨随时获取中文资讯。

新西兰政府下属的广播委员会是广播事业的行政管理机构，其宗旨是促进新西兰文化的发展和活跃社会生活；通过反映新西兰情况和增进国家利益的广播节目，以及促进毛利语和毛利文化的节目，增强新西兰人的认同感和发扬传统文化；维持和扩大广播及电视的覆盖面；确保反映妇女、儿童、残疾人和少数民族利益节目的播出；推动建立和管理可能具有历史意义的节目档案；向广播、节目制作和档案收集工作提供资金。

广播标准局监督和执行1989年《广播法》确定的标准和目标，鼓励广播工作者遵守保护儿童的法规，摒弃暴力描写，播出公正准确的节目，

第七章 文化

纠正事实错误和不公正现象，限制酒类推销，保护人权，对可能危害社会的事件提出警示，开展研究工作和出版研究成果，听取和裁决公众对广播电台的投诉。

1962年，新西兰建立了电视台，开始播放电视节目。电视台分国有和民营两类。电视一台和电视二台是国家电视台，电视三台是民营电视台。电视一台覆盖全国人口的99.96%，电视二台覆盖全国人口的98.82%。国家电视台归新西兰电视公司管理，该公司属国有企业，由政府任命的董事会领导。公司下辖5个地方电视台。设在惠灵顿附近帕拉帕拉乌姆的有线电视台是收费电视台。在奥克兰、克赖斯特彻奇、纳尔逊、罗托鲁阿、怀卡托和惠灵顿等大城市均有地方电视台。

国家电视台提供高质量的电视信号，播出反映新西兰特点和传统文化的节目，维护国家和民族的利益。全国有112.6万个家庭收看国家电视台的节目，几乎覆盖了全国的人口。国家电视台每天24小时不间断地播出节目。

电视一台播出本国和海外戏剧、新闻资讯、运动节目。电视二台播放的戏剧、电影、娱乐节目对年轻观众具有很强的吸引力。电视台播出的文娱节目大多是从美国、英国和澳大利亚等国引进的，新西兰自制的文娱节目仅占33.8%。

设在奥克兰东区的"黄金电视"每天24小时以3个频道免费播出中文电视节目。

新西兰电视台向全世界出售其制作的电视节目。1997年，其节目出口到了80多个国家，其中包括美国、英国、德国、法国、意大利、东欧国家和中国。

电视三台台网（TV 3 Network Service）是民营电视台网，1989年11月建立，它管理着电视三台和电视四台。这个台网从1997年11月起归加拿大环球通信公司所有。电视三台主要针对18~49岁的观众，着重播放国外和本地的娱乐表演、纪录影片、新闻和时事节目。电视四台主要面向15~39岁的城市市民，播放现代娱乐节目和生活时尚节目。

星空电视台（Sky TV）是新西兰第一家收费电视台，从1990年5月

开始播出节目。现在约有90万个家庭收看该电视台的节目。该台的卫星服务提供18个频道的节目，其中有3个电影频道、4个体育频道、3个新闻频道、3个纪录电影频道和5个娱乐频道。该台的高频节目还有6个频道，节目内容丰富多彩。

20世纪90年代初，新西兰成立了第一家有线电视台，它现在归一家跨国公司所有，总部在惠灵顿。1999年底，有线电视台节目已覆盖整个惠灵顿市。它通过光纤宽带网提供多频道的电视、电话和信息服务。

除面向全国的电视台以外，新西兰还有很多地方电视台，播出包括音乐、地方新闻和娱乐节目在内的内容广泛的节目。

随着电信技术日新月异，数字化技术被越来越多地采用，霍克湾和西海岸是最先实现电视节目传输全部数字化的地区。

国家电台和电视台的资金主要来自广播委员会的拨款和播放广告的收入。新西兰广播委员会支付的费用包括电视节目制作费用，向国家电台、音乐调频电台支付广播服务费用，为毛利语广播支付的费用，为扩大电视和广播覆盖面支付的费用。在2000年7月以前，广播委员会的收入来源是电视机用户缴纳的电视收看费（一家一台电视机一年缴纳110新元），2000年7月以后，其收入来源为一般税收。播放广告是电视台的重要收入来源。

二　报纸与杂志

新西兰人喜欢读报，一天约有170万人阅读报纸，全国每周用于阅读日报（含星期日报）花的钱共计为340万新元。据统计，平均每1000人有376份报纸。

全国有报纸约140种，其中有29种日报，日报中有8种是晚报，总发行量为105.5万份。日报的发行地几乎全都集中在城市和大的市镇。2012年，8种上午发行的报纸中，发行量较大的有奥克兰的《新西兰先驱报》（16.2万份）、惠灵顿的《自治领邮报》（7.9万份）、克赖斯特彻奇的《新闻报道》（7.5万份）、达尼丁的《奥塔戈每日时报》（3.8万份）、哈密尔顿的《怀卡托日报》（3.5万份）等。其他报纸的发行量在

第七章 文　化

2300份至10万份之间。星期日报有《星期日星报》和《星期日新闻》，这两种报纸都属于独立报业集团有限公司，它们分销全国各地，发行量都在10万份以上。

多数日报由独立报业集团有限公司和威尔逊－霍顿有限公司两家报业公司发行，两家公司发行的报纸相当于全国总发行量的近90%。

日报的联合组织是新西兰报联社。它成立于1880年，由代表新西兰所有日报的董事会管理，总部设在惠灵顿。该组织根据各报纸间的新闻交换安排和与路透社、澳大利亚联合新闻社及世界上其他新闻社的协议，每天24小时不间断地向参加报联社的报社提供国际和国内新闻。1992年建立的新西兰新闻理事会是新闻界的一个自律性组织，其主要职责是就读者对报纸的投诉进行调查和裁决。

除以上报纸以外，在全国各地还有100余种社区报纸，总发行量在230万份以上。它们多数是免费分发给社区居民的，只有少数社区报纸收费。社区报纸多为小报和周报、双周报或三周报。多数社区报纸由上述两家报业公司主办，也有一些报纸由个人、家庭或小公司出版发行。

新西兰每个大城市和稍大一点的市镇都有自己的报纸，而且多为日报。各大报社都采用最新电子排版和印刷技术，它们还通过因特网将自己的新闻及时传播到全国各个角落甚至世界各地。有两家商业周刊采用道琼斯公司和路透社的服务。

新西兰的华人华侨办有自己的报纸，仅在奥克兰就有《新西兰中文先驱报》、《华页》、《中文一族》、《星岛日报》、《新报》、《亚洲时报》和《自立快报》等报纸。

在书刊市场上能买到的杂志有4700余种，多数是从境外引进的，有181种是在新西兰出版或作为新西兰版发行的，其中有83种月刊和38种双月刊。杂志的发行量不大，很少有超过10万册的，一般不到1万册。2012年发行量较大的杂志依次为《AA Direction》（季刊）（53.3万份）、《天空观察》（月刊）（51.4万份）、《电视指南》（周刊）（12.8万份）、《新西兰妇女周刊》（10.4万份）、《读者文摘》（5.2万份）、《听众杂志》等。在新西兰的各个售报亭可以买到适合各种人群的本地杂志和海外期

刊。由于互联网的流行,越来越多的人已经习惯于从互联网上获取新闻,近年来报刊发行量有下降的趋势。

三 互联网

在纸质印刷品减少的同时,互联网用户人数逐年增加。2012年,以各种方式享用互联网服务的人达到280万人。在15~45岁年龄组中,上网人数的比例达到91%以上;在45~54岁年龄组中,上网人数的比例为85%;在55~64岁年龄组中,上网人数的比例为77%。只有高年龄组的人,上网人数的比例小一些。现在越来越多的人通过互联网阅读书刊和报纸,获取新闻和其他信息,享受医疗卫生服务、金融服务、购买商品,看影视节目、听音乐、玩游戏和与外界进行通信联络等。

四 图书出版业

新西兰的图书出版业非常活跃,它不仅面向国内市场,也面向日益增多的海外读者。教学用书在图书出版中占有最重要的地位,约20%的出版物属教育类图书。

根据图书馆资料,新西兰有700多家出版商和分销商,其中约有100家是专营的图书出版商或进口商,其余部分属政府部门、地方团体、历史学会、商业组织、特别利益集团和个人开办的出版社和图书经销机构。

新西兰出版商联合会代表参加该联合会的出版商的广泛利益,负责图书出口管理、版权保护、职业培训和制定职业标准等。该联合会与新西兰教育研究理事会一道,每年对教育图书的经费开支情况进行一次检查。

出版物受到版权法的保护。1994年颁布的版权法规定,任何原创的文学艺术作品(包括摄影作品),以及录音、电影、广播内容、有线电视台的节目和出版物一经问世,就自动依法受到版权保护。对文学艺术作品(包括摄影作品)的版权保护期到作者死后50年截止。音像作品的保护期一般到作品完成后50年截止。广播和电视台节目的保护期到节目制作完毕后50年截止。出版物版权的保护期为首次出版后的25年。如遇版权纠纷,可以通过民事诉讼或刑事诉讼来解决。对破坏版权的刑事责任,可

第七章 文　化

以判处最高5万新元的罚款或3个月的监禁。版权纠纷一般由版权裁判庭裁决。

1993年的《电影、录像和出版物分类法》规定，政府有权对损害公共利益的出版物进行司法检查，就涉及性、恐怖情节、犯罪、残忍行为和暴力等内容的出版物进行分类，对这类出版物实行相应限制。出版物一般分为三类：不限制、限制和不可取（实际为禁止发行）。内务部负责执行有关的规定，它委派若干名出版物视察员，他们的作用是确保各类出版物的发行必须符合它们的分类，受限制的出版物不应当无限制地发行，而那些不可取的出版物则不应当发行或收藏。海关和警察也参与执行这一法规。

第八章

外　交

新西兰执行独立的外交政策开始于1935年。1943年建立了专门的外交部，并开始在海外设立外交代表处。该部的主要工作是管理新西兰与其他国家的双边关系，维护新西兰在国际组织中的权益。此外，外交部还管理新西兰的官方开发援助计划，对在国外的新西兰人提供领事服务，对新西兰在海外的其他政府机构的活动提供支持。外交部的正式名称更改了好几次，1989年接管了负责对外贸易政策的职责后，于1992年更名为外交和贸易部（以下简称"外交部"）。

外交部还负责管理托克劳，在与有关政府首脑协商的情况下，代库克群岛和纽埃行使外交和防务方面的职能。

第一节　外交政策

新西兰是一个小国，远离其他国家，资源不算很丰富，它的国家安全和经济发展都离不开与外部世界的联系。在国家独立后，新西兰一直致力于加强与外部世界的联系，以克服其本身不利条件所带来的负面影响。新技术的发展似乎把世界缩小了，空中运输、可靠的全球通信系统、卫星电视和互联网把世界各个角落有机地联成一体。"近邻"一词过去是代表地理位置相近的国家，现在这个词的含义已经扩大了，除了太平洋及周边国家可以说是新西兰的近邻外，世界上其他国家也都可以说是新西兰的邻居。这是因为，全球的气候变化对全体世界公民都会产生影响，任何一个国家和地区经济上的重大变化都会使其他国家受到触动。随着全球化的发

新西兰

展,新西兰加强与其他国家的联系变得越来越重要。

新西兰公开宣称的外交政策目标是发展与其他国家的政治关系,加强与国际市场和其他国家的经济联系,增进新西兰的国家利益,保卫新西兰和南太平洋地区的安全与稳定。为了达到这些目标,新西兰外交部极力加强开放的国际商业体系,把与重要国家的经济关系提高到一个新水平,促进新西兰经济的发展;提高在亚洲太平洋经济合作会议中的工作效率,争取取得有利于新西兰的成果;作为国际社会的建设性成员,承担相应的责任和增进国家的利益,推动国际上影响环境和社会可持续发展问题的有效解决。

在过去相当长的一个时期里,新西兰在对外事务方面依赖英国,在第二次世界大战结束以后,新西兰执政当局认识到,只有扩大对外交往的范围,特别是加强与美国等强国的军事和经济关系,才能有效地保护自己的独立和利益。新西兰作为太平洋地区的一个成员,最近一些年非常注意加强与太平洋周边国家的关系,尤其是与近邻澳大利亚的关系,把进一步加强与澳大利亚的全面合作关系作为外交政策的目标。同时,将外交工作的重点向亚太地区转移。

1995年,新西兰政府提出外交政策的主要任务,即继续积极参加联合国的机构改革,制订投资和贸易自由化计划,推动世界贸易组织很好地执行乌拉圭回合决议,推动建立亚太地区安全机制及加强环境保护等。

新西兰奉行反核政策,主张全面裁军和控制军备,积极参加裁军谈判。主张无限期延长《不扩散核武器条约》,反对进行一切核试验,希望最终全面销毁核武器,支持建立东南亚及南太平洋无核区,支持《南极条约》。1998年5月,在印、巴进行核试验后,新西兰进行了严厉谴责。新西兰外交部部长与巴西、埃及、斯洛文尼亚、爱尔兰、墨西哥、南非和瑞典7国外长发表敦促裁减核武器的联合声明。近年来,新西兰与巴西共同倡议建立南半球无核区,不在拉丁美洲、南太平洋、非洲发展和部署核武器。新西兰反对朝鲜发展核武器,强烈要求朝鲜重新考虑退出《不扩散核武器条约》的决定。

作为联合国的创始会员国之一,新西兰主张加强联合国在国际事务中

第八章 外　交

的作用，坚持《联合国宪章》规定的各项原则。新西兰曾三次担任联合国安理会非常任理事国。曾任新西兰常驻联合国代表的麦克尔·波尔斯（Michael Powles）和科林·基廷（Colin Keating）都担任过联合国成立的五个重要改革工作组之一的组长。新西兰前外交官丹尼斯·阿尔马（Denis Almao）在联合国行政和预算问题咨询委员会中工作过，这一机构对联合国及其下属机构的预算和账务进行审查，并提出报告。新西兰曾被选为1998~2000年联合国经济和社会理事会成员国。在1991年海湾战争和2001年10月7日美军入侵阿富汗的军事行动中，新西兰采取与美国合作态度。新西兰积极地参与联合国的维和行动，在最近几年参加了海湾地区、柬埔寨、索马里、海地、所罗门群岛、汤加和东帝汶的维和行动。新西兰的维和部队和观察员还在世界一些热点地区工作，其中在波斯尼亚有一个成员众多的工作小组，在中东和非洲也有志愿服务人员。1998年2月，伊拉克武器核查危机爆发以后，新西兰派遣了20名空军特遣人员、70名后勤人员分赴美国在科威特和印度洋的军事基地，参加以美、英为首的多国部队对伊拉克采取的军事行动，并在1998年对英美联合打击伊拉克表示支持，但在2003年美国再次发动对伊拉克的战争前，新西兰反对绕开联合国对伊拉克动武。新西兰由于在政治制度和价值观念上与欧洲和北美国家一致，它在处理国际问题上基本上采取与欧洲和北美大国一致的政策和立场，但因国力有限，它的政策当然不可能像那些大国那样咄咄逼人，它对近邻和亚太国家多采取友好政策，它把发展与世界各国的经济关系放在首位。

　　由于美国在世界舞台上的特殊地位与强大的经济和军事实力，新西兰从第二次世界大战时期就开始加强与美国的全面合作关系。新西兰和加拿大同为英联邦成员国，有传统的友好关系，两国关系因经济的发展和国际地位的提高而得到加强。新西兰和拉丁美洲国家的关系也逐步发展。

　　新西兰积极参加重要的国际和地区性组织。它是联合国创始会员国之一，还是世界贸易组织（WTO）、世界银行、国际货币基金组织（IMF）、国际能源署、经济合作与发展组织（OECD）、亚洲开发银行（ADB）、太平洋岛国论坛、太平洋共同体秘书处、科伦坡计划、国际捕鲸委员会的成员国。1997年12月，新西兰与70个世界贸易组织成员就开放金融服务

市场达成协议。

作为英联邦成员国,新西兰特别重视加强与英联邦国家的关系,它积极参加英联邦成员国政府间和非政府组织间的活动。1995年11月,新西兰在奥克兰主办了每两年一次的英联邦国家首脑会议。它与英国、澳大利亚、加拿大等英联邦成员国长期保持着特殊关系。

为了加强与发展中国家的关系,新西兰政府制订了官方开发援助计划,并与受援国政府开展合作,向这些国家提供援助资金。官方开发援助计划由外交部内的国际开发署管理,2007年,新西兰的官方开发援助的重点地区是南太平洋国家,其次是非洲的英联邦国家。它还设立专项教育基金,向发展中国家的留学生提供奖学金。

开展双边和地区性合作也是新西兰外交政策的重点。新西兰与南太平洋国家在地理位置、历史渊源、文化传统、价值观念、家庭联系和经济发展上都有特殊关系。从历史上讲,新西兰对控制邻近的太平洋岛国表现了特别的兴趣。在与英国保持特殊关系的同时,新西兰加强了与欧盟及其成员国的关系。欧洲是新西兰农牧产品的主要出口市场之一,也是新西兰投资、技术、旅游和文化影响的重要来源地。

东欧社会主义国家和苏联发生剧变以后,新西兰调整和发展与俄罗斯及东欧国家的关系。新西兰加入了欧洲复兴开发银行后,极力向这些国家提供农产品和技术,为新西兰开辟新的市场。在科索沃阿尔巴尼亚人争取独立的事件上,新西兰曾在联合国和其他国际组织对科索沃表示支持,在后者于2008年2月宣布独立后,新西兰表示暂不承认其独立,但在2009年改变了立场,承认了科索沃独立,于2010年与科索沃建立了外交关系,并互派大使。

最近一些年,新西兰特别重视发展和东南亚国家的关系。它与东南亚国家的防务合作和经济合作都不断加强。新西兰政府的"亚洲2000年"战略突出了亚洲对新西兰未来的重要性。该战略向新西兰人提供了有关亚洲的信息,帮助新西兰人了解亚洲的文化和其他方面的情况,并提供一些专业知识。

新西兰是亚洲太平洋经济合作组织(APEC)的成员国。它积极支持在2020年实现这一地区的贸易和投资自由化。新西兰与马来西亚和新加坡等国签订了《五国联防安排协定》和《防务互助计划》，并与东盟建立了对话关系。它与东盟国家的合作伙伴关系逐步加强和发展。

中东地区的石油对新西兰有重要的战略意义，中东国家又是新西兰农牧产品的出口市场，因此新西兰很注意加强在这一地区的外交活动，突出它的影响。

迄今，新西兰已与100多个国家建立了外交关系，在40个国家设立了45个外交代表处，其中有大使馆、领事馆和高级专员公署。有些新西兰外交代表获得多重授权，在他们的外交机构所在地管理没有设立使馆的邦交国家的事务，在许多没有设立领事馆的城市，则由名誉领事代表新西兰政府处理相关事务。

第二节　与欧盟及欧洲国家的关系

一　与欧盟的关系

欧盟的经济和政治影响力在国际上有着举足轻重的地位。欧盟的共同对外政策和安全政策在涉及新西兰利益的许多国际问题上都起着重要作用。欧盟还是新西兰农牧产品的重要出口市场，它的农业政策的走向影响着新西兰的利益。无论从哪方面讲，欧盟在新西兰的外交天平中有着特别重的分量。

欧盟是新西兰除澳大利亚以外的第二大贸易伙伴，吸纳了新西兰出口货物的17％。欧盟是新西兰重要的出口物资黄油、羊肉、苹果、猕猴桃和葡萄酒的最大、最有价值的市场，而且这一市场还在迅速扩大。

过去新西兰与欧盟国家的关系受到一年一度进行的关于新西兰羊肉和乳制品准入问题的贸易谈判的困扰。《关税与贸易总协定》乌拉圭回合谈判的结果把这种贸易关系建立在更加稳定的基础上。最近一些年，新西兰和欧盟在两个方面进行了谈判，一是卫生检疫标准问题，二是相互承认对方的商品检验问题。这两个问题的解决，有助于新西兰产品打入欧盟市

场,并减少出口成本。

与欧盟的3个主要国家——英国、德国和法国的建设性双边关系对维护新西兰在欧洲的政治、经济利益尤其重要。这3个国家是向新西兰直接投资和技术转让的现实的或潜在的重要来源,也是新西兰的重要贸易伙伴和重要旅游客源地。

二 与英国的关系

在新西兰独立以前,英国是新西兰的宗主国,新西兰的一切涉外事务都由英国负责。新西兰自1871年即向英国派驻外交官员,因它是英帝国的成员国,彼此派驻的外交代表称为高级专员,最初英国驻新西兰的高级专员由总督兼任,直至1939年才派出单独的高级专员。新西兰独立以后,仍长时间同英国保持特殊关系,在对外政策上基本上跟着英国走,它几乎参加了英国进行或参加的所有对外战争,如布尔战争、第一次和第二次世界大战。由于这样的历史渊源,新西兰与英国的关系比与任何其他国家都密切,内容更广泛。它们被共同的传统、价值观和社会纽带联系着。在英国加入欧共体以前,英国是新西兰最大的贸易伙伴,1955年,英国吸纳了新西兰出口商品的65.3%,1890～1940年,新西兰主要出口商品奶制品的80%～100%出口到英国,可见两国经济关系的密切程度。但从英国在1973年加入欧共体以后,两国关注的焦点发生了变化。英国关注的重心从原来的英联邦国家转到了西欧,而新西兰也把更多的注意力转向了亚太地区。由于欧共体的农业政策对成员国的农业实行保护,对其他国家的农产品具有排他性,新西兰对英国的农产品出口遇到了困难,英国在新西兰对外贸易中的份额大幅度下降,1973年,降到了26.8%,1990年降至7.2%,2000年降到了6.2%。但两国的关系仍然是强而有力的,两国领导人之间的互访不断。1995年5月,新西兰总理博尔格在出席"欧洲胜利日"50周年庆祝活动期间与英国首相梅杰进行了会晤。6月,英国海军军舰访问新西兰,这是自1984年新西兰实行反核政策以来英国军舰首次访新。11月,梅杰首相和女王伊丽莎白二世到新西兰参加英联邦首脑会议并访问新西兰。1997年9月,新西兰外交部部长麦金农访英。10月,新西兰总理博尔格访问英国。1998年4月，英国签署《全面禁止核试验条约》，新西兰对此表示欢迎。11月，英国女王的次子约克公爵安德鲁亲王首次访问新西兰。新西兰工党政府上台后，宣布废除英王室授勋制，并在10~20年内终止与英国王室的联系。

两国之间的密切关系在贸易和投资中也鲜明地表现出来。根据新方统计，2011年，新西兰和英国之间的双边贸易额为28.11亿新元，其中新西兰的出口额为15.44亿新元，进口额为12.67亿新元。两国的经济关系因两国间的一系列双边协定而得到加强，这些协定涵盖了双边合作关系的许多方面，其中有相互间的国防协定、卫生协定、社会保险协定、避免双重征税协定和民用航空协定等。此外，两国间还有人员交流方面的安排，如两国的年轻人可以利用假期到对方国家去打工。英国还是新西兰第二大旅游客源地，2012年英国人到新西兰旅游的达19.8万人次。

三 与法国的关系

法国也是新西兰在欧洲、南太平洋和国际事务上的重要合作伙伴。法国是新西兰的重要投资国，其投资额仅次于英国，主要投资领域是葡萄酒酿造、农牧产品加工、交通运输和通信等行业。2007年，法国是新西兰第十五大贸易伙伴，双边贸易额为10.809亿新元，其中新西兰从法国进口6.796亿新元，对法国出口4.013亿新元。

1985年后，因法国在南太平洋进行核试验和在新西兰港口炸沉"彩虹勇士号"，两国关系一度紧张。1991年4月，法国总理罗卡尔访问新西兰，双方签署了建立两国友好基金协议，新法关系得到缓和。1995年，法国又在南太平洋进行核试验，遭到新西兰人民的强烈反对，两国关系再度紧张。1996年1月，法国宣布停止核试验；3月，法国签署《南太平洋无核区条约》附加议定书，彻底停止在南太平洋的核试验并关闭其试验场，新西兰对此表示欢迎。1997年11月，新西兰总理博尔格访问法国，实现了两国关系正常化。法国在1998年4月签署《全面禁止核试验条约》，为两国间发展建设性伙伴关系创造了新的条件。5月4日，法国与新西兰近邻新喀里多尼亚签署旨在加强新喀里多尼亚自治的《努美阿协

议》，新西兰对此表示欢迎。2003年新西兰总理正式访问法国，更进一步密切了两国关系。但是两国在农产品贸易问题上仍存在矛盾。2010年两国双边贸易额为10.52亿新元，其中新西兰从法国进口4.57亿新元，出口5.95亿新元。

四 与德国的关系

最近一些年，德国对新西兰的重要性日益增加。德国重新统一以后，有8000万人口的德国市场对新西兰产生了极大的吸引力。除英国以外，德国是新西兰在欧洲重要的贸易伙伴，2012/2013财年，新西兰出口德国的商品达7.16亿新元，而从德国进口的商品价值则是出口值的两倍。德国从新西兰进口的葡萄酒、鹿肉、猕猴桃和苹果比其他欧洲国家都多。2012年，德国到新西兰旅游的人数为6.37万人次，给新西兰旅游业带来了可观的收入。

五 与俄罗斯的关系

新西兰和俄罗斯的关系与英、法、德三国有些不同。当苏联存在时，新西兰对这个超级大国怀有某种恐惧心理，这在一定程度上影响了两国关系的发展。苏联解体以后，俄罗斯在国际上的地位仍然举足轻重，它在裁军、环保问题和对南极洲的态度对新西兰都有利害关系。俄罗斯对亚太地区的兴趣日益增长，它还是几个区域性集团的成员国，是东盟的对话伙伴，是东南亚地区论坛和亚太经济合作组织的成员国。俄罗斯的市场对新西兰出口商极具吸引力，新西兰对俄罗斯的出口量逐渐增长。

第三节 与美国及美洲其他国家的关系

一 与美国的关系

新美两国于1941年建立外交关系。在第二次世界大战中，两国军队并肩作战，在瓜达尔卡纳尔战役前，美国在新西兰驻扎了40万人的军队，战后新西兰与美国的关系更加密切，两国有共同的经济和政治利益，两国

第八章 外 交

间存在基于军事条约建立起来的长期军事合作关系。新西兰是美国重要的非北约盟国，它跟随美国参加了朝鲜战争和越南战争，在1991年海湾战争和2001年美军入侵阿富汗的战争中，新西兰都对美国采取了支持态度。但它的军队未参加2003年对伊拉克的入侵。

新西兰和美国都积极参加了联合国安理会、关贸总协定乌拉圭回合谈判、亚太经济合作论坛、太平洋经济合作理事会和太平洋地区经济委员会的活动。在这些国际会议和地区论坛中，两国领导人经常保持接触，进行合作，双方有很多共同的观点和目标。

1984年，工党政府上台执政后，新西兰奉行反核政策，拒绝美国核潜艇访问新西兰港口，两国关系出现严重裂痕，美国中断了与新西兰的防务合作，暂停执行对新西兰的条约义务，并将新西兰从盟国地位降为友好国家。1987年，新西兰颁布名为《新西兰无核区、裁军和武器控制法》，宣布新西兰为无核区，坚决反对核动力军舰进入新西兰港口，进一步强化了反核立场。1990年11月，新西兰国家党执政以后，致力于与美国改善关系。1994年2月，美国宣布恢复美新在政治、军事方面的高层往来。此后，美新两国政界和军界领导人频繁互访。1995年3月，新西兰总理博尔格访美，与克林顿总统会晤，实现了两国关系正常化。1996年，新西兰副总理麦金农访问美国；美国裁军署署长、农业部副部长、助理国防部长、众议院代表团等先后访问新西兰。1998年7月，新西兰外交部部长麦金农访美。8月，美国国务卿奥尔布赖特访新，这是自1985年以后美国国务卿首次访新。1999年9月亚太经济合作组织首脑会议后，美国总统克林顿访问了新西兰。两国间的高层往来和人员间的不断接触，使两国关系得到改善。2007年以来，两国的军事合作逐渐增强。2010年，新西兰和美国发表《惠灵顿宣言》，两国建立了新的战略伙伴关系。

美国是新西兰第二大贸易和投资伙伴。1992年10月，两国签订了《贸易和投资框架协议》，这一双边协议为两国间每年进行协商和解决双边贸易问题提供了一种机制。根据新西兰方面的统计，截至2003年3月的财政年度里，两国间的贸易额为87.73亿新元，其中新西兰的出口额为41亿新元，进口额为46.73亿新元。两国间贸易不平衡，但新西兰对美

国的出口额稳定增长。

美国是新西兰投资和技术的第二大来源国。根据美方的统计数据，自1990年以来，美国在新西兰的投资达70亿美元。美国的一些著名大公司在新西兰的通信业、食品加工、计算机、有线电视、林业和铁路运输等方面有大量投资。

美国到新西兰的旅游者占新西兰外来游客总数的11%，仅次于澳大利亚。2012年到新西兰的美国游客达17.76万人次。

二 与加拿大的关系

新西兰和加拿大同为英联邦成员国，有密切的历史和文化联系，有着共同的议会和司法传统，对国际问题有相同或相似的看法，也有共同关切的问题，长期保持着密切友好的关系。两国除在商品准入问题上有些争议外，并不存在大的问题。

最近一些年来，加拿大对太平洋周边地区的国家表现出浓厚的兴趣，这与新西兰对外政策的取向相类似。它们在地区安全和推进与东盟等地区集团合作，通过亚太经合组织推动贸易自由化等问题上，持相似的看法。新西兰和加拿大在世界贸易组织中密切合作，都要求降低关税。

加拿大是新西兰重要的贸易伙伴（第14大贸易伙伴）。新西兰向加拿大出口的货物主要是牛肉等农牧产品。1982年，新西兰与加拿大签订了《贸易和经济合作协定》，双方议定限制关税的增长，维持最惠国待遇。

加拿大是新西兰重要的投资来源国。2012/2013财年，加拿大在新西兰的累计直接投资额为20.57亿新元，主要投资在能源和技术领域。新西兰在加拿大的投资领域是林业，同期的投资额是7200万新元。

三 与拉丁美洲国家的关系

新西兰在墨西哥、巴西、智利和阿根廷设有大使馆。新西兰驻墨西哥大使馆受权管理新西兰在委内瑞拉和危地马拉的事务，驻智利的大使馆受权管理新西兰在哥伦比亚和秘鲁的事务，驻阿根廷的大使馆也在乌拉圭和

第八章 外 交

巴拉圭执行外交使命。上述新西兰大使馆的工作得到在波哥大、加拉加斯、利马、蒙得维的亚的荣誉领事代表和圣保罗总领事馆的支持。驻渥太华的高级专员受权在巴巴多斯、圭亚那、牙买加、特立尼达和多巴哥行使外交使命。

近年来,新西兰与拉丁美洲国家之间的人员往来和高层互访增加。1998年,新西兰外交部部长唐·麦金农、科学技术部部长莫利斯·威廉森及旅游和体育部部长默里·麦卡利先后访问拉丁美洲国家。

从20世纪70年代初开始,墨西哥一直是新西兰在拉丁美洲的五大贸易伙伴之一,是新西兰重要的牛奶出口市场。在加强与墨西哥经济关系的同时,新墨两国间的政治关系也逐渐加强。墨西哥是太平洋经济合作理事会和太平洋经济合作委员会的成员,1993年加入亚太经济合作组织,1986年起是关贸总协定成员,也是WTO的创始会员。新西兰和墨西哥在这些国际组织和多边地区论坛中有共同的利益并开展合作。

在1982年英国与阿根廷发生福克兰战争期间,新西兰中断了与阿根廷的外交关系,但在1984年恢复了正常的关系。1983年,新西兰和墨西哥签订《科学技术合作协定》。1992年2月,新西兰商业银行和墨西哥外贸银行间的合作协定签字。1994年4月,两国又签订了《贸易与投资协定》,该协定为两国部长级及高级官员之间每年讨论贸易与投资问题提供了一个框架。

新西兰和阿根廷之间存在长期的友好合作关系,两国保持密切的双边接触。1998年4月,阿根廷总统梅内姆访问新西兰。1996年,新西兰和阿根廷签订了《南极洲合作声明》。两国通过瓦尔迪维亚集团开展环境事务方面和在公海捕鱼方面的合作。1998年两国签订《科学技术合作协定》以后,两国科学机构之间的合作持续进行。两国还就自然保护和体育方面的合作做出了安排。

新西兰和阿根廷在生产和出口产品方面基本相似,都是羊毛、肉类和奶制品等农产品的主要生产国。阿根廷在新西兰外贸中的份额比较稳定。新西兰公司在阿根廷的投资约为1.4亿美元,两国投资促进和保护协定签订以后,投资数量持续增加。

新西兰

新西兰与阿根廷在1985年签订了航空协定，阿根廷航空公司从布宜诺斯艾利斯到奥克兰的航线是南美洲和新西兰之间的第一条国际航线。澳大利亚昆士兰北方航空公司也于1998年开辟了从奥克兰到布宜诺斯艾利斯的航线。

新、阿两国之间有互免签证协定，新西兰人和阿根廷人到对方国家访问时间在3个月以内互免签证。阿根廷是新西兰在研究生培养及英语、职业和专业教育方面的潜在市场。新西兰有中学和高等学校的代表团访问阿根廷，探索了加强两国教育联系的可能性。

智利是新西兰在拉丁美洲的友邦之一，两国通过凯恩斯集团①开展农业方面的合作，都对打开第三国的农产品市场感兴趣。两国在诸如海洋法、捕鲸、核裁军、南极洲、环境和有关科学问题及农产品贸易等问题上在国际会议中保持接触。两国在太平洋经济合作组织和太平洋地区经济理事会上的对话对双方都有益处。新西兰和智利在海军和警察方面开展合作，两国之间定期进行人员交流。

新、智两国之间的贸易一直稳定增长。智利是新西兰商界在南美洲投资的主要国家，新西兰在智利的投资仅次于新西兰在澳大利亚的投资。新西兰投资的主要领域是林业、食品批发和分销、渔业和建筑业。新西兰资本涉足的领域对新西兰具有战略上的重要性，因为在这些领域中，新西兰是第三国实际上或潜在的竞争对手。

新西兰和智利签订了一系列双边协定。两国于1993年签署了《关于在南极洲合作的联合声明》；1995年签订了《贸易与投资框架安排》，建立了贸易和投资问题联合委员会，每年就共同感兴趣的贸易和投资问题进行讨论。1996年7月，两国签订了在海军方面进行合作的协议，以促进

---

① 凯恩斯集团（Cairns Group）是由阿根廷、澳大利亚、玻利维亚、巴西、加拿大、智利、哥伦比亚、哥斯达黎加、危地马拉、印度尼西亚、马来西亚、新西兰、巴基斯坦、巴拉圭、秘鲁、菲律宾、南非、泰国和乌拉圭19个农产品输出国组成的利益集团。其名字来源于其创始会议举行的地方——澳大利亚城市凯恩斯。成立该组织的动机是针对欧盟的农业政策和美国对农产品出口的补贴，增强农产品输出国在世界贸易组织和其他国际组织中的谈判力量，争取在全球实现农产品贸易的自由化。

第八章 外 交

两国间的情报交换和海军合作。两国还签署了允许新西兰向智利出口牛肉的双边协定。双方给予对方公民在3个月内免签证的待遇。

新西兰和巴西维持着友好关系，但不如与这一地区其他国家的关系密切。两国在许多领域有共同利益，都是农产品输出国组织凯恩斯集团的成员国。两国在1986年签订了《科学技术合作谅解备忘录》（在1989年终止执行），还在关于环境、海洋法和南极洲等问题的多边论坛上定期接触。

新西兰与巴西的进出口贸易额逐步增长，在巴西检疫官员于1998年访问新西兰以后，巴西接受了新西兰农产品出口的卫生标准。新西兰向巴西的圣保罗派驻了总领事。两国在1995年签订了航空运输协定。巴西是新西兰教育的潜在大市场，1996年和1997年，由大学和中学代表组成的新西兰教育代表团访问了巴西，寻求加强两国间教育联系的可能性。新西兰奥塔戈大学代表团于1998年6月访问巴西。同年10月，新西兰梅西大学代表团也访问了巴西。

新西兰和秘鲁的双边关系逐步加强。1998年6月，秘鲁总统对新西兰进行了第一次国事访问。秘鲁自1990年起就是亚太经合组织成员国，也是太平洋经济合作理事会成员。在新西兰的支持下，秘鲁于1989年取得了《南极条约》协商国地位。两国在国际会议上经常进行对话。

1998年，新西兰和秘鲁之间就开展正式的外交政策对话问题签订了《谅解备忘录》，同时还签订了开展技术合作的协议。两国就检疫方面的安排达成了协议，这一协议为秘鲁芒果向新西兰出口打开了大门。两国在加强空运合作方面也取得了成果。

贸易是影响新西兰和秘鲁两国关系的最重要因素。秘鲁是新西兰的乳制品出口市场。秘鲁持续进行的改革和市场的不断扩大为新西兰在更多的领域，如农业技术、电信、食品加工和建筑产品等开辟了市场。新西兰和秘鲁在教育领域的合作也比较密切，新西兰的大学和秘鲁的教育机构之间经常进行人员和学术交流，并开展科研合作。

新西兰和乌拉圭的关系因两国同属南半球和农产品在出口贸易中的相同作用而存在自然的亲近感。两国在农业开发方面进行合作，在国际羊毛秘书处共同工作，并在环保和南极洲等问题上密切合作。

新西兰

新西兰与巴拉圭和哥伦比亚的贸易关系都处于比较低的水平，新西兰从哥伦比亚进口咖啡和纺织品。新西兰与危地马拉的政治关系维持在很低的水平，与危地马拉的贸易主要是向危地马拉出口奶制品。委内瑞拉也是新西兰奶制品的进口国。

新西兰和加勒比海国家保持着长期友好的政治、经济关系。新西兰与加勒比海国家在环境和经济开发等问题上开展合作。这一地区是新西兰奶制品的传统出口市场，现在新西兰扩大了对这一地区的出口。新西兰还与特立尼达和多巴哥签订了邮政协定，为其管理邮政事务，为期5年。

2010年5月，新西兰政府公布《拉丁美洲战略》，计划新西兰对拉丁美洲的年出口贸易额要达到10亿新元，对该地区的投资（包括农业技术、能源、渔业和某些特定制造业领域）要达到13亿新元。该"战略"指出，新西兰在该地区的投资和服务贸易等领域都有很大的发展空间。战略的重心集中在巴西、墨西哥、智利、阿根廷、乌拉圭和秘鲁六国。新西兰力求加深企业界对投资、贸易和合作事业前景的了解，降低新西兰和拉丁美洲地区之间的贸易壁垒，在该地区发展新西兰的旅游业，加强航空联系，加深教育和科研方面的联系。拉丁美洲到新西兰的旅游者和留学生人数逐渐增加。

第四节 与中国及亚洲其他国家的关系

最近一些年，新西兰与东北亚国家的关系日益密切，重点发展与中国、日本和韩国的关系。它们作为新西兰的经济和贸易伙伴变得越来越重要。中国、日本、韩国以及中国特别行政区香港在新西兰进出口贸易中占有重要地位。新西兰出口到这些国家和地区的商品主要是农牧产品，而进口的商品则多种多样。在国际政治和地区战略事务方面，新西兰与这些国家和地区在国际组织中也开展了合作。

一 与中国的关系

中国与新西兰的交往已有二百多年的历史。中新两国的交往是从皮革

第八章 外 交

贸易开始的。早在1792年，英国向澳大利亚运送罪犯的船只"布勒塔尼亚号"的船长雷文在新西兰的达斯基湾（Dusky Sound）留下12人，为中国市场猎取海豹皮。这伙人收集了4500张海豹皮，准备运往中国。后来，"发现号"和"决心号"船的船员发现，美洲北海岸的海獭皮在广州和厦门很值钱。当时中国的达官贵人穿高级毛皮衣服以示富贵和地位，因此从外国进口的海豹皮和海獭皮非常昂贵。与中国进行海豹皮和海獭皮贸易的高额利润诱使欧洲和北美洲国家的许多人到新西兰附近海域大规模猎杀海豹。1806年，一艘美国船从新西兰带走了6万张海豹皮。1792~1812年，美国船可能从南太平洋向广州运去了250万张海豹皮。同一时期，运往中国的商品还有晶石和绿岩等。在当时新西兰人的印象中，中国是一个非常富庶的国家。

1840年后的几十年，新西兰发现金矿，产金量急剧增加，黄金成为新西兰向中国出口的主要商品，另外一种出口商品是食用菌。1890年，食用菌占新西兰向中国大陆和香港出口货物的46%，这样的贸易一直持续到20世纪30年代。新西兰商人从中国进口的商品主要是茶叶。

中国人与新西兰的直接接触开始于1866年奥塔戈金矿的开发。当时，中国穷苦的劳动者被迫到海外谋生，其中有一部分人漂泊到传说盛产金子的澳大利亚和新西兰。奥塔戈金矿的发现掀起的淘金热吸引了中国东南沿海的穷苦劳动者。这些到海外谋生的穷人希望在国外艰苦工作二三十年以后再回到自己的祖国，因为那里有自己的父母兄弟和妻子儿女。到新西兰淘金的中国移民大多是青壮年男子，1881年在新西兰的5004名华人中只有9名女性。第一批中国移民在新西兰表现出的节俭和吃苦耐劳的精神，得到了当地居民的认可。中国移民最初的生活条件非常艰苦，除了进行艰苦的劳作和忍受资本家的残酷剥削以外，他们还遭到白人殖民者的种族歧视和一次又一次反华排华浪潮的冲击。

1881~1920年，新西兰议会通过了多部反华、限华法令。从20世纪30年代起，由于华人劳工在新西兰经济发展中所起的作用，新西兰政府把排华政策改变为容忍政策，1945年后，对华人的政策进一步放宽。1939年，第一批中国移民的妻子和子女来到新西兰，从这时起，华人才

新西兰

开始在新西兰永久定居下来，并逐步融入新西兰社会。

最早到中国的新西兰人是商人和传教士。新西兰长老会在中国传教表现得相当活跃，到1926年，新西兰有10个传教团在中国活动。

1931年日本侵略中国后，新西兰人民对中国人民表达了深切的同情。一位名叫凯思林·霍尔（Kathleen Hall）的新西兰传教团护士1934年在红军和日本侵略军之间的地区建立了一所医院。凯思林不下30次冒险向中国红军和后来的八路军运送紧缺药品，她还建立了与八路军联系的地下交通网。

新西兰著名社会活动家路易·艾黎在中国居住了60年，他对中国的友好情谊在中国百姓中传为美谈。他于1927年来到中国，先在上海消防部门工作，后来做工厂视察员，并参加了中国共产党的地下活动。抗日战争期间，他在中国参加工业合作运动，后来又在甘肃办学，对农村青年进行技术培训。新中国成立后，他继续留在中国工作，谢世后长眠在中国的土地上。

1909年，中国政府向新西兰派遣了官方代表，那一年中国领事到达了惠灵顿。20世纪30年代，新西兰向中国大陆和香港地区派驻了商务代表。

20世纪20年代，新西兰向中国出口的主要物资是黄油。新中国成立初期，新西兰没有与新中国建立外交关系。但在六七十年代，两国之间的民间交流和贸易往来仍在进行。

1971年，中国恢复了在联合国的合法席位，1972年12月22日，新西兰工党政府正式承认中华人民共和国。新西兰在北京设立了大使馆，后来在上海开设了领事馆。两国建交后，政治和经济交往迅速增加，高层官员互访和民间交流日趋频繁。新西兰前总理博尔格、马尔登、朗伊，前议长杰克、哈里森、沃尔、塔普塞尔曾经先后访问中国。中国有多位领导人先后访问新西兰。

新西兰支持中国更多地参加地区组织和国际组织的活动，支持中国加入世界贸易组织，1997年8月，中新完成中国加入世界贸易组织的双边市场准入谈判并达成协定。两国在亚太经合组织和其他区域性国际组织中

第八章 外 交

保持着良好的工作关系。

1996年5月,中新双方签订中国从新西兰输入动物及马羊精液的卫生条件等4项协议。8月,中新两国草签了《中新避免双重征税协定的第二个议定书》和会议纪要。

1989年,中国成为新西兰第四大贸易伙伴。新西兰向中国出口的主要商品是奶粉、肉类和羊毛,这几类商品占了新西兰向中国出口商品的2/3。新西兰生产的羊毛有一半被中国买走。1989年后,由于受国际市场价格的影响,羊毛价格下跌,中国从新西兰进口的羊毛数量有所减少。1996年8月,中国中信公司投资5亿多美元购买了新西兰的森林采伐权,这是中国在国外的重大投资项目之一。

据中国海关总署统计,到2013年4月30日截止的一年里,中新两国的双边贸易额为153亿新元(约合124亿美元),仅略低于新西兰与澳大利亚的贸易额(168亿新元)。新西兰的中小企业在中国的制造业和服务业中投资,而且多数公司获得成功。

现在新西兰向中国出口的商品除羊毛以外,还有奶粉、奶酪、黄油、木材和海产品等。奶粉、奶酪和黄油的对华出口额从2008年的4.06亿新元增加到2012年的22亿新元,占新西兰当年这些产品出口总额的19%。新西兰原木、木材和木制品对中国的出口量也大幅度增加,2012年达到11亿新元,比2008年增加了8.67亿新元。

中新两国之间的友好往来非常频繁。1999年9月,中国国家主席江泽民对新西兰进行国事访问,这是中国国家元首首次访问新西兰。2000年亚太经合组织在文莱举行的领导人会议上,两国领导人进行了会谈。2000年11月,新西兰总督博伊斯应中国国家主席江泽民的邀请访问中国。2001年4月,新西兰总理克拉克访华。2003年10月,胡锦涛主席应新西兰总督卡特赖特夫人的邀请,对新西兰进行国事访问。2005年5月,吴邦国委员长对新西兰进行友好访问。同月,新西兰总理克拉克再次对中国进行工作访问。2006年4月,温家宝总理对新西兰进行正式访问,两国签署了一系列合作协议和文件。2007年1月,温家宝总理在菲律宾宿务出席第二届东亚峰会期间会见新西兰总理克拉克、外交部部长戈夫、反

新西兰

对党领袖约翰·基。9月，胡锦涛主席在悉尼出席亚太经合组织第15次领导人非正式会议期间会见新西兰总理克拉克。11月，温家宝总理在出席新加坡东亚峰会期间会见新西兰总理克拉克。2009年4月，新上任不久的总理约翰·基对中国进行正式访问。2010年6月，应约翰·基总理邀请，习近平副主席访问新西兰，带去了100余人的商界代表，访问期间，两国签署了一系列合作协议。2010年7月，约翰·基总理出席上海世博会新西兰国家馆日活动。2011年4月18日，新西兰副总理兼财政、基础设施部部长比尔·英格利希访华。2012年4月，全国政协主席贾庆林访新，分别与新西兰总督迈特帕里、代总理英格利希、议长史密斯、反对党工党领袖希勒等会见和会谈。2013年4月，约翰·基对中国进行正式访问并出席博鳌亚洲论坛2013年年会。2014年3月他再次访华。两国领导人的密切互访加深了两国间的友谊和合作。

1995年5月，新西兰同中国签订《旅游合作谅解备忘录》，1997年11月，中国正式批准将新西兰列为中国公民自费旅游目的地。1999年5月，两国有关部门就中国公民自费赴新旅游的具体实施方案达成协议，7月，该项业务正式启动。在此后一年里，到新西兰的中国游客的数量增加了40%，仅1999年一年到新西兰旅游的中国大陆游客就达到23241人次。2009年，中国到新西兰的游客已达10.2万人次，新西兰来华游客达10万人次。同年4月，新西兰总理兼旅游部部长约翰·基访华，两国签署《中华人民共和国国家旅游局和新西兰旅游部旅游事务对话与合作安排》。2011年4月，中国南方航空公司开通广州至奥克兰直航，为中新两国的交往提供了便利。2011年8月，新西兰移民、广播部部长兼协理旅游部部长科尔曼访华。2012年中国赴新西兰的游客达19.7万人次，中国已经上升为新西兰的第二大旅游客源地。同年，新西兰来华游客达12.8万人次。

2004年4月，新西兰政府正式承认中国完全市场经济地位。同年5月，中新两国签订《中国－新西兰贸易与经济合作框架》。11月，胡锦涛主席与新西兰总理克拉克在智利APEC领导人非正式会议期间，就结束中新自由贸易协定可行性研究达成一致，次月两国正式启动自贸谈判。2008

第八章 外 交

年4月7日，在新西兰总理克拉克访问中国期间，中国与新西兰在北京签署了双边自由贸易协定。双方约定将进出口商品的关税降到零，该协定于当年10月1日起生效。这是中国与西方发达国家签署的第一个双边自贸协定。正如中国政府总理温家宝所说，中新自贸协定的签署和实施将"进一步密切两国友好合作关系"，给两国人民带来"实实在在的利益"。协定对包括技术工人在内的人员流动做出了具体规定，新西兰每年允许1800名中国人前往该国工作。中国作为一个人口大国，对新西兰农牧产品的需求极为旺盛，自贸协定为新西兰的主要出口商品农牧产品打开了巨大的潜在市场。此后，两国的双边贸易额大幅度增加，中国成为新西兰第二大进口货物供应国（第一为澳大利亚）。从2008年两国签订自贸协定到2012年，新西兰对中国出口增长近2倍，从21亿新元增加到61亿新元，而同期新西兰对澳大利亚的出口仅增长了14%。据《新西兰邮报》2013年4月26日的报道，2013年中国已经超越澳大利亚成为新西兰最大的贸易伙伴，不仅是新西兰最大的出口市场，也是最大的商品供应国。2013年前三个月，新西兰对中国的出口价值高达23亿美元，超过对以前的最大贸易伙伴澳大利亚出口的22亿美元。在2013年的第一季度，新西兰出口货物总额的25%流向中国市场，而前一年出口到中国的货物总额才占15%。2008年，中国还是新西兰第四大进口商品来源国，但2012年以后，中国就已经超过澳大利亚，成为新西兰最大的进口商品供应国，新西兰从中国的进口额从2008年的58亿新元增加到2012年的77亿新元，增加了33%。新西兰从中国进口的主要商品是电子机械、设备和电脑等。两国关系已经从单一经贸关系发展为全方位、多层次的经贸合作。两国在对方国家的投资也逐年增加。

从1989年起，新西兰开始对华提供援助。次年，两国正式建立全面技术合作关系，1992年新西兰确定了每年向中国提供100万新元的援助计划。2003年中新签订科学技术合作协定。中新两国在林业、畜牧业、经贸等领域开展合作，新西兰在扶贫、社区发展等方面向中国提供援助。截至2013年6月，新西兰共向中国提供约2789万新元（约1.44亿元人民币）的发展援助。

新西兰

中新两国还在文化艺术方面开展广泛的交流与合作,两国互派文化艺术团体进行交流访问,2005年8月双方签署《中新两国广播电影电视合作安排》,根据该协定,中央电视台第9频道正式在新西兰落地。2006年4月,两国签订《中华人民共和国政府与新西兰政府文化协定》。中国的各种艺术团、杂技团、文化代表团等先后访问新西兰,后者也派了相应的团体访问中国。

两国在教育领域的合作也越来越广泛,从1974年开始互派留学人员,1999年10月新西兰取消对中国赴新留学的名额限制。2002年,两国签署《中新关于教育与培训合作的谅解备忘录》。2008年4月,中新两国续签《关于在高等教育领域内相互承认学历和学位的协议》。中国赴新西兰留学的人数迅速增加,中国已经成为新西兰最大的留学生来源国。新西兰是中国自费留学生的主要目的国之一。2012年,中国在新西兰各类留学人员达到4.74万人。同年,共有610名新西兰留学生在华学习,其中有32名奖学金留学生。2007年和2009年,奥克兰大学和坎特伯雷大学先后建立孔子学院。

两国军队间的合作和交流也逐步加强。2007年11月,中、新两国军队在北京举行首次战略磋商。2009年3月,中国人民解放军副总参谋长马晓天中将访新,两军举行第二次战略磋商。4月,新西兰海军司令帕尔少将访华,参加中国海军成立60周年活动。9月,新西兰国防兼科技部部长马普访华。11月,新西兰空军司令林托特少将访华,参加中国空军成立60周年活动。2010年5月,中共中央政治局委员、中央军委副主席郭伯雄上将访新。6月,中新两军举行第三次战略磋商。8月,新西兰国防部秘书长麦康年访华。9月,中国海军舰艇编队"郑和"号远洋训练舰和"绵阳"号导弹护卫舰对新西兰进行友好访问。2011年9月,中国人民解放军副总参谋长侯树森上将访新。当月,新西兰国防军司令琼斯中将访华。10月,新西兰陆军司令基廷少将访华。11月,中国人民解放军副总参谋长马晓天上将与新西兰国防军副司令斯蒂尔少将在新共同举行中新两军第四次战略磋商。2012年10~11月,中国、新西兰、澳大利亚联合举行"合作精神-2012"人道主义救援减灾综合演练。12月,中国人民解放军副总参谋长戚建国中将与新西兰国防军副司令基廷少将在北京共同举行中新两军第五次战略磋商。2013年5月，新西兰空军司令斯托克维尔空军少将访华。同月，新西兰海军"特玛纳"号军舰访问上海。

新西兰在同中国建交的同时，断绝了同台湾当局的"外交关系"，但保留了经济和文化上的联系。1973年，台湾地区在新西兰设立了"亚东贸易中心"，处理双方经贸事务。1988年4月，新西兰在台北设立了"新西兰工商办事处"，处理贸易和工商事务。1991年，"亚东贸易中心"改称"台北经济文化办事处"。1991年8月，新西兰航空公司开辟了至台北的航线。

二 与日本的关系

新西兰与日本于1952年建立外交关系。日本作为亚太地区的一个经济大国，在新西兰的对外经济和政治关系中占有重要地位。新西兰欢迎日本在南太平洋地区经济中发挥更大的作用，支持日本成为联合国安理会常任理事国。两国在政治层面上的关系很密切，经常进行高层人员互访。两国领导人在亚太经合组织、东盟地区论坛等国际会议和区域性国际组织中经常保持接触，双方有很多共同的观点和目标。2001年4月，新西兰总理克拉克访日。2002年5月，日本首相小泉纯一郎访新。

日本是新西兰的第三大贸易伙伴。根据新西兰的统计资料，2011年，日新双边贸易额为92.81亿新元。新西兰向日本出口的主要商品是铝、林业产品、乳制品、海产品、水果、蔬菜和肉类，从日本主要进口各种电器、汽车和机械等。日本是新西兰第四大旅游客源地，2012年，日本公民到新西兰旅游者达7.2万人次。日本企业家还在新西兰投资建厂，1998年4月27日，日本最大的啤酒厂家麒麟公司出资14亿新元购买狮王公司45%的股权。两国之间的商品准入问题一般通过外交渠道来解决。两国签订有关渔业和民航的协定。除政府间的密切关系外，民间组织间的联系也很多，如姐妹城市间的联系、教育和文化交流、工作休假计划等。2011年2月新西兰克赖斯特彻奇发生地震，同年3月日本近海发生强烈地震引发海啸，两国互派救援队提供援助。

新日两国间也存在一些矛盾，如新西兰反对日本在南太平洋禁捕区捕

鲸，拒绝日本增加蓝鳍金枪鱼捕捞份额的要求，反对日本在南太平洋海域运送和倾倒核废料。

三 与韩国、朝鲜的关系

新西兰与韩国的关系在20世纪90年代获得了迅速发展，特别是在贸易和经济领域。韩国是新西兰的第七大贸易伙伴。尽管韩国受到亚洲经济危机的严重影响，进口能力受到限制，但它在新西兰的出口市场中仍然列第五位。2011年，双边贸易额为31.27亿新元，其中新西兰出口额为16.74亿新元，进口额为14.53亿新元。新西兰主要向韩国出口木材及其制品、铝、皮革、生皮、肉类、乳制品和甲醇。因韩国国内的一些利益集团企图限制农产品进口，这给新西兰产品进入韩国市场造成了一些困难。两国的政治关系通过国家领导人的互访和协商而得到发展。朝鲜半岛的局势一直是新西兰持续关注的问题。

2001年3月26日，新西兰与朝鲜民主主义人民共和国建立了大使级外交关系。同年8月任命驻韩国大使兼任首任驻朝鲜大使。2003年朝鲜宣布退出《不扩散核武器条约》后，新西兰外交部部长戈夫呼吁朝鲜重新考虑其决定，并表示愿与国际社会一道为和平解决朝鲜核问题而努力。为使朝鲜不发展核武器，新西兰积极参加朝鲜半岛能源开发组织的活动，迄今已向该机构捐款300万新元。2007年新西兰外长温斯顿·彼得斯访问平壤，希望以经济和政治协议促使朝鲜拆毁核武器设施，但没有取得进展。

四 与印度的关系

新西兰和印度同为英联邦成员国，两国有传统的友好关系。2009年10月，印度总理辛格在和新西兰总理约翰·基会谈时建议两国签订自由贸易协定。2010年两国就此问题进行了多轮谈判。印度是新西兰农牧产品的重要出口市场，新西兰希望将更多的农牧产品和木制品出口到印度，而印度则希望国内专业人才在新西兰获得更多的工作签证。但印度在免除农牧产品进口关税问题上疑虑重重，以致自贸协定迟迟未能签署。2010年两国间的贸易额约为12亿美元，双方希望到2015年把双边贸易额扩大到30亿美元。

五 与东南亚国家和东盟的关系

新西兰与东南亚国家和东盟的关系特别密切，它们之间存在着特殊的关系。东盟全称"东南亚国家联盟"（ASEAN），是1967年成立的区域性合作组织，最初的成员国是印度尼西亚、马来西亚、菲律宾、新加坡和泰国。其目的是促进地区的稳定和开展政治对话。后来，文莱（1984）、越南（1995）、老挝（1997）、缅甸（1997）、柬埔寨（1999）相继加入，使东盟国家的人口加在一起达到了约5亿人，因此在地区事务中的影响力扩大。新西兰和东盟在APEC、WTO、凯恩斯集团和联合国等国际组织中，为寻求更广泛的共同利益而开展合作；特别是在核裁军和维和等问题上，双方有共同的观点。新西兰在1975年成为东盟的对话伙伴国。1994年，新西兰成为关注地区安全问题的东盟地区论坛的成员国。东盟成员国在投资、教育和旅游业等方面对新西兰的意义日益增长。2012/2013财年，新西兰与东盟国家商品贸易进出口额为119.11亿新元，其中新西兰出口额为43.5亿新元，进口额为75.61亿新元。新西兰不仅通过《进一步密切经济伙伴关系协定》加强了与东盟的贸易关系，而且还通过与东盟成员国之间的双边活动，其中包括重要的开发援助项目，促进了双方经济关系的发展。

新西兰支持东盟在东南亚维护地区安全和稳定方面发挥作用，支持东盟在东南亚建立和平、自由、中立和无核区的主张。作为东盟的对话伙伴国，新西兰参加每年一次的外交部部长级会议。除新西兰以外，东盟的对话伙伴国还有澳大利亚、加拿大、中国、印度、日本、韩国、美国和俄罗斯。通过参加这样的会议，新西兰可以对达成关于安全、政治和经济发展的地区性意见做出自己的贡献，加强与东盟及其成员国之间的双边关系，与在亚洲地区有重大影响的其他伙伴国交换看法，提高新西兰在国际上的地位。

1997年东南亚爆发金融危机以后，新西兰与东盟国家的贸易受到影响，对东盟的出口额下降。尽管如此，东盟国家仍然是新西兰的重要贸易伙伴，其中有5个东盟国家位居新西兰出口额前20个国家之列。

新、澳两国与东盟一起致力于加强双边的贸易和经济关系，关键是促

新西兰

进贸易水平的提高,这里涉及关税、产品标准等方面问题的解决。新、澳的贸易和经济部长每年开会一次,对所取得的进展和今后的工作进行讨论。

东盟国家在新西兰有大量投资。东盟还是新西兰的游客、留学生和移民的重要来源地。21世纪初,东盟国家到新西兰的长期移民约占新西兰外来移民总数的3%。

新西兰通过东盟－新西兰经济合作项目,对东盟提供地区开发援助,每年预算的援助总额为170万美元。这一计划旨在加强双边伙伴关系和实现互利互惠。

自从1994年东盟地区论坛召开第一次会议以后,它已发展成为定期召开的、讨论亚太地区安全问题的重要的多边论坛。新西兰是这一论坛的创始成员国。参加这一论坛的22个国家都是新西兰重要的地区伙伴国。外交部部长级的论坛每年举行一次,在这样的会议期间还举行正式的和非正式的讨论会。成员国之间经常就加强地区安全和建立国家之间的信任关系、防止国与国之间的冲突交换意见。

1971年,新西兰和澳大利亚、新加坡、马来西亚、英国签订了《五国联防安排协定》。缔约国间相互约定,一旦发生对新加坡和马来西亚的任何形式的武装进攻,立即进行磋商;在训练和发展新加坡和马来西亚武装力量方面提供援助。自1971年后,这一安排发展成了进行联合军事演习的基本框架。由于经济方面的原因,马来西亚于1998年退出了联合军事演习计划。除参加五国联防以外,新西兰还与新加坡、马来西亚、文莱、印度尼西亚签订双边防务协定。1998年10月22日,新西兰与泰国正式签署避免双重征税协定。

新西兰与东盟国家的领导人互访频繁。1995年4月,文莱苏丹博尔基亚访新。1995年7月,越南共产党中央总书记杜梅访新。1996年,马来西亚总理马哈蒂尔、越南外长阮孟琴访新。2000年4月,新西兰总理克拉克访问新加坡。2001年6月,印尼总统瓦希德访问新西兰。2001年9月,新西兰、澳大利亚与东盟10国代表就建立澳、新与东盟《进一步密切经济伙伴关系协定》的正式框架文件和初步工作计划达成协议,决定建立东盟自由贸易区进一步密切经济关系协定顾问委员会。

第八章 外 交

六 与中东地区的关系

中东地区盛产石油，对新西兰具有战略意义。在两次世界大战中，新西兰都向那里派遣了大量的军队，它驻守在中东的军队一直到1954年才撤走。1973年的石油危机给新西兰经济造成了严重损害，此后，新西兰在中东国家建立了外交机构。新西兰在中东的主要利益在贸易方面。中东地区每年从新西兰进口价值约8亿新元的货物，其中主要是食品、羊毛和工业制成品。

中东地区长期以来动荡不安，保持这一地区的稳定对新西兰有重要的经济意义。近年来中东发生的事件说明，这一地区的局势仍然非常不稳定，对新西兰的利益有很大的潜在影响。该地区既是新西兰重要能源供应地，又是巨大的商品出口市场。阿拉伯国家是新西兰牛羊肉、羊毛、奶制品等的重要出口市场，2012/2013财年，从新西兰进口商品比较多的国家有沙特阿拉伯（6.27亿新元）、土耳其（0.8亿新元）、伊拉克（1.99亿新元）、埃及（3.97亿新元）、约旦（0.76亿新元）。

新西兰的公司对巴林、沙特阿拉伯和埃及等国的食品加工工业和分销业也有投资。有许多新西兰的教师、护士和其他职业人士在中东地区服务，另外还有一些非政府组织的工作人员在那里提供帮助。

在以色列和阿拉伯国家的争端中，新西兰支持中东和平进程。新西兰维和人员参加了受联合国委派的维和行动和对巴勒斯坦难民的救济工作。可以说，以色列和巴勒斯坦双方在新西兰人中都能找到支持者。

第五节 与南太平洋国家的关系

一 与澳大利亚的关系

新西兰和澳大利亚于1943年建交。新西兰将澳大利亚置于其外交和国防政策的优先地位。两国在许多领域都是重要的合作伙伴，在政治、经济、国防、体育和社会方面开展密切合作。1966年新澳两国签订自由贸

易协定，相互开放市场，而对其余国家的商品则提高关税，以保护本国工业免受外来的竞争。但实行这种政策不利于提高本国产品的竞争力，两国从20世纪70年代起逐渐降低关税。1983年两国签订《进一步密切澳新经济关系贸易协定》，两国关系更加密切。根据双边协定，两国劳动力可以自由流动，双方公民在对方国家享受免签证待遇。两国间资金的自由流动进一步加强了两国的经济联系。澳大利亚是新西兰第一大投资国，2012年在新西兰的投资额达617.55亿新元，占外国在新投资总额的62.8%。新西兰的10家主要银行中，有6家为澳大利亚银行所拥有。新西兰在澳大利亚也有大量投资，新西兰图书公司在澳大利亚建立了最大的连锁店。1990年，两国宣布建立自由贸易区，相互取消关税。在相当长的一段时间里，澳大利亚都是新西兰最大的贸易伙伴。2012/2013财年，新、澳双边贸易额达164.4亿新元，其中新西兰出口额为95.31亿新元，进口额为69.09亿新元。1998年，两国签订《单一航空市场协定》，两国航空公司在对方国家享有"不受限制的飞行权"。同年，两国还签署《跨塔斯曼旅游安排》，约定两国公民可以自由地在对方国家生活和工作，并可获得居住权。这一协定促进两国间的人口流动，到澳大利亚居住的新西兰人达到了50万人，到新西兰居住的澳大利亚人要少一些，约6.5万人。澳大利亚还是新西兰最大的旅游客源地，2012年到新西兰旅游的澳大利亚游客达115.57万人次。

新西兰和澳大利亚的军事合作由来已久，两国在第一次世界大战期间共同组成澳新军团，在欧洲战场并肩作战。第二次世界大战结束后，两国与美国签订《澳新美安全条约》，使两国间的军事合作用条约的形式固定下来。1977年，新、澳两国签订防务合作协定，1991年又签订《澳新密切防务关系协定》，两国在培训军官、军事训练、军事演习和保护南太平洋国家专属经济区等方面进行合作。

二 与南太平洋其他国家的关系

南太平洋国家除澳大利亚以外，还有萨摩亚、库克群岛、法属波利尼西亚、基里巴斯、马绍尔群岛共和国、新喀里多尼亚、纽埃、巴布亚新几

第八章 外 交

内亚、所罗门群岛、汤加、托克劳、图瓦卢和瓦努阿图等。它们都是新西兰的近邻，是新西兰外交政策的重点地区。新西兰与所有独立的南太平洋岛国都建立了外交关系，并向其中绝大部分国家派驻了外交使节。南太平洋国家大多是小国，国土面积小，人口稀少，资源相对贫乏，经济实力弱。新西兰与南太平洋岛国除了在地理上邻近以外，也存在传统关系。这些岛国大量向新西兰移民，它们与新西兰在政治、经济、军事和文化等方面存在千丝万缕的联系，如果这些岛国发生什么事情，立即会对新西兰产生影响。新西兰对外援助主要集中在太平洋地区，向这些岛国提供援助，帮助它们进行政治和经济改革，实现经济和政治稳定，推动地区经济发展，促进南太平洋地区国家关系的和谐。

南太平洋国家是新西兰商品和服务出口的宝贵市场，对这些国家的年出口额达到7亿新元。为了增强南太平洋岛国的经济实力和提高其购买力，新西兰愿意帮助这些国家开发和扩大出口市场。新西兰通过对太平洋岛国投资和开展开发计划向它们提供资金，帮助它们的私营企业发展与新西兰私营企业的伙伴关系。设在奥克兰的南太平洋贸易委员会帮助这些岛国在新西兰开展商业接触和为自己国家的产品寻找市场。1981年生效的《南太平洋地区贸易和经济合作协定》使缔结该协定的太平洋岛国的商品可以无限制地免税进入新西兰和澳大利亚市场。南太平洋岛国是新西兰对外援助的重点地区。2003年8月，新西兰成立"太平洋合作基金"，加强与南太平洋岛国的全面合作。

《南太平洋地区贸易和经济合作协定》使南太平洋论坛成员国的商品能够几乎不受限制地进入新西兰市场。新西兰是"南太平洋论坛"（现称"太平洋岛国论坛"）、"论坛渔业机构"、"南太平洋地区环境计划"、"太平洋共同体"（其前身是1947年成立的"南太平洋委员会"）等地区组织的成员国。这些组织寻求了解南太平洋岛国的发展需要，在政策建议和计划方面提供援助。1997年以后，论坛秘书处更多地把注意力集中到开发合作计划以及向南太平洋岛国提供商业和投资政策咨询服务。新西兰重视这些地区组织的作用，并在这些组织中发挥重要影响。

1975年，新西兰提议建立"南太平洋无核区"的主张，加强了该地

新西兰

区的反核运动，最终于1986年促成签订了《南太平洋无核区条约》，签字国一致约定不允许在南太平洋地区部署核武器。1976年，新西兰又推动制订了《太平洋岛国工业发展计划》，1980年推动签订了《南太平洋地区贸易和经济合作协定》。

在防务上，新西兰与巴布亚新几内亚、汤加、斐济、萨摩亚、瓦努阿图、所罗门群岛等国签订援助计划，帮助相关岛国训练军队和进行联合军事演习。新西兰与澳大利亚共同负责在南太平洋一些岛国的专属经济区进行海上巡逻。2000年所罗门群岛发生政变，政局长期不稳，在所罗门群岛政府的要求下，新西兰、澳大利亚和部分南太平洋岛国联合对所罗门群岛进行了军事干预。

新西兰支持南太平洋岛国积极参加英联邦以及联合国和世界贸易组织等国际组织。

新西兰与库克群岛、纽埃和托克劳有特别的宪法联系。它们原来是英国的"保护地"，后来移交给新西兰。库克群岛在1888年沦为英国的"保护地"，1901年成为新西兰领地。纽埃1900年成为英国"保护地"，1901年归并于新西兰。一战结束后两个岛国仍维持原状，但先后于1965年和1974年选择了与新西兰"自由联合的自治政府地位"，实行内部自治。根据这一宪法安排，库克群岛的岛民和纽埃人获得了新西兰的公民权，有权自由进入新西兰，并在新西兰享有受教育和医疗保健方面的权利。新西兰负责外交和防务管理。

西萨摩亚在第一次世界大战期间被新西兰占领，1920年国际联盟同意将西萨摩亚交给新西兰管理，1946年联合国将西萨摩亚交给新西兰托管。1954年西萨摩亚开始实行内部自治，1962年1月1日获得独立，新西兰结束了在那里的行政权，根据两国签订的友好条约，新西兰在西萨摩亚不再享有任何特权。1997年，西萨摩亚改名为萨摩亚独立国。

新西兰外交部对托克劳负有责任，这种责任源于1948年的一项法律。当时根据《联合国宪章》，托克劳属非自治领土。1992年新西兰和托克劳经协商，同意托克劳建立自治机构，但尚未就自决确定时间表，托克劳准备与新西兰维持一种特殊关系。托克劳的管辖问题具有很大的挑战性，因为托克劳的人口（约1500人）散居在萨摩亚北部相距约500公里的3个岛上，传统的政权归属于3个村庄，这些政权在几百年里基本上都是自治性质的，因此建立全国性政权对地方居民的影响不大。托克劳现在寻求解决地方管辖问题，这样的解决办法足以满足其人民变化着的物质需要。关键是确保作为托克劳基础的农村的未来发展，同时赋予有限的全国治理力量。这样的力量在行政权和立法权转移（1994年和1996年先后实现）的基础上，在与新西兰正式确立的协商关系中获得发展。托克劳在2006年2月就是否成为自治国家问题进行公民投票，但未获得必要的2/3多数，因而仍受新西兰管辖，其行政长官由新西兰外交部任命。

第六节　与非洲国家的关系

新西兰和非洲一些国家同属英联邦成员国，新西兰和非洲国家的联系首先是与非洲英联邦国家的联系。

新西兰在非洲国家开设的第一个外交代表机构于1986年在津巴布韦设立。1996年在南非首都比勒陀利亚建立了高级专员公署。新西兰是英联邦部长行动集团副主席，这个集团极力促进尼日利亚、冈比亚和塞拉利昂遵循英联邦首脑会议一致同意的、在《哈拉雷宣言》中表达的好政府原则。新西兰参加了联合国在非洲进行的援助工作。

新西兰与一些非洲国家的贸易关系变得日益重要。仅阿尔及利亚一年就要进口约1亿新元的新西兰黄油。新西兰与南非共和国的贸易额也迅速增长。新西兰在非洲比较大的商品出口市场还有摩洛哥和毛里求斯。2012/2013财年，新西兰对两国的出口额分别为5600万新元和6900万新元。但扩大得最快的市场还是南非共和国。

新西兰与南非共和国的关系最为密切。它与南非共和国保持着良好的政治关系，两国在贸易、旅游、农业、裁军、渔业、环境和人权等领域保持着密切的合作关系，两国的橄榄球队定期互访，开展传统的体育交流。南非是撒哈拉沙漠以南新西兰最大的贸易伙伴。

新西兰

在南非白人政权实行种族隔离政策时期，新西兰曾对其采取制裁措施，两国关系恶化，贸易额下降。20世纪60年代，曾有15万名新西兰人在一项呼吁书上签名，反对南非白人政府歧视新西兰毛利人运动员和歧视黑人的政策，呼吁抵制与南非的体育交流。1973年，新西兰政府取消了南非橄榄球队对新西兰的访问。1993年10月，新西兰取消了对南非的贸易、投资和财政制裁，1994年5月10日第一届南非民主政府建立后，新西兰取消了对南非的其余制裁措施，恢复了两国间传统的友好关系。自1990年以来，双方的贸易额增长了10余倍。现在南非在新西兰出口市场中居第33位，在旅游客源地中居第18位。2012/2013财年，新西兰对南非的出口额达到2.25亿新元，从南非的进口额为1.53亿新元。在新西兰贸易伙伴中，南非居第34位。南非是新西兰重要的奶制品出口市场，新西兰奶制品局在南非的约翰内斯堡设有办事处。南非在新西兰还建立了新西兰－南非商业委员会，以促进两国的经济交流。2002年2月，新西兰同南非签订了避免双重征税协定，使两国间的贸易和投资获得新的发展动力。新西兰和南非还在国际组织中开展广泛的合作。

新西兰也参加了一些没有贸易和经济关系的非洲国家的工作，主要是参加国际组织在非洲国家的援助活动，1980年，新西兰议会议员参与了对津巴布韦的大选观察团，2000年6月和2002年3月，新西兰又两次向津巴布韦派出大选观察团。新西兰参加了由联合国倡议的在安哥拉和莫桑比克进行的援助活动及联合国在布隆迪和卢旺达进行的救援工作。新西兰还参加了在非洲进行的一些非政府组织的活动。

新西兰对肯尼亚提供发展援助，新西兰对肯尼亚的援助主要集中于教育计划、农村社区发展计划、饮水和卫生援助项目等。

大事纪年

1350年前后	毛利人陆续在新西兰定居。
1642年12月	荷兰探险家艾贝尔·塔斯曼到达新西兰西海岸。
1769年10月	英国人詹姆斯·库克到新西兰探险,并于同年宣布新西兰为英国所有。
1769年12月	法国航海家德苏尔维尔到达新西兰。
1772年	法国航海家马里翁·杜弗雷纳抵达新西兰。
1788年	英国在澳大利亚的悉尼建立了第一个罪犯移民区,那里的商人与新西兰建立了商业联系。
1814年	英国传教士在新西兰开始有组织的传教活动。
1829年	英国的爱德华·吉本·韦克菲尔德发表《悉尼来信》。他主张向新西兰大量移民,对其进行系统的殖民开发。
1832年	澳大利亚悉尼的詹姆斯·巴斯比被任命为英国在新西兰的驻扎官,他带着《致新西兰各酋长》的信件来到新西兰。
1837年	韦克菲尔德建立"新西兰协会",推进在新西兰的殖民活动。后来,为了增强实行殖民计划的财政实力,韦克菲尔德将新西兰协会改组为"新西兰公司"。
1840年	海军上校威廉·霍布森被委任为英国驻新西兰执政官。

新西兰

1840 年 2 月 6 日	毛利人和英国殖民者签署《怀唐伊条约》。此后，新西兰从属于澳大利亚新南威尔士的英国殖民当局管辖。
1841 年	新西兰成为单独的王室殖民地，霍布森任总督，定都奥克兰。
1843 年	新西兰建立外交部，并开始在海外设立外交代表处。 首府移至惠灵顿。
1844 年	爆发毛利酋长霍内·黑克在北岛的科罗腊雷卡领导的毛利人起义，开始了持续 20 多年的毛利人战争。
1845～1853 年	乔治·格雷任总督。
1846 年	英国颁布在新西兰设立代议制机构的法令，但这一法令没有立即得到执行。
1852 年	英国议会通过在新西兰实行宪法的法令，建立代议制政府。
1853 年	各省建立选举产生的省议会和省督。
1854 年	选举产生全国议会。
1856 年 5 月	组成以亨利·休厄尔为首的新西兰首届责任政府。
1861 年	在奥塔戈省的图阿皮卡地区发现金矿，出现淘金热。
1862 年	议会通过《殖民地防务法》，授权在新西兰成立正规军。
1863 年 12 月	新西兰议会通过《新西兰移民区法》，批准没收 1863 年 1 月以来"曾参与反叛女王陛下政府"的任何毛利部落的土地。
1873～1876 年	沃格尔担任总理，推行积极财政政策，掀起基础建设热潮，制造业和建筑业发展加速。

大事纪年

1877 年	颁布第一部《教育法》，开创了世俗的、强制性的全国小学教育制度，并建立了中央教育部。
1878 年	颁布《工会法》，工会组织取得合法地位。
1879 年	颁布通过《选民资格法》，年满 21 岁的欧裔男子获得选举权，选民不再受财产资格限制。
1882 年 5 月	满载冷冻肉的新西兰"达尼丁号"轮船成功抵达伦敦。
1885 年 1 月	第一次全国工会代表大会在达尼丁召开。
1893 年	颁布新《选举法》，赋予妇女与男子平等选举权，新西兰成为世界上第一个妇女享有选举权的国家。
1894 年	颁布《劳资调解和仲裁法》和《工厂法》。
1898 年	颁布《养老金法》。
1907 年	新西兰获得自治领地位，从此获得独立。
1909 年	议会通过《国防法》，开始实行义务军训制度。
1913 年	颁布《海防法》，正式建立新西兰海军部队。
1914 年 8 月 4 日	英国对德国宣战，新西兰和其他自治领一道正式参加第一次世界大战。
1915 年 4 月 25 日	新西兰军队和澳大利亚军队组成"澳新军团"。
1915 年 4～12 月	澳新军团参加加利波利血战。
1916 年 7 月 7 日	新西兰工党成立。
1923 年 6 月	新西兰空军部队诞生。
1935 年	工党在大选中获胜，成为执政党。
1936 年	新西兰国家党成立。
1938 年	颁布《社会保障法》，形成了系统全面的社会福利政策。
1939 年 9 月 1 日	德国入侵波兰，英国于 9 月 3 日对德国宣战，第二次世界大战在欧洲爆发。新西兰政府立即决定和英国一道参加战争。

新西兰

1940年12月23日	美国同意与新西兰建立外交关系。
1944年1月21日	新、澳两国签订《堪培拉协定》。
1950年	议会通过《陆军法》，以此取代1909年的《国防法》。
1951年9月1日	新西兰、澳大利亚和美国在旧金山签订《太平洋安全公约》（又称《澳新美安全条约》）。
1954年9月8日	新西兰与东南亚7个国家一起签订了《东南亚集体防务条约》，加入东南亚条约组织。
1971年4月	英国、澳大利亚、新西兰、马来西亚和新加坡签订《五国联防安排协定》。
1972年12月22日	新西兰与中华人民共和国建立外交关系。
1983年	新西兰同澳大利亚签订《进一步密切澳新经济关系贸易协定》。
1990年	新西兰同澳大利亚达成建立自由贸易区协定。
1991年	澳、新两国签订《澳新密切防务关系协定》。
1995年5月	新西兰同中国签订《旅游合作谅解备忘录》。
1997年11月	中国正式批准将新西兰列为中国公民自费旅游目的地。
2008年	新西兰与中国签订自由贸易协定。
2010年9月4日	克赖斯特彻奇发生里氏7.2级地震。
2011年2月22日	克赖斯特彻奇东南的利特尔顿发生里氏6.3级地震。
2013年3月18日	新西兰总理约翰·基访问中国。

参考文献

一 中文图书

J. B. 康德利夫、W. T. G. 艾雷:《新西兰简史》,广东人民出版社,1978。

S. 特尼桑:《新西兰的毛利人》,中国水利水电出版社,2005。

蔡佳禾:《新西兰》,四川人民出版社,2003。

陈文照:《新西兰》,世界知识出版社,2002。

季仁钧:《新西兰经济地理》,天津人民出版社,1978。

刘樊德:《今日新西兰》,社会科学文献出版社,1998。

《世界知识年鉴》,1999/2000 年,世界知识出版社,2000。

《世界知识年鉴》,2004/2005 年,世界知识出版社,2005。

《新西兰概况》,新西兰外交和贸易部,1995。

虞建华:《新西兰文学史》,上海外语教学出版社,1994。

《中国大百科全书》,中国大百科全书出版社,1990。

二 外文图书

B. Colles and P. Denovan, eds, *Religion in New Zealand Society*, Parmeston North, 1985.

Brian Roper and Chris Rudd, ed., *State and Economy in New Zealand*, Aucland, Oxford University Press, 1993.

C. Hartley Grattan, *The Southwest Pacific to 1900*, *A Modern History*, *Australia*, *New Zealand*, *The Islands*, *Antarctica*, Michigan University Press, 1963.

Chris Rudd, *The Political Economy of New Zealand*, Oxford University Press, 1997.

David McGee, *Parliamentary Practice in New Zealand*, Clerk of the House of Representatives, 1994.

Dom Felice Vaggiol, *History of New Zealand and its Inhabitants*, Dunedin, University of Otago Press, 2000.

Graham C. Scott, *Government Reform in New Zealand*, Washington, D. C., International Monetary Fund, 1996.

G. R. Hawke, *The Making of New Zealand, An Economic History*, Cambridge University Press, 1985.

Jan King, *New Zealand Handbook*, Chico California, 1990.

J. B. Condliffe and W. T. G. Airey, *A Short History of New Zealand*, Christchurch, 1968.

J. C. Dakin, *Education in New Zealand*, Newton Arbert, 1973.

J. F. Glynn, *The New Zealand Policemen, The Developing Role of New Zealand Police*, Wellington, 1975.

Jonathan Boston, *Public Management: The New Zealand*, Oxford University Press, 1996.

К. В. *Малаховский: История Новой Зеляндии*, Москва, 1980.

Keith Jackson and Alan McRobie, *Historical Dictionary of New Zealand*, Auckland, New York, Oxford University Press, 1992.

Keith Sinclair, *A History of New Zealand*, London, Oxford University Press, 1961.

L. Watt, *New Zealand and China Towards 2000*, Wellington, 1992.

Maccolm MaKinnon, *Independence and Foreign Policy: New Zealand in the World since 1935*, Aucland University Press, 1993.

Mark Olssen, *Education Policy in New Zealand: 1990 and Beyond*, The Duwnore Press, 1997.

M. R. Wickstead, *The New Zealand Army, A History from the 1840s to the 1980s*, Wellington, 1982.

New Zealand Official Yearbook: 2004, 2012, 2013. 下载自新西兰政府

参考文献

网站: http: //www. stats. govt. nz。

OECD, *Reviews on Foreign Direct Investment: New Zealand*, Paris, 1993.

Ramesh Chandra Thakur, *In Defence of New Zealand: Foreign Policy in Nuclear Age*, Boulder and London, Westview Press, 1986.

Randal Mathews Burdon, *The New Dominion: A Social and Political History of New Zealand, 1918 – 1939*, London, Allan and Unwin, 1965.

Stephen Levine, *The New Zealand Political System*, Auckland, 1979.

The World Bank, *2005 World Development Indicator*, Washington, D. C. , 2005.

Tom Brooking, *The History of New Zealand*, Westport, Conn. , Greenwood Press, 2004.

T. Ross, *New Zealand Tax & Investment Profile*, Wellington, 1987.

UNESCO Institute for Statistics, *Global Education Digest 2004: Comparing Education Statistics across the World*, Montreal, 2004.

United Nation, *Statistical Yearbook*, Vol. 42, New York, 1997.

United Nation, *Statistical Yearbook*, Vol. 49, New York, 2004.

Vasantha Krishnan and others, *New Zealand Living Standard 2000*, Wellington, 2002.

索 引

A

阿尔马，丹尼斯 259

阿斯特罗拉贝号 38

阿特金森，哈里 54

艾黎，路易 31，272

艾什顿－沃纳，西尔维亚 243

安捷航空公司 131

奥特亚罗瓦 1，9，11，107，242，249

奥克兰 3，5～7，15，23，25，27～31，40～42，44～46，50，53，67，68，98，108，124，128，129，131，136～138，140，146，147，166，167，181，194，195，202，204，216，217，218，219，223，224，227，235，244，245，251～253，260，268，274，276，283，288

奥克兰大学 30，195，204，216～219，223，224，235，276

奥克兰理工大学 216～218

奥塔戈 2，5，7，31，32，36，41，42，49，50，52，53，113，115，125，193，194，202～205，219，220，224，234，248，252，269，271，288

奥塔戈大学 32，193，194，203～205，216，217，219，220，224，234，248，269

澳大利亚 1，15，36，38，39，41，46，48，49，51，52，57，63～68，72，76，86，92，99，115，118～120，122～124，130，133～139，147，149，151，152，154～156，159，160，163，164，167～173，175，176，178，187，193，219，222，223，237，248，251，253，258，260，261，266，268，271，273，275，276，279～284，287～290

澳新军团 18，57，149，157，158，164，172，282，289

澳新美安全条约 67，72，156，170，172，174，282，290

澳新条约 169，172

澳新银行集团（新西兰）有限公司 138

B

巴克，彼得 9，47

巴克斯特，詹姆斯 243

巴兰斯，约翰 54，55，95

巴斯比，詹姆斯 39，287

北岛 1～3，5～11，19，22，24～26，28，31，35，37，41，43，46，51，54，68，70，71，113，115，117～119，125，127，128，146，154，200，240，241，288

彼得斯，温斯顿 278

波尔斯，麦克尔 259

波利尼西亚群岛 1

波马雷，毛伊 47

波塔淘 44

伯厄，佩特里克 245

博尔格，詹姆斯 72，74，262，263，265，272

布朗，戈尔 44

C

彩虹勇士号 263

查塔姆群岛 2，7，10，16，84，85，129

D

达根，莫里斯 243

达尼丁 14，27，31，32，49，51，53，131，166，206，216，219，238，245，248，252，289

道格，克里斯朵夫 246

德蒂埃里 39

德苏尔维尔 35，287

地方部队 147～150，152，153，158，161

地方法院 87～92

地质与核科学研究所 233

第二次世界大战 18，63，64，66，67，103，107，109，121，150～152，155，161，162，169，170，172，173，206，223，258，259，262，264，282，289

第一次世界大战 51，57，58，96，148，149，162，166，169，172，282，284，289

蒂马鲁 6，128

蒂托可瓦努 45

蒂瓦希波乌纳穆地区 23，140

东南亚集体防务条约 67，153，170，172，290

东南亚国家联盟 164，173，176，279

杜弗雷纳，马里翁 35，287

E

恩加塔，阿皮腊纳 47

F

房屋租赁裁判庭 88～90

索引 New Zealand

斐济 1, 8, 64, 65, 76, 151, 167, 175, 284

斐雪·派克尔公司 136

费茨罗依 145

费尔伯恩, A. D. 243

费尔丁 208

弗赖伯格, B. C. 150

弗雷姆, 珍尼特 243

福克斯, 威廉 43, 50, 147

福沃海峡 2, 36

G

高等法院 87~89, 91, 92

戈夫, 菲尔 103, 273, 278

格雷, 乔治 41~45, 288

各教会全国委员会 18

工厂法 55, 56, 289

工党 53~55, 61, 62, 65, 72, 73, 77, 95~97, 99~106, 107, 152, 154, 161, 173, 183, 206, 249, 263, 265, 272, 274, 289

工人共产主义同盟 106

工业研究所 233

国防委员会 150

国歌 12

国徽 12

国际海事组织 129

国家党 65, 72, 73, 77, 82, 95~100, 102~106, 155, 161, 174, 265, 289

国家水和大气研究所 233

国旗 12, 43

H

哈卡舞 10, 11, 23, 238

哈密尔顿 25, 27, 29, 31, 46, 131, 209, 216, 219, 252

哈瓦基 9

海王产品有限公司 121

黑克, 霍内 43, 146, 288

恒天然集团 136

怀蒂, 特 17

怀卡雷莫纳湖 25, 26, 140

怀卡托大学 31, 209, 216, 217, 219, 223, 224

怀卡托河 2, 3, 26, 31, 44~46, 127, 162

怀拉基 26, 125, 127, 140

怀唐伊 5, 18, 24, 25, 40~42, 44, 46, 82, 86, 90, 140, 162, 190, 202, 288

怀唐伊节 5, 18

怀唐伊条约 18, 24, 40~42, 44, 46, 82, 86, 90, 162, 190, 202, 288

怀托莫溶洞 25, 29, 140

环境科学研究所 234

惠灵顿 6, 7, 27~29, 40~42, 49, 53, 67, 68, 92, 100, 106, 108, 128, 129, 131, 140, 163, 165, 166, 181, 202, 216, 217, 218, 219, 223, 224, 228, 234, 235, 244, 245, 247,

297

251~253，265，272，288
惠灵顿维多利亚大学　28，216，217，219，223，224
惠灵顿宣言　100，265
惠特拉姆，高夫　72
霍布森，威廉　24，40，41，166，287，288
霍肯图书馆　248
霍利约克，基思　72~74，153

J

基，约翰　73，74，82，95，100，274，278，290
基督城　30
基督教　14~18，226
基廷，科林　259，276，277
加利波利血战　57，289
家庭法院　88~91
接穗研究所　232
金吉，威里穆　44
经济合作与发展组织　110，127，178，228，259
警察　82，89，90，93，94，104，130，142，146，147，158，197，242，255，268
纠纷裁判庭　88~90，93

K

卡梅伦　44

卡特·霍特·哈维公司　136
卡特天文台　234
凯恩斯集团　268，269，279
堪培拉协定　66，290
坎特伯雷　2，7，14，30，41，42，49，50，67，82，113，115，117，126，163，202，203~205，216，217，218，219，220，224，243，276
坎特伯雷大学　30，204，205，216~220，224，243，276
考思仑研究所　234
科德利，亚历山大　148
科克，诺曼·埃里克　72，74，101
科罗腊雷卡　43，146
克拉克，海伦　73，74，102，103，273~275，277，280
克赖斯特彻奇　5，7，14，27，30，31，39，49，53，73，108，129，131，140，166，167，216，219，220，243，245，251，252，277，290
克鲁萨河　4，127
肯德尔　38
库克，詹姆斯　35，287
库克海峡　2，28，127~129
库克山　3，4，19，23，140
昆斯顿　27，140

L

拉塔纳，塔胡坡提基·维勒姆　16
拉塔纳教会　14，16，17

赖恩，麦克尔 174

兰基努伊 10

朗伊，戴维 72，74，272

劳工骑士团 53

劳工同盟 59

劳资调解和仲裁法 55，56，61，289

利特尔顿 31，51，129，290

联合未来党 95，106

联盟党 104，106

两党制度 95，96

林肯大学 30，216，220，235

鲁阿佩胡山 3，5，19，22

绿党 77，95，104

伦伽图教会 14，16，17

罗卡尔 263

罗林，瓦勒斯·爱德华 72，74

罗托鲁阿 11，22～24，26，140，251

M

马尔登，罗伯特 72，74，272

马拉干医学研究所 234

马尼拉条约 170

马什，恩加约 243

马斯登，塞缪尔 15，16，232

玛纳 15，277

麦金农 262，265，267

麦卡利，默里 82，267

曼哈埃，比尔 243

毛利党 95

毛利人 2～4，8～11，13～18，20～24，26，28～30，33～38，40～48，51，54，55，57，69～71，77，79，82，88，90，91，100，101，104，106，108，121，139，145～147，188，190，191，195，201～204，206，210，216，218，227，238，242，247，286～288，291

毛利人战争 43，44，51，54，146，202，288

贸易发展委员会 133

梅杰，玛尔维纳 246，262

梅西大学 160，193，209，216～218，221，223，224，235，269

梅伊，玛格丽特 243

密切防务关系协定 172，173，282，290

莫依 10

N

内皮尔 5，27，119，129

南岛 1～7，19，27，28，30～32，34，35，41，42，49，51，52，54，68，71，113，115～118，121，125，127，128，145，154，220，240，241

瑙鲁霍伊火山 3，5，22

纽埃 7，8，129，175，187，257，282，284

农业研究所 232

农作物和食品研究所 233

P

帕尔默，杰弗里温斯顿·拉塞尔 72，74
帕克哈 8
帕里委员会 209
佩内，佩特里歇 246
皮克顿 128

Q

青少年法院 88～91，187，188
全黑橄榄球队 238

S

萨蒂亚南德，阿南德 74，77
萨杰森，弗雷克 243
萨维奇，迈克尔·约瑟夫 61
塞登 55，56
桑赫斯特 149
上诉法院 87，88，91，92
社会信用党 95，97，105
社会主义统一党 107
圣公会 14，18
事故赔偿部（ACC） 82，196，198
狮王有限公司 137
斯图尔特岛 1，2，35，36

T

塔甫 15
塔拉纳基 3，7，26，44～46，68，129，138，146，162
塔内 10
塔斯曼，贝尔 34，287
塔斯曼海峡 28，128
太平洋安全公约 67，290
太平洋岛国论坛 259，283
汤加 1，3，5，8，22，65，66，140，154，175，259，283，284
汤加里罗国家公园 3，22，140
陶朗加 27，46，119，129，162，219
特恩布尔，亚历山大 248
特恩布尔图书馆 28，248
特帕帕博物馆 242，247
天主教 14，15，18，39，203，204，207
土地保护研究所 233
托克劳 7，8，175，187，257，283～285

W

威斯敏斯特法 58，66
韦克菲尔德 39，40，287
沃格尔，朱利叶斯 50，54，288
沃森，韦斯特 18
五国联防安排协定 154，155，164，171，172，174，176，261，280，290

X

西萨摩亚 57，63，67，148，284
希拉里委员会 239，240
希勒，大卫 103，274

索引

新喀里多尼亚 1，65，66，151，174，263，282
新西兰储备银行 138
新西兰第一党 77，95，104，105
新西兰公司 40~42，141，267，287
新西兰国民银行 138，139
新西兰航空公司 111，131，277
新西兰交响乐团 242，245
新西兰先驱报 252
新西兰宪法法 75，86
新西兰行动党 104，105
新西兰银行 138
信用党 95，97，105
雄师公司 136
休姆，克里 243

Y

亚太经济合作组织 134，173，176，264，265，267
养老金法 55，56，289
园艺研究所 233

Z

治安法官 38，88，89

新版《列国志》总书目

亚洲

阿富汗
阿拉伯联合酋长国
阿曼
阿塞拜疆
巴基斯坦
巴勒斯坦
巴林
不丹
朝鲜
东帝汶
菲律宾
格鲁吉亚
哈萨克斯坦
韩国
吉尔吉斯斯坦
柬埔寨
卡塔尔
科威特
老挝
黎巴嫩
马尔代夫

马来西亚
蒙古
孟加拉国
缅甸
尼泊尔
日本
沙特阿拉伯
斯里兰卡
塔吉克斯坦
泰国
土耳其
土库曼斯坦
文莱
乌兹别克斯坦
新加坡
叙利亚
亚美尼亚
也门
伊拉克
伊朗
以色列
印度
印度尼西亚
约旦
越南

新版《列国志》总书目

New Zealand

非洲

阿尔及利亚
埃及
埃塞俄比亚
安哥拉
贝宁
博茨瓦纳
布基纳法索
布隆迪
赤道几内亚
多哥
厄立特里亚
佛得角
冈比亚
刚果共和国
刚果民主共和国
吉布提
几内亚
几内亚比绍
加纳
加蓬
津巴布韦
喀麦隆
科摩罗
科特迪瓦
肯尼亚
莱索托
利比里亚
利比亚
卢旺达

马达加斯加
马拉维
马里
毛里求斯
毛里塔尼亚
摩洛哥
莫桑比克
纳米比亚
南非
南苏丹
尼日尔
尼日利亚
塞拉利昂
塞内加尔
塞舌尔
圣多美和普林西比
斯威士兰
苏丹
索马里
坦桑尼亚
突尼斯
乌干达
西撒哈拉
赞比亚
乍得
中非

欧洲

阿尔巴尼亚
爱尔兰
爱沙尼亚

新西兰

安道尔
奥地利
白俄罗斯
保加利亚
比利时
冰岛
波黑
波兰
丹麦
德国
俄罗斯
法国
梵蒂冈
芬兰
荷兰
黑山
捷克
克罗地亚
拉脱维亚
立陶宛
列支敦士登
卢森堡
罗马尼亚
马耳他
马其顿
摩尔多瓦
摩纳哥
挪威
葡萄牙
瑞典
瑞士
塞尔维亚
塞浦路斯

圣马力诺
斯洛伐克
斯洛文尼亚
乌克兰
西班牙
希腊
匈牙利
意大利
英国

美洲

阿根廷
安提瓜和巴布达
巴巴多斯
巴哈马
巴拉圭
巴拿马
巴西
玻利维亚
伯利兹
多米尼加
多米尼克
厄瓜多尔
哥伦比亚
哥斯达黎加
格林纳达
古巴
圭亚那
海地
洪都拉斯
加拿大
美国
秘鲁

墨西哥
尼加拉瓜
萨尔瓦多
圣基茨和尼维斯
圣卢西亚
圣文森特和格林纳丁斯
苏里南
特立尼达和多巴哥
危地马拉
委内瑞拉
乌拉圭
牙买加
智利

大洋洲

澳大利亚
巴布亚新几内亚
斐济
库克群岛
密克罗尼西亚
纽埃
萨摩亚
汤加
瓦努阿图
新西兰

列国志数据库
——权威的国别国际问题研究资讯平台

《列国志》丛书是社会科学文献出版社重点品牌图书,有着"21世纪《海国图志》"的美誉。列国志数据库源于丛书又不局限于丛书,在囊括《列国志》丛书内容资源的基础上全面整合国别国际问题研究资源,以建立当代世界发展问题研究的权威基础资料库和学术研究成果库为己任,以打造权威的国别国际问题研究资讯平台为目标,旨在为中央和地方政府部门应对日益繁杂的国际事务提供基础理论和决策支持,为国际问题的研究机构和专家学者提供权威的参考文献和丰富的学术资料,并搭建人文社会科学研究的应用平台和组建学术交流圈,为企事业单位、社会团体和个人开启放眼看世界的窗口,铺就与国际接轨的桥梁。

产品特点

内容权威全面:依托中国社会科学院雄厚的国别国际问题研究实力和专家学者队伍,充分整合社会科学文献出版社优质的学术出版资源,确保内容资源的权威性;囊括世界上200多个国家和重要国际组织,涉及地理、历史、政治、经济、军事、社会、文化、外交等多个领域,时间跨度从远古到当代。

产品丰富多样:收录图书、期刊、研究报告、学术资讯等多种资源,以文字、图表、图片、音频、视频等形式呈现,包含国家库、国际组织库、世界专题库和特色专题库等多种子库产品。

编辑队伍专业:以拥有相关专业背景和理论素养的数字编辑为骨干,

列国志数据库 **New Zealand**

并与《列国志》丛书编辑队伍深层互动,在遵循学术研究脉络和满足专业研究需要的前提下,对内容资源进行专业加工和深度标引。

知识关联强大:源于图书又跳出"书"的概念,利用数字化形态的表现力,借助有序化的知识组织模式,将篇、章、节和知识点通过学科、地域等分类建立交叉连接,实现知识关联,构建节点丰富、交织纵横的知识网络系统。

信息更新及时:全方位收集整合世界主要国家和国际组织的各类基本信息,并不断采集各国最新发展动态,同时收录与国别国际问题有关的最新学术成果。

技术支持有力:强大的对比检索功能方便用户对比阅读,实用的专题推荐功能帮助学者准确定位研究资讯,按需定制功能满足不同用户的个性化需求。

网　　址:www.lieguozhi.com
产品联系人:王燕　010-59367078　wangy@ssap.cn
销售联系人:王林华　010-59367227　wanglinhua@ssap.cn
联系地址:北京市西城区北三环中路甲29号院3号楼华龙大厦B座1406 社会科学文献出版社数字资源运营中心 (100029)

图书在版编目(CIP)数据

新西兰/王章辉编著. —2版. —北京：社会科学文献出版社，2014.8
（列国志：新版）
ISBN 978-7-5097-5975-2

Ⅰ.①新… Ⅱ.①王… Ⅲ.①新西兰-概况 Ⅳ.①K961.2

中国版本图书馆 CIP 数据核字（2014）第 083425 号

·列国志（新版）·
新西兰（New Zealand）

编　著／王章辉

出 版 人／谢寿光	
出 版 者／社会科学文献出版社	
地　　　址／北京市西城区北三环中路甲29号院3号楼华龙大厦	
邮政编码／100029	

责任部门／人文分社（010）59367215	责任编辑／叶　娟
电子信箱／renwen@ssap.cn	责任校对／介慧萍
项目统筹／张晓莉	责任印制／岳　阳
经　　　销／社会科学文献出版社市场营销中心（010）59367081　59367089	
读者服务／读者服务中心（010）59367028	

印　　装／三河市尚艺印装有限公司	
开　　本／787mm×1092mm　1/16	印　张／20.25
版　次／2014年8月第2版	彩插印张／1
印　次／2014年8月第1次印刷	字　数／318千字
书　号／ISBN 978-7-5097-5975-2	
定　价／79.00元	

本书如有破损、缺页、装订错误，请与本社读者服务中心联系更换
△ 版权所有　翻印必究